"十二五"职业教育国家规划教材
经全国职业教育教材审定委员会审定
普通高等教育"十一五"国家级规划教材

房地产行政管理

第2版

主　　编　王　宏
副主编　刘　雷　李利纳
参　　编　郭　伟　郝凌云

机械工业出版社

本书的主要内容包括房地产行政管理概述、城市建设用地管理、国有土地上房屋征收与补偿、房地产开发经营管理、规划设计及工程建设管理、房地产交易管理制度与政策、房地产产权产籍管理、房地产中介服务管理、物业管理政策与制度、房地产金融政策与制度、房地产税收政策与制度。

本书可作为高等职业教育房地产类专业教材，同时也可作为房地产相关专业人员的参考用书。

图书在版编目（CIP）数据

房地产行政管理/王宏主编．—2版．—北京：机械工业出版社，2015.12（2022.1重印）
ISBN 978-7-111-51451-0

Ⅰ.①房… Ⅱ.①王… Ⅲ.①房地产管理—行政管理—高等学校—教材 Ⅳ.①F293.33

中国版本图书馆CIP数据核字（2015）第202832号

机械工业出版社（北京市百万庄大街22号 邮政编码100037）
策划编辑：李 莉　　　责任编辑：李 莉
责任校对：梁 倩　　　封面设计：马精明
责任印制：张 博
涿州市般润文化传播有限公司印刷
2022年1月第2版第2次印刷
184mm×260mm・15.25印张・359千字
标准书号：ISBN 978-7-111-51451-0
定价：45.00元

电话服务　　　　　　　　　网络服务
客服电话：010-88361066　　机 工 官 网：www.cmpbook.com
　　　　　010-88379833　　机 工 官 博：weibo.com/cmp1952
　　　　　010-68326294　　金 书 网：www.golden-book.com
封底无防伪标均为盗版　机工教育服务网：www.cmpedu.com

前　言

房地产行政管理是房地产经济学和行政管理学相交叉的一门学科，主要研究房地产行政机构在房地产经济、房地产市场和房地产行业的管理活动。本书以社会主义市场经济理论为指导，以《中华人民共和国城市房地产管理法》《中华人民共和国土地管理法》《中华人民共和国物权法》等房地产法律、法规和政策为依据，结合我国房地产行政管理实际，对房地产行政管理基本理论、知识和实务进行了较为详细的介绍。

本书在修订时，体现系统、实效和实践的特点，力求系统、全面，试图对房地产行政管理基本理论和知识进行较为完整的阐述；注重实效，及时依据新修订的各项房地产法律法规对相关内容进行更新和补充；突出理论联系实际，既阐述房地产行政管理基本理论知识，又联系实际介绍相关房地产行政管理活动开展的实际情况。

本书由河南城建学院王宏任主编，河南城建学院刘雷、李利纳任副主编。编写分工如下：第1章、第2章由河南城建学院郭伟编写，第3章、第6章由刘雷编写，第4章、第5章、第7章由李利纳编写，第8章、第9章由王宏编写，第10章、第11章由河南城建学院郝凌云编写。王宏负责全书的统稿工作。

在本书编写过程中，得到了河南城建学院张洪力教授的大力支持与帮助，在此表示感谢！

由于编者水平有限，加之房地产行政管理相关政策变化快，书中不妥之处在所难免，恳请专家、同仁及各位读者批评指正。

编　者

目 录

前言

第1章 房地产行政管理概述 ... 1
1.1 房地产行政管理的概念 ... 2
1.2 房地产行政管理的体制和组织 ... 6
1.3 房地产行政行为与房地产行政法律关系 ... 9
本章小结 ... 14
复习思考题 ... 15

第2章 城市建设用地管理 ... 17
2.1 我国现行土地制度及沿革 ... 18
2.2 国有土地使用权出让 ... 22
2.3 国有土地使用权划拨 ... 27
2.4 集体所有土地的征收与入市 ... 28
2.5 闲置土地处置与土地储备 ... 36
本章小结 ... 39
复习思考题 ... 40

第3章 国有土地上房屋征收与补偿 ... 41
3.1 国有土地上房屋征收与补偿概述 ... 42
3.2 国有土地上房屋征收的补偿 ... 47
3.3 国有土地上房屋征收的估价 ... 48
3.4 国有土地上房屋征收纠纷的处理 ... 50
3.5 国有土地上房屋征收的法律责任 ... 51
本章小结 ... 51
复习思考题 ... 52

第4章 房地产开发经营管理 ... 53
4.1 房地产开发企业管理 ... 54
4.2 房地产开发项目管理 ... 57
4.3 房地产经营管理 ... 59
本章小结 ... 63
复习思考题 ... 64

第5章 规划设计及工程建设管理 ... 65
5.1 城乡规划管理 ... 66
5.2 勘察设计管理 ... 73
5.3 招投标与建设监理管理 ... 77
5.4 建设工程施工与质量管理 ... 82
本章小结 ... 90
复习思考题 ... 90

第6章 房地产交易管理制度与政策 ... 93
6.1 房地产交易管理概述 ... 94
6.2 房地产转让管理 ... 95
6.3 商品房销售管理 ... 99
6.4 房屋租赁管理 ... 102
6.5 房地产抵押管理 ... 106
本章小结 ... 111
复习思考题 ... 112

第7章 房地产产权产籍管理 ... 113
7.1 房地产产权概述 ... 114
7.2 房地产权属登记管理 ... 123
7.3 房地产权属档案管理 ... 131
7.4 房地产测绘 ... 136
本章小结 ... 143
复习思考题 ... 143

第8章 房地产中介服务管理 ... 145
8.1 房地产中介服务的行业管理 ... 146
8.2 房地产估价师执业资质制度 ... 151
8.3 房地产经纪人职业资质制度 ... 154
8.4 房地产中介服务行业自律管理 ... 157
本章小结 ... 161
复习思考题 ... 162

第9章 物业管理政策与制度 ... 163
9.1 物业管理概述 ... 164
9.2 物业管理的实施 ... 168
9.3 物业管理经费来源及其测算 ... 173
9.4 物业服务企业行业管理 ... 178
本章小结 ... 182
复习思考题 ... 182

第10章 房地产金融政策与制度 ... 183
10.1 房地产经营融资管理 ... 184

10.2 自营性个人住房贷款管理................190
10.3 住房公积金制度................195
本章小结................204
复习思考题................205

第 11 章 房地产税收政策与制度................207
11.1 税收制度概述................208
11.2 房产税................210
11.3 城镇土地使用税................214
11.4 耕地占用税................217
11.5 土地增值税................220
11.6 契税................225
11.7 房地产相关税收................228
本章小结................235
复习思考题................236

参考文献................237

第1章 房地产行政管理概述

◎ 学习目标

1. 掌握房地产行政管理的含义、内容，熟悉房地产行政管理的手段和原则
2. 掌握房地产行政管理体制和房地产行政组织的含义，熟悉我国城市房地产管理体制的职责划分、房地产行政组织的构成要素和指导原则
3. 掌握房地产行政行为与房地产法律的关系，熟悉房地产行政机关行政行为的表现形式、房地产行政法律关系的特点以及我国房地产的法律法规体系

◎ 关键词

房地产行政管理　房地产行政管理体制　房地产行政组织　房地产行政行为　房地产行政法律关系　房地产法制法规体系

1.1 房地产行政管理的概念

1.1.1 房地产行政管理的含义

"行政",按字面解释即执行政务,是管理活动的一种,是指政府对社会公共事务的管理活动。行政管理是行政机关为了实现国家意志,贯彻国家的方针、政策,对国家的政治、经济、文化、国防等事务进行的计划、组织、控制等管理过程。计划职能包括确立目标、进行预测、预算、方案抉择等;组织职能是为实现目标和计划而建立的组织体制,并进行有效的指挥、沟通、协调;控制职能是指为保证行政目标与计划的实现,管理者及时纠正执行中出现的偏差。其中,组织职能是行政活动过程的关键性职能。

房地产行政管理是政府的一项重要的经济行政职能,它是指各级房地产行政机构行使政府职权,依据国家制定的方针、政策、法律、法规等,对房地产经济事务、房地产市场和房地产业进行的计划、组织与控制等管理活动。这种管理活动是国家权力在房地产经济领域的体现。

房地产行政管理的主体是我国县级以上各级人民政府及其授予相关权力的职能部门。房地产行政管理的客体是房地产经济、房地产市场和房地产行业。

房地产行政管理的依据是房地产政策、法律、法规和规范,包括各种规章、条例及相关实施细则等。

房地产行政管理的目的是使国家权利和意志在房地产经济运行过程中得到全面体现,建立房地产市场的正常秩序,规范房地产的经济行为,促进房地产业的健康发展,最终实现合理配置资源、有效使用房地产财富、满足社会对房地产不断增长的需求的总体目标。

1.1.2 房地产行政管理的内容

1. 房地产开发建设用地管理

房地产开发建设用地管理要求管理部门坚定不移地贯彻"十分珍惜、合理利用土地和严格保护耕地"的基本国策,严格执行土地管理法律法规,切实保护耕地,特别是保护好基本农田,加强土地规划管理和用途管制;确切掌握城市土地数量和利用现状,管理好土地市场,严把土地使用权出让关,确保土地资源的合理配置。

2. 城市房屋拆迁管理

城市房屋拆迁管理的内容包括依照法律、法规进行城市房屋拆迁,要求城市房屋拆迁必须符合城市规划,有利于城市旧区改造和生态环境改善。城市房屋拆迁要注意保护文物古迹,维护拆迁当事人的合法权益,保障建设项目顺利进行。

3. 房地产开发建设管理

房地产开发建设管理是指依据城市建设的有关法律、法规和城市总体规划,对房地产开发项目进行管理。它包括建设项目选址和用地规划管理、建设工程规划管理及房地产开发建设工程管理。通过制定和实施房地产开发建设规划,建立房地产开发建设的正常秩序,可以促进房地产生产过程的协调发展，使房地产开发建设项目的投资、进度、质量都能按照计划和目标得到合理控制，实现房地产开发建设资源的优化配置，获得良好的社会效益、经济效益和环境效益。

4．房地产交易市场管理

房地产交易市场管理是指管理部门对房地产商品交易市场进行管理，包括制定交易章程，实施监督管理（合同管理、价格管理、税收管理等），建立市场的正常秩序，完善市场服务，搞活房地产商品流通，保证国家房地产税收。

5．房地产产权产籍管理

房地产产权产籍管理是房地产行政管理的一项重要内容和基础性工作。房地产产权管理是指通过登记、审查、确认，以保护产权和监督产权的合法性；房地产产籍管理是指通过房地产调查、测绘和整理产权登记文件档案，建立完整、动态的产籍资料，为有关管理部门提供查阅、统计和咨询服务，以强化房地产产权管理，保障产权人的合法权益，并为城市建设管理制定有关政策和计划提供依据。

6．房地产中介服务管理

房地产中介服务是房地产咨询、房地产价格评估、房地产经纪等活动的总称。国务院建设行政主管部门归口管理全国房地产中介服务工作。省、自治区、直辖市建设行政主管部门归口管理本行政区域内的房地产中介服务工作。直辖市、市、县人民政府房地产行政主管部门归口管理本行政区域内的房地产中介服务工作。房地产中介服务管理工作包括中介服务人员资格管理、中介服务机构管理和中介业务管理等内容。

7．物业管理服务市场的行政管理

物业管理服务市场的行政管理是房地产管理机构的一项重要职责，主要是对城市已建成投入使用的物业及物业管理公司所实施的行政管理。它是通过方针、政策、法律、法规的贯彻执行，指导与监督物业公司、业主和使用人合理使用、爱护各类物业，做好对所管辖和使用物业的管理、保养和修缮，保证使用安全，延长物业寿命，维护业主和物业公司的正当合法权益。

8．房地产金融政策与管理

房地产经济的繁荣健康发展与房地产金融密不可分。科学、合理的房地产金融政策既是房地产经济的强大支柱，也是对房地产市场进行宏观调控的重要手段。房地产金融政策涉及的领域有房地产资金的筹集，住房抵押贷款的开展，住房公积金的归集、管理和使用等。

9．房地产税收政策与管理

房地产业及其相关产业的税金是国家财政收入的重要来源之一。加强房地产税收管理既可以增加国家的财政收入，又可以调节房地产市场，实现国家宏观调控的目标。房地产税收管理就是国家各级税务行政主管部门对辖区内凡取得土地使用权，从事房地产开发和房地产交易（包括房地产转让、房屋租赁等）所涉及的营业税、城市维护建设税、教育费附加、资源税、城镇土地使用税、房产税、城市房地产税、土地增值税、印花税、企业所得税、个人所得税等进行管理。加强房地产税收征收管理可以规范房地产税收的征收和缴纳行为，防止税收流失等。

10. 房地产宏观调控与行业管理

房地产宏观调控是指政府严密监督房地产市场，针对房地产经济运行中所出现的不健康现象适时出台相关政策进行调节和控制，以保证房地产市场稳步发展，发挥房地产业对国民经济的促进作用。

房地产行业管理包含政府及其职能机构对行业的管理和行业协会对行业的管理。政府及其职能机构对行业管理主要有政策指导、行政许可、企业资质审查、市场准入等管理工作。行业协会主要承接大量过去由政府承担而现在释放出来的管理与服务性事务，如协助行政部门制定行业政策和行业战略目标及发展规划、人才培养和使用计划，加强政策管理、组织管理、技术管理，进行行业协调，开展技术培训、信息服务，向政府反映行业利益要求以及维护自身的合法权益等。充分发挥房地产行业协会的作用，对于建立房地产经济规范和市场秩序，提高企业素质、管理水平和经济效益具有重要意义。

1.1.3 房地产行政管理的手段

政府及其职能机构对房地产经济事务和社会事务的管理，通常采用行政手段、经济手段和法律手段进行调节。

1. 行政手段

行政手段即行政指令手段，是指政府及其职能机构在职权范围内通过颁布行政命令、指令、条例、规定和采用其他行政措施，对房地产经济活动进行组织指挥和调节的直接干预。它具有三个特征：①权威性，行政手段的施行主要取决于行政机关的权力，行政机关的权力越高，施政效力涉及的范围越广。②强制性，上级对下级发布的命令、指令、指示和决定等，下级必须服从并遵照执行。③垂直性，行政手段主要通过纵向关系，即垂直领导和被领导的关系传递信息、发布指令。对于一些全局性的问题以及特殊、紧迫的问题，可以运用行政手段迅速而有效地贯彻下去，便于统一集中、迅速有效地解决问题。

2. 经济手段

经济手段是政府及其职能机构遵照客观经济规律，运用价值规律和物质利益的原则去影响行政管理对象，以实现调节和控制房地产经济行为的一种管理手段。这种手段是通过调整经济利益关系而间接发挥其调节作用，包括实施各种经济政策措施和利用经济杠杆等。针对房地产业的经济政策主要有土地有偿使用政策、房地产金融信贷政策、房地产交易市场管理政策、住房制度改革和房地产开发建设政策等。通常采用的经济杠杆主要有房地产信贷及利率、房地产税收及税率、人民币对外汇的汇率等。运用经济手段调节房地产经济行为是一项系统工程。它需要国家拥有必要的经济实力和物质力量；它要求地价、房价、房租等符合价值规律和房地产市场的供求规律；要求经济杠杆内部协调、合理；要求有一个宽松的房地产市场环境，完善的市场体系；要求有一个信息传递灵敏的反馈系统；要求房地产企业真正成为独立的经济实体；还要求提高房地产行政管理人员的素质和管理水平，这样才能使经济手段切实发挥功效。市场经济发展越好，对运用经济手段的要求也就越高。只有正确运用并不断完善各种经济杠杆，才能加强政府对经济活动的指导、调节作用。

3．法律手段

法律手段是指通过行政立法、司法的方式实现行政职能。政府房地产行政职能机关运用国家赋予的权力，制定和执行国家的法律、法规，管理房地产经济活动。运用法律手段进行管理是国家行政管理的规律和特点之一。法律具有普遍的约束力，它要求凡是进入房地产市场从事房地产经济活动的所有单位和个人都必须自觉遵法守法。法律手段还具有较大的稳定性和反复适用性。它适用于各类不断出现的社会经济现象，因此需要完备行政立法来规范和统一行政管理，以保证政策的连续性和稳定性。运用法律手段必须加强行政管理领域的法制建设，加强立法工作，做到依法行政。

房地产行政管理是国家经济生活中一件带有全局性、战略性的大事。在调整和理顺房地产行政管理关系方面，行政手段、经济手段、法律手段三者的作用不同。行政手段直接指导和约束被调整对象的意志和行为；经济手段则具有间接性，以经济利益和物质力量进行诱导，调动被调整对象的积极性和主动性；法律手段在实现行政职能中具有其特殊的意义和地位。政府的行政手段、经济手段实际上都要通过法律手段，以法律形式表现出来，并对违反者加以制裁。法律手段能发挥其强大的威慑作用，从而起到有力的保护和调节关系的作用。

此外，在管理中还要注意运用宣传教育手段，让管理者和被管理者知法懂法，以此提高房地产行政管理者和被管理者的思想水平和法制意识，规范房地产经济活动，按照法律、法规约束其行为。

1.1.4 房地产行政管理的原则

1．依法行政原则

依法行政是房地产行政管理的基本准则，是房地产行政管理的本质所要求的。依法行政的原则要求：不论哪一级行政管理部门，不论任何管理者个人，都必须在法律授权范围内实施管理，任何人、任何单位都不能逾越法律，擅自行政。

2．为民行政原则

行政机关的权力来源于人民，来源于人民代表大会制定的法律。按照执政为民的要求，党领导人民通过权力机关制定法律，表达意志，行政机关应依法行政，自觉做到"权为民所用，情为民所系，利为民所谋"，保护人民的基本权利，做到公正执法、文明执法，使最广大人民的根本利益在法律范围内得到充分体现。

3．服务原则

房地产管理应该由原来的管理和服从型模式向服务型模式转变。服务型政府是一种全新的政府职能模式，是完善社会主义市场经济的必然选择。只有政府减少行政审批，降低行政成本，把更多公共资源投向促进社会发展、提供公共产品和公共服务等方面，并通过增强政府决策透明度和公众参与度，从根本上改进和完善政府的决策和执行机制，让市场主体参与对服务质量的评价，才能形成社会主义市场经济体制中政府、社会、企业良性互动的局面。

政府的回应性是衡量政府服务质量的重要指标。公共管理人员和机构应当定期地、主动地向公众和企业征询意见、解释政策，对公众提出的问题和要求，应及时做出反应。

社会中介服务组织的大量设立也是促进政府职能转变，降低市场交易成本特别是信息成本的有效途径。积极发展独立公正、规范运作的专业化市场中介服务机构，按市场化原则规范和发展各类行业协会、学会、商会等自律性组织，减少政府规制范围，也有利于降低行政成本。

4．透明原则

在现代社会，公民的知情权应得到充分尊重。要建立完善的信息公开制度，公民的知情权与政府信息公开化是公民参与管理国家事务的基础。离开了知情权，公民参与国家事务就是一句空话。因此，要建立政府决策项目的预告制度和重大事项的社会公示制度，建立和完善在社会各阶层广泛参与基础上的政策听证制度；要适应开放社会和履行公共职能的要求，从封闭的行政体制向公开、透明的行政体制转变；要建立信息公开制度，让全社会及时了解公共信息，由此提高全社会应对各类突发性事件的能力。公开政务、公开政情是政府有效履行公共服务职能的重要保障。

5．民主参与管理原则

民主参与管理的形式是多种多样的，基本形式有三种：①人民群众通过自己的代表机关对房地产行政机关的组织和活动施加影响；②人民群众通过各种基层自治组织和房地产协会等参加管理；③人民群众代表直接参与基层房地产行政管理组织的日常实际工作。

1.2 房地产行政管理的体制和组织

1.2.1 房地产行政管理体制的含义

房地产行政管理体制，是关于房地产行政管理机构的设置，房地产行政管理机关职权的划分和界定，房地产行政职权运行等各种制度的总和。

房地产行政管理体制的含义可以从以下几个方面理解：

1）房地产行政管理机关职权的划分和界定是房地产行政管理体制的前提。任何行政体制的设计、建立、改革和完善，都应着眼于行政职权的划分或分配。表现为依法享有的决定施政方针、政策，制定行政法规、规章，指导和监督行政管理业务，考核、任免行政管理人员的行政职权等。这些行政职权如何科学地划分，既包括房地产行政机关和其他行政机关间的横向关系，也包括其自身内部的纵向关系。如果划分不清，会导致职责不明，在各机构中就会有"越位"或"缺位"的情况，在管理中经常会出现互相推诿或扯皮现象，从而导致行政效率低下，行政效果与预期目标相去甚远，甚至南辕北辙。因此，房地产行政管理机关职权的划分和界定在房地产行政中居于重要的地位。

2）房地产行政管理机构是房地产行政管理体制的载体。如果没有一定的机构设置，行政职能就无从推行，行政效率就无从体现，整个房地产行政管理也就不存在。可见，房地产行政职权划分是设置行政机构的客体依据，而房地产行政机构又是行政职权的载体，两者密切相关。因此，房地产行政管理机构能否科学、合理地设置，是房地产行政关系能否制度化的关键。

3）房地产行政职权运行是房地产行政体制的关键，因为无论是职权划分还是机构设置，归根结底都是为了职权的运行。房地产行政管理职权运行的过程，就是房地产行政管理活动的实施和管理效能发挥的过程,也是对职权划分、机构设置是否合理的检验。

房地产行政管理体制是行政机构设置、职权划分及运行的制度化。制度化就是一切措施都依据法律、按照规矩行事,必须遵循法律面前人人平等的原则,公平、公正、公开地办事、执法和行政。

房地产行政管理活动总是在一定的行政环境和行政体制下进行的,这种环境和体制作用于房地产行政管理活动中,作用于房地产经济体制中,关系到房地产行业的振兴和发展。因此,房地产行政管理体制的确定,必须依据房地产行业的发展和房地产经济关系的客体要求,处理好中央与地方、国家与企业等的经济关系。

1.2.2 我国城市房地产管理体制的职责划分

对城市房地产市场有管理职权的政府机构有计划、建设、规划、土地、房地产、工商行政、物价、金融、财税等管理部门。根据我国近年来政府机构改革的实践,对城市房地产行政管理体制的设计已基本完成,大致内容如下:

1)土地使用权的有偿转让和土地市场的宏观调控及监管工作,由国土资源管理部门负责,协同城市规划管理部门,对土地使用性质、用途、位置、面积、出让年限等,做出规定后实施出让,并进行土地登记、使用监督及土地回收储备等管理。土地出让以后的使用、经营管理,由房地产行政主管部门负责,土地管理部门不直接参与经营管理。

2)城市规划管理部门负责在城市规划的基础上,按照房地产开发的要求,组织编制分区规划,确定土地使用性质,提出土地使用和开发建设的控制指标和条件,对城市房地产的开发建设活动实施规划管理。

3)城市房地产行政主管机关负责制定房地产法规,做好全行业的行政管理,负责房地产产权产籍管理、房地产开发建设管理、房地产市场监管、房地产行业管理、住房制度改革指导、住房供给管理,指导城镇住房制度改革工作,负责住房公积金和其他房改资金的筹集、管理和使用。房地产行政机关职权的划分以及相应的机构设置,我国各地区做法不尽相同,但是大体上都遵循一条原则:对国土管理和土地经营实行统管和分管相结合,资源管理和经营管理相分离,城市土地经营与土地规划、利用管理及房产管理相统一。各职能部门都应该根据本地政府规定的管理权限和法律、法规赋予的职责,分工明确,各司其职,各负其责,互相协作,彼此配合,共同做好本辖区内房地产行政管理工作。

1.2.3 房地产行政组织

1. 房地产行政组织的概念

房地产行政组织不仅指房地产行政机关设置,还包括房地产政务运行机制以及精神意志和知识技能。如果只有房地产行政机构,而忽略行政组织的运行机制,那么行政组织只能是一个静态的外壳,无法发挥行政功能;再如,行政人员缺乏为实现组织目标所必需的精神意志和知识技能,那么行政组织功能难以发挥,致使整个组织效率低下。所以,研究房地产行政组织,应重视动态的考察,也要将精神意志、知识技能及其合理组合作为重要内容一起考量。

房地产行政机关作为政府分管房地产行政事务的职能机关,具有政治性、社会性、服务性、适应性等特点。政治性，即房地产行政机关要代表国家，并凭借国家权力对房地产经济事务进行管理。房地产行政机关是政治体制中的组成部分之一，从整体上说，它具有政治性和权威性；房地产行政管理的对象涉及城市生产经营及人们生活，为城市经济活动所必需；它与社会公众的关系更多、更广、更重要，这就决定了房地产行政组织具有很强的社会性。服务性是行政组织的基本属性，房地产行政组织毫无例外地要为房地产的所有者、使用者、消费者服务，为房地产经济的发展服务。适应性，即房地产行政组织要受到历史条件、经济发展水平、社会政治和经济制度、文化传统以及房地产经济体制等因素制约。它必须与时俱进，适应房地产管理的需要，不断地进行调整、改革。

2. 房地产行政组织的构成要素

房地产行政组织与一般的行政组织一样，由多种要素组成。要考察这些构成要素，并要将它们不断进行优化组合以形成有效的房地产行政组织。这些构成要素分别是：

1）职能目标。房地产行政组织首先要有明确、清晰的职能目标，这样才能自觉地、有计划地进行职能活动。

2）管理方式。房地产行政组织作为管理主体，需要通过一定的管理方式，对房地产经济、房地产市场、房地产行业发挥作用，以体现组织的功能。

3）机构设置。房地产行政管理机构是房地产行政管理的实体，也是行政管理的载体。它是组织的核心，是决定行政效率的关键。

4）权责划分。房地产行政体系是一个权责体系，必须科学、合理地划分权力和职责，寻求行政组织集权和分权的适度点。权责划分属于行政体制问题，直接关系到机构设置与行政效率。

5）职位配置。职位配置是指房地产行政机关内部的职位、职数、职级、职责的确定，要使职责落实到每一个行政人员。

6）人员结构。房地产行政人员是房地产行政组织的主体，需要一定的政治、业务素质，形成合理的人员结构，它直接关系到行政组织的效能。

7）运行程序。房地产行政管理需要合理设置运行程序，需要按制度规定的程序和步骤来进行房地产行政管理办事，以提高行政的科学性和工作效率，保证行政组织的有效性。

8）规章制度。有效的行政组织，必须有健全的规章制度作为行事准则和行为规范，以此保证行政组织的健全性和行政行为的有效性。

3. 房地产行政组织的指导原则

1）完整统一原则。房地产行政管理职能牵涉到方方面面，不可能做到机构统一，但要求管理目标统一，使用的政策、法律、法规一致。房地产行政管理的各有关部门，应该目标一致，互为条件，互相配合。

2）分权管理的原则。房地产行政组织是一个庞大、复杂的权力体系，应实行分权管理的原则，将决策性职权、监督性职权、执行性职权、运行性职权，按照管理层次合理划分，还可以把一部分职权分到房地产协会等非行政部门和事业单位中去，以降低行政成本，提高行政效率。

3）管理幅度与层次原则。管理幅度是指管理对象的数目和范围。管理幅度主要取决于管理业务的难易，管理者与被管理者的素质和管理手段的先进程度。管理幅度应合理，过大则可能顾此失彼，误事误时；管理幅度过小，就可能人浮于事，机构重叠，增加层次。随着管理手段的先进化程度不断提高，管理层次应改向扁平化发展，减少中间环节，保证政令畅通。

4）职、责、权一致原则。房地产行政组织是一个权、责体系。职务、责任、权力三者互为条件，必须相称和平衡。若权大于责，就会出现滥用权力，出现"越位"现象。若责大于权，则行政人员手中的权力又保证不了责任的履行，因而工作无人敢干，无人愿干，有可能出现"缺位"的情况。如果职、责、权划分不清，则会出现"错位"的情况。

5）经济效能原则。行政管理也必须讲求经济效益，要求降低行政成本，即要少花钱，多办事，办好事。这就要求尽心设计行政机构，合理、精简配置管理人员，尽量减少经费支出，要以财政手段严格控制编制，要加强房地产行政管理机构编制立法，使机构、人员、经费的管理法制化。

6）民主集中制原则。我国宪法规定：中华人民共和国的国家机构实行民主集中制的原则。房地产行政机关必须遵循这条原则。民主集中制包括民主和集中两个方面，即在民主基础上的集中，在集中指导下的民主，民主与集中相结合的制度。

房地产行政管理工作中的民主集中制原则的主要要求是：

① 行政机关要接受权力机关的指导和监督。

② 下级服从上级，地方服从中央。上级机关的决议、指示对下级机关具有约束力，下级机关必须遵守。而中央和上级机关也要尊重地方和下级机关的意见和要求，让地方和下级机关充分发挥其积极性，根据本地区、本机关实际情况，采取相应措施，搞好房地产管理。

③ 地方房地产行政管理机构是地方政府的职能机构，接受当地政府的领导，同时也要接受中央和上级房地产行政机关的领导。

④ 房地产行政机关内部实行集体领导和首长个人负责相结合的制度。对于有关政策和原则性的问题以及其他重大问题，要进行集体讨论，共同研究，然后作出决议。但在执行决议时，必须服从首长的命令，指挥行政机关的首长对其所担负的任务全部负责。

⑤ 所有房地产行政机关的工作人员都必须遵守法律、法令和行政法规，服从房地产行政机关的组织与领导。房地产行政机关也必须保障公民的各种民主权利得以实现。

1.3 房地产行政行为与房地产行政法律关系

1.3.1 行政管理必须依法实施

行政权的行使必须有法律授权，并有法定依据，一切违法行为都必须承担法律责任。法律体现的是人民群众的整体意志，作为执行法律的行政机关，应依法行政、坚持法律至上、使权力服从于法律，实际上也就是坚持人民意志至上，体现最广大人民的根本利益。行政机关行使权力时实行的是首长负责制，是权力相对集中的体现；而行政事务的繁杂性和紧迫性，又要求行政机关必须强调行政效率和较大的自由裁量权。因此，更要坚持依法行政，努力提高行政机关工作人员尤其是领导干部在法律意识方面的水平和修养，树立起在进行行政行为时考虑是否符合法律规定和要求的意识。

依法行政，首先要求行政职权必须是由法律授予的。行政机关必须在法律规定的职权范围内活动。非经法律授权，行政机关不能具有并行使某项职权。"职权法定、越权无效"是依法行政最基本的要求。其次，依法行政还要求法律优先和权力保留。凡属于宪法、法律规定只能由法律规定的事项，或者只能由法律规定，或者必须在法律明确授权的情况下，行政机关才有权在其所制定的行政规范内做出规定。法律的效力高于行政规范，行政规范不得与法律规定相抵触。在法律尚无明确规定、行政规范做出了规定时，一旦法律就此事项做出规定，则行政规范的规定都必须服从法律；旧的行政规范条款与法律抵触者，就将自动废除，不再具法律效力。再次，依法行政要求行政机关的行为必须有法律依据，尤其是影响公民基本权利和义务的具体行政行为，必须依据法律规定做出，这是依法行政的主要内容。最后，依法行政必须坚持权责统一。职权是宪法、法律授予行政机关管理经济和社会事务的权力，这种职权，实际上也就是赋予行政机关以义务和责任，要求它必须尽全力保证完成，这就是职责。

我国的行政系列法律，如《中华人民共和国行政许可法》《中华人民共和国行政处罚法》《中华人民共和国行政复议法》《中华人民共和国行政监察法》《中华人民共和国行政诉讼法》等相关行政法律都已经出台，确保行政管理有法可依。房地产法律、法规是房地产行政管理的先导。一切房地产行政行为都必须依法进行。房地产法律、法规既授予房地产行政主管机关以权力，同时又限制其不合法的行政行为。

房地产法律、法规来源于房地产行政管理的实践，同时又服务于房地产行政管理实践；它伴随房地产行政管理实践经验的积累而不断丰富和发展，又根据房地产行政管理的需要而不断充实和完善，指导、推动、服务于房地产行政管理，是制定和实施房地产法律、法规的出发点和归宿；房地产行政管理的客观需要，是制定房地产法律、法规的基础；房地产行政管理的实践活动是制定房地产法律、法规的源泉；房地产行政管理的不断加强，是房地产法律、法规实施的根本保证。目前，我国的房地产法律、法规尚待进一步完善，房地产行政管理亦亟待加强。应当一手抓房地产法规建设，一手抓房地产行政管理，使二者相互促进，共同发展，服务于房地产经济管理事务。

1.3.2 房地产行政机关行政行为的表现形式

行政机关是根据法律授予行政权的机构，包括国务院和地方各级人民政府以及它们所设立的机构。

行政机关是通过行政行为进行职能活动的，其行政行为分为抽象行政行为与具体行政行为。抽象行政行为是指行政机关制定和发布具有普遍约束力的规范性文件以确立行政法律秩序的行为；具体行政行为是指行政机关针对具体情况依法直接采取的影响特定对象的权利义务的行政措施的行为。

具体行政行为表现为三种形式，即采取行政措施、给予行政处罚、实施强制执行。这些行为都会对被管理一方产生直接影响，包括取得权益或丧失权益。其中，行政措施行为又分为权利性行为和义务性行为。权利性行为可以使对方获得某种权利，如准许房产所有人或其代理人出卖、出租房屋；也可以剥夺对方某种权利，如责令腾退强占房屋或承租房屋。义务性行为可以给对方设定某种义务，如责令拆除私搭乱建房屋；也可以免除某种义务，如减免税费等。

具体行政行为按照受法律约束的程度又可分为羁束行政行为和自由裁量行政行为。羁束行政行为是指法律、法规对行为的范围、方式、手段等所做的具体的规定，是行政机关在进行行政管理活动时，只能照规定执行，而毫无裁量余地的行为。行政机关如果违反羁束行政行为的规定，就属于违法行政。例如，《城市私有房屋管理条例》第 9 条规定：买卖城市私有房屋，卖方须持房屋所有权证、身份证明，买方须持购买证明和身份证明，到房屋所在地房管机关办理手续。这项规定就属于羁束性规定，没有任何自由裁量余地。自由裁量行政行为则是指行政机关在法律、法规没有明确规定，或规定在一定幅度的情况下，按照规定原则或职权范围，进行权衡裁量的行为。例如，《城市私有房屋管理条例》第 21 条规定：如承租人利用承租的房屋进行非法活动，损害公共利益，出租人有权解除租赁合同。当出租人依法要求解除合同，房管机关查清事实后，应根据违法情节的严重程度和损害结果的大小做出是否终止租赁关系的行政决定。对这种依法行政，房管机关享有既定前提下的自由裁量权。

对行政机关抽象行政行为不服提起的诉讼，法院不予受理，只能通过其他途径报请有权机关审查解决，法院只对因具体行政行为发生的纠纷，受理行政诉讼。

1.3.3　房地产行政法律关系的特点

行政法律关系是指国家机关依照法律实施行政管理，与对方主体发生的各种社会关系。行政法律关系与民事法律关系不同，它不是平等主体之间的法律关系，而是不平等主体之间的法律关系，是一种纵向的管理与被管理之间的法律关系。这种法律关系的当事人，一方主体必须是法律、法规授予管理权的行政机关或组织（不是行政管理人员）；另一方主体作为相对一方主体，是处于接受管理地位的公民、法人或其他组织。在行政法律关系中，行政机关当事人的目的和任务，不是从事民事活动或取得某项权益，而是实现国家行政管理的职能，其行政行为也属于一种法律行为，即为法律所确认，自身具有法律效果的力量，理论上也称为"行政执法"或"行政法律效力"。

房地产行政法律关系有如下特点：

（1）行政机关当事人有依法行政的义务

1）行政机关必须有法律授权，并且必须在授权范围内从事行政管理，否则就是超越职权。

2）行政机关的具体行为必须符合法律、法规以及规章的规定，否则便是无效行为。

3）行政活动要按法定的程序进行，逾越法定程序的行为也是无效的。

4）行政手段也要符合法律规定的方式，不允许滥施行政措施。

（2）相对一方有接受行政管理、执行行政管理决定的义务　行政行为是一种法律行为，行政机关无论其级别高低，它在授权范围和管辖范围内所做出的行政处理决定，都具有行政法律效力。相对一方当事人，无论是公民、法人（包括企业法人、机关法人、事业法人、团体法人）或其他组织，也无论其机构级别的高低，都必须接受行政管辖机关的行政管理。例如，部队不能强调其营房自成体系而不进行房地产登记，领取所有权证；中央机关的房地产转移也必须到行政管辖的房地产机关办理转移变更手续；高等学校、大型企业要实施房地产买卖也要经地方房地产交易所统一进行交易；外国公民、企业、机构关于房地产事宜也要服从当地房管部门的房地产行政管理，并交纳有关税费等。

（3）行政机关依法行政具有主动性，相对一方当事人有权对具体行政行为提请复议或起诉　行政法律关系与民事法律关系完全不同，它既不是平等主体间的法律关系，也不是当事人相互间自愿建立的关系。哪些行为需要行政管理和如何进行，均有法律、法规、规章规定。法律、法规有规定的，行政机关不执行即属于失职；没有规定的，即便该行为符合情理、有益社会，行为的性质也不属于行政行为，其结果也不具有行政法律效力。例如，房管机关出于公益目的，为群众之间联系互换房屋承租权，以及指导产权单位或公民房屋修缮事宜等，只要法规、规章没有明确规定这方面的职责要求，其行为就不属于行政行为，而属于职权范围外的利民活动。可见，行政行为是受法律、法规制约的，它既不决定于行政人员的主观意志，也不服从相对一方当事人的主观愿望。行政机关进行行政执法必须依法办事，该管、该办、该罚的，都要主动进行。无论相对一方当事人要求与否，或者是否愿意，行政机关都有依法主动行政的职责。如果遇到违反房地产法律、法规的行为，该采取行政措施的，行政机关或行政人员不采取，即为行政不作为，同样是违法。例如，辖区内群众投诉某物业公司有乱收费行为，如果有管辖权的房地产行政机关不管不问，这就违反了法规。群众可以对房地产机关提起行政诉讼，要求改正并对有关人员进行处罚。

为保证行政机关依法行政，我国还建立了对行政机关的行政行为的监督机制，包括权力机关的监督、执政党的监督、人民群众的监督、行政机关自身的监督、司法监督等。

行政管理是十分广泛和复杂的，其管理方法和手段也是多种多样的，涉及相对一方当事人的人身权、财产权等事务非常之多，加上大量行政行为属于自由裁量范畴。因此，发生行政失误或相对一方当事人不服行政行为的情况是难免的。为此，除了上述各方面对行政工作的监督之外，法律还授予相对一方当事人在不服行政行为时，享有提请行政机关复议权和向人民法院提出起诉权。对于这项权利，任何机关组织均须遵照，不得以任何借口和形式加以剥夺或限制；否则，根据情节和后果的严重性将要受到相应的法律制裁。

（4）严肃执法与追究法律责任

1）严肃执法是行政机关的基本任务。行政机关制定了房地产法律、法规就要认真执行，发挥法律、法规的作用。立法的目的在于执行，如果制定了房地产法律、法规而不认真执行，就会丧失法律、法规的权威和政府的威信。因此，在制定了房地产法律、法规之后，行政机关必须认真贯彻执行，做到有法必依、执法必严、违法必究。

2）违反房地产法律、法规的责任是指法人或公民在房地产经济活动中，违反了房地产法律、法规的有关规定，而应该承担的法律责任。由于房地产法律、法规涉及社会生活的各个方面，所以在违反房地产法律、法规的行为中，按其违法的情节和轻重程度不同，要承担的法律责任分为行政责任、民事责任、经济责任和刑事责任等。追究法律责任是国家对违法者的强制措施，它是保证法律、法规得以实施的重要手段，也是国家强制力的表现形式。为了保障房地产法律、法规的贯彻实施，对各种违反房地产法律、法规的行为，必须追究法律责任。

① 行政责任。不论法人或公民，凡是违反了房地产法律、法规的有关规定，但尚未侵犯到他人权利，也未给他人造成经济损失的，均要承担行政责任。如房产所有权人（包括法人和公民，下同）和土地使用权人未按房地产行政机关规定的期限办理房产所有权与土地使用权的登记领证手续，则该所有权人就违反了房地产法规，就要承担行政责任。对于上述行为，房地产追究行政责任的处罚办法是：责令违反者限期办理登记、领证手续，并按逾期时间的长短，处以罚款，逾期越长，罚款越多。

② 民事责任。不论法人或公民，凡是违反了房地产法律、法规的有关规定，且侵犯了他

人的权益的，均要承担民事责任。如有的公民未经产权人允许，擅自进驻他人房屋，既违反了房屋管理规定，又侵犯了房屋所有权人的合法权益，因而要承担民事责任。对于上述行为，房地产行政机关对民事责任的处理办法是：责令擅自进驻者立即从进占的房屋中迁出，将房屋退还给产权人并加倍追缴应缴纳的房租。

③ 经济责任。不论法人或公民，凡是违反了房地产法律、法规，且又给当事人或国家造成了经济损失的，均要承担经济责任。如有的房屋承租者因长期拖欠房租，给出租人造成了经济损失，因而要承担经济责任。有的买卖或租赁双方在办理手续时，隐租瞒价，偷漏税费，使政府减少了税收，也要承担经济责任。对于上述行为，房地产行政机关追究经济责任的处罚办法是：责令当事人限期补缴拖欠的房租或偷漏的税费，并按规定对拖欠租金者和偷漏税费者处以罚款。

④ 刑事责任。无论法人或公民，凡是严重违反房地产法律、法规构成犯罪的，要负担刑事责任。如违规倒卖土地牟取暴利，攫取非法收入，严重违反房地产法规，触犯法律，要承担法律责任。对于上述行为，房地产机关追究刑事责任的处罚办法是：向人民检察院提起诉讼，由人民法院审理裁决。

1.3.4 房地产法制建设

房地产和房地产业涉及的社会面广、资金量大、产权关系复杂，特别需要法律、法规的规范，以建立正常的房地产市场秩序，规范房地产市场行为。维护房地产权利人的正当权益。目前，我国房地产的法律法规体系建设已取得了显著成绩。该体系的构架由法律、行政法规、部门规章、规范性文件和技术法规等构成。其中，法律主要有三部，即《中华人民共和国城市房地产管理法》（1994年颁布，1995年1月1日起实施，以下简称《城市房地产管理法》）、《中华人民共和国土地管理法》（1998年修订，1999年1月1日起实施，以下简称《土地管理法》）、《中华人民共和国城市规划法》（1989年颁布，1990年4月1日起实施，以下简称《城市规划法》），特别是《城市房地产管理法》，它的颁布实施标志着我国房地产业的发展迈入了法制管理的新时期，为依法管理房地产市场奠定了坚实的法律基础。这部法律除确立了我国房地产管理的基本原则，还对房地产开发用地、房地产开发、房地产交易、房地产权属登记等主要管理环节做出了具体规定，确立了一系列基本制度。

《城市房地产管理法》《土地管理法》和《城市规划法》既有分工，又相辅相成。《城市房地产管理法》是为了加强对城市房地产的管理，维护房地产市场秩序，保障房地产权利人的合法权益，促进房地产业的健康发展。《土地管理法》是为了加强土地管理，维护土地的社会主义公有制，保护、开发土地资源，合理利用土地，切实保护耕地，促进社会经济的可持续发展。《城市规划法》是为了确定城市的规模和发展方向，实现城市的经济和社会发展目标，合理地制定城市规划和进行城市建设，适应社会主义现代化建设的需要。因此，对于城市建设和房地产业来说，《土地管理法》主要是解决土地资源的保护、利用和配置，规范城市建设用地的征收，即征收农村集体所有的土地以及使用国有土地等问题。《城市规划法》除规定了城市性质、发展目标和发展规模外，重点是规范城市建设用地布局、功能分区和各项建设的具体部署，控制和确定不同地段的土地用途、范围和容量，协调各项基础设施和公共设施的建设。《城市房地产管理法》是以城市规划为依据，对如何取得国有土地使用权、房地产开发、房地产交易和房地产权属登记管理等做出具体规定。

房地产的行政法规是以国务院令形式颁布的，主要有《城市房地产开发经营管理条例》《城市房屋拆迁管理条例》《土地管理法实施条例》《城镇国有土地使用权出让和转让暂行条例》《外商投资开发经营成片土地暂行管理办法》《城市私有房屋管理条例》《住房公积金管理条例》等。

房地产的部门规章是以国务院房地产行政主管部门的部长令形式颁布的，主要有《城市房地产开发管理暂行办法》《房地产开发企业资质管理办法》《城市房屋拆迁单位管理规定》《城市商品房预售管理办法》《商品房销售管理办法》《城市房地产转让管理规定》《城市房屋租赁管理办法》《城市房地产抵押管理办法》《城市房地产中介服务管理规定》《房地产估价师注册管理办法》《房产测绘管理办法》《城市房屋产权产籍管理暂行办法》《城市房屋权属登记管理办法》《城市房地产权属档案管理办法》《城市新建住宅小区管理办法》《城市房屋修缮管理规定》《城市危险房屋管理规定》《城市异产毗连房屋管理规定》《建筑装饰装修管理规定》《城市公有房屋管理规定》《公有住宅售后维修养护管理暂行办法》《已购公有住房和经济适用住房上市出售管理暂行办法》《城市廉租住房管理办法》等。

此外，还有《房地产估价师执业资格制度暂行规定》《房地产估价师执业资格考试实施办法》《城市房地产市场评估管理暂行办法》《关于加强与银行贷款业务相关的房地产抵押和评估管理工作的通知》《房地产经纪人员职业资格制度暂行规定》《房地产经纪人执业资格考试实施办法》《关于房地产中介服务收费的通知》等多项规范性文件。以及国家标准《房地产估价规范》《房产测量规范》等项技术法规。

当然，与房地产有关的法律法规还有很多，包括建筑方面、土地利用方面、城市规划方面，这里不再一一列举。但在行政管理中，都必须依照执行，不得违反。

目前，房地产管理的主要环节均有法可依，房地产法律法规体系基本建立，为住宅建设和房地产业的健康发展创造了良好的法律环境。

本章小结

本章主要介绍了房地产行政管理的概念，阐述了房地产行政管理体制与组织体系，论证了房地产行政管理与房地产法律的关系。

房地产行政管理是政府的一项重要的经济行政职能，它是指各级房地产行政机构行使政府职权，依据方针政策、法律、法令，对房地产经济事务、房地产市场和房地产业进行的计划、组织、与控制等管理活动。这种管理活动是国家权力在房地产经济领域的体现。

房地产行政管理的职能有：政策指导、行政立法、统筹规划、组织协调、服务监督。

政府及其管理机关对房地产经济事务和社会事务的管理，通常采用行政手段、经济手段和法律手段实现。房地产行政管理的主体是我国县级以上各级人民政府及其授予相关权力的职能部门。

房地产行政管理的客体是房地产经济、房地产市场和房地产行业。

房地产行政管理的内容大体上有以下几个方面：

（1）房地产开发建设用地管理。

第1章 房地产行政管理概述

（2）城市房屋拆迁管理。
（3）房地产开发建设管理。
（4）房地产交易市场管理。
（5）房地产产权、产籍管理。
（6）房地产中介服务管理。
（7）物业管理服务市场的行政管理。
（8）房地产金融政策与管理。
（9）房地产税收政策与管理。
（10）房地产宏观调控与行业管理。

对房地产市场有管理职权的政府机构按照职权的划分有计划、建设、规划、土地、房地产、工商行政、物价、金融、财税等管理部门。这些部门必须遵循完整统一原则，分权管理的原则，管理幅度与层次原则，职、责、权一致原则，经济效能原则，民主集中制原则等实施管理。房地产行政管理必须依法实施。房地产法律、法规是房地产行政管理的先导，一切房地产行政行为都必须依法进行，其行政行为分为抽象行政行为与具体行政行为，具体行政行为按照受法律约束的程度分为羁束行政行为和自由裁量行政行为。

房地产和房地产业涉及的社会面广、资金量大、产权关系复杂，特别需要法律、法规的规范，以建立正常的房地产市场秩序，规范房地产市场行为。维护房地产权利人的正当权益，目前，我国房地产的法律、法规体系建设已取得了显著成绩。该体系的构架由法律、行政法规、部门规章、规范性文件和技术法规等构成。

复习思考题

1. 什么是房地产行政管理？
2. 房地产行政管理包括哪些内容？
3. 房地产行政管理的手段有哪些？
4. 房地产行政管理的原则是什么？
5. 什么是房地产行政管理体制？房地产行政管理体制的含义可从哪几个方面去理解？
6. 什么是房地产行政组织？房地产行政组织的构成要素有哪些？
7. 简述依法行政的重要性。
8. 房地产行政法律关系的特点是什么？
9. 简述我国房地产法律法规体系的构成。

第 2 章

城市建设用地管理

❂ 学习目标

1. 了解我国城市土地使用制度沿革，熟悉我国土地所有权制度及土地数量，掌握我国现行土地管理制度
2. 掌握国有土地使用权出让的概念、政策、程序、收回、终止、续期及合同管理
3. 掌握国有土地使用权划拨的含义、管理以及收回
4. 掌握集体土地征收的政策规定
5. 熟悉闲置土地的处理规定和土地储备制度

❂ 关键词

土地制度　国有土地使用权出让　国有土地使用权划拨　集体土地征收　集体土地入市　闲置土地处置　土地储备

2.1 我国现行土地制度及沿革

2.1.1 我国土地所有权制度及土地数量

我国实行土地社会主义公有制制度。土地的社会主义公有制分为全民所有制和集体所有制两种。其中，土地的全民所有制采取的是国家所有制的形式，该种所有制形式的土地被称为国家所有土地，简称国有土地；其所有权由国家代表全体人民行使，具体由国务院及县级以上各级人民政府在法律规定的范围内代表国家行使。土地的集体所有制采取的是农民集体所有制的形式，该种所有制的土地被称为农民集体所有土地，简称集体土地；其所有权由农村村民委员会代表集体经济组织行使。

国有土地范围包括：①城市市区的土地。②农村和城市郊区中已经依法没收、征收、征购为国有的土地。③国家依法征收的土地。④依法不属于集体所有的林地、草地、荒地、滩涂及其他土地。⑤农村集体经济组织全部成员转为城镇居民的，原属于其成员集体所有的土地。⑥因国家组织移民、自然灾害等原因，农民成建制地集体迁移后不再使用的原属于迁移农民集体所有的土地。

农村和城市郊区的土地，除法律规定属于国家所有的以外，都属于农民集体所有。宅基地和自留地、自留山，也属于集体所有。但是，矿藏、水流、森林、山岭、草原、荒地、滩涂等自然资源，都属于国家所有（由法律规定属于集体所有的森林、山岭、草原、荒地、滩涂除外）。

由于我国的经济飞速发展，城市化进程步伐加快，人民生活水平日益提高，因此土地的需求量非常大。根据国土资源部发布的《2016 中国国土资源公报》显示，2015 年国有建设用地供应量为 51.80 万 hm^2，同比减少 2.9%。其中，工矿仓储用地、商服用地、住宅用地和基础设施等其他用地供地面积分别为 12.08 万 hm^2、3.46 万 hm^2、7.29 万 hm^2 和 28.97 万 hm^2，同比分别下降 3.2%、6.9%、11.7% 和增长 0.2%。四类用地分别占国有建设用地供应总量的 23.3%、6.7%、14.1% 和 55.9%。2012~2016 年国有建设用地供应情况如图 2-1 所示，2016 年国有建设用地供应结构如图 2-2 所示。

图 2-1 2012~2016 年国有建设用地供应情况

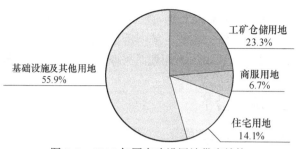

图 2-2 2016 年国有建设用地供应结构

在加大国有建设用地供应的同时，国家同时增加农用地供应，加强耕地保护。根据国土资源部发布的《2016 中国国土资源公报》显示：2016 年，全年开展并验收土地整治项目 13 406 个、建设总规模为 333.73 万 hm^2，新增耕地 17.58 万 hm^2，总投资 618.75 亿元；2015 年，通过土地整治、农业结构调整等增加耕地面积 24.23 万 hm^2。如图 2-3 所示。此外，为加强耕地质量建设和生态管护，2012 年国土资源部发布《关于提升耕地保护水平 全面加强耕地质量建设与管理的通知》，推进耕地质量等别年度更新和监测试点，强化耕地质量管护。

图 2-3 2011～2015 年耕地增减变化情况

2.1.2 我国现行的土地管理制度

土地是极为稀缺的珍贵资源，对于我们这个人口众多的国家来说，土地的珍贵性表现得更为突出。我国十分重视土地管理工作，制定了一系列土地管理制度。这些制度主要有：

1）土地有偿有限期使用制度。除了国家核准的划拨土地以外，凡新增土地和原使用的土地改变用途或使用条件、进行市场交易等，均实行有偿有限期使用。

2）土地用途管制制度。根据土地利用总体规划，将土地用途分为农用地、建设用地和未利用土地，对耕地实行特殊保护，严格控制建设用地总量，限制农用地转为建设用地；坚决执行土地利用总体规划、城市规划和土地利用年度计划。土地用途的变更须经有批准权的人民政府核准。

3）土地登记制度。县级以上人民政府对所管辖的土地进行登记造册。使用国有土地的，核发"国有土地使用证"；属于集体土地的，核发"集体土地所有证"。依法登记的土地所有权和使用权受法律保护，任何单位和个人不得侵犯。

4）土地储备制度。通过征用集体土地、收回闲置土地、调整不合理配置用地和土地置换等行为取得土地使用权。通过统一规划、统一拆迁、统一配套和统一开发等方式进行整理与包装；根据社会发展、城市规划和供地计划而采取多种形式出让土地使用权。

2.1.3 城市土地使用制度沿革

1．传统城市土地使用制度及其弊端

我国传统的城市土地使用制度，是对土地实行行政划拨、无偿无限期使用、禁止使用者转让土地的制度。

行政划拨是指土地由政府有关主管部门调拨使用，具体包括两个方面：

1）土地使用者如果需要土地，不是通过购买或租赁的方式获得，而是按照一定的建设用地程序，由政府有关主管部门无偿拨给。

2）国家因经济、文化、国防建设或者兴办社会公共事业需要用地，也不是通过购买或租赁的方式从使用者手中取得，而是运用行政手段无偿调用。

无偿无限期使用是指从国家那里得到土地时不支付地价，在使用土地的过程中也不缴纳地租或土地使用费；同时国家在将土地划拨给这些使用者时，也没有规定具体明确的土地使用期限。除非遇到国家新的建设需要使用该块土地，否则土地使用者可以无限期地占用下去。

禁止土地使用者转让土地是指禁止土地使用者以买卖、出租、抵押、赠与、交换等方式将土地转让给其他单位或个人使用。如果土地使用者不再需要使用该块土地，只可将土地无偿交给国家管理部门，由其重新安排使用。

我国传统城市土地使用制度通过几十年的实践，证明存在着很多弊端，主要表现在如下几方面：①不利于土地的合理利用。②不利于正确评价企业的绩效。③有违按劳分配原则。④不利于城市建设。⑤易于产生不正之风。

2．城市土地使用制度改革的进程

我国传统城市土地使用制度的改革有一个发展过程。这个发展过程突出表现在征收土地使用费，开展土地使用权有偿出让、转让，制定地方性土地使用权有偿出让、转让法规，修改宪法和土地管理法，制定全国性土地使用权出让、转让条例五个方面。

1）征收土地使用费。征收土地使用费起初是针对对外开放举办中外合营企业提出的。1982年深圳特区开始按照城市土地的不同等级向土地使用者收取不同标准的使用费。广州、上海等城市从1984年起也先后推行。

1988年9月27日，国务院发布了《中华人民共和国城镇土地使用税暂行条例》，自1988年11月1日起施行。该条例指出，征收土地使用税施行后，土地使用费改成土地使用税。

2）开展土地使用权有偿出让、转让。征收土地使用费的改革还没有为土地使用者转让土地使用权开绿灯，对传统土地使用制度触动不大。1987年下半年，深圳特区率先开展土地使用权有偿出让、转让的试点，做法是国家出让土地使用权及允许进行土地使用权抵押。1988年，福州、海口、广州、厦门、上海、天津等城市也相继进行了这方面的试点。

3）制定地方性土地使用权有偿出让、转让法规。为了使土地使用权有偿出让、转让活动法律化，做到有法可依，1987年11月29日，上海市人民政府首先发布了《上海市土地使用权有偿转让办法》。此后，1987年12月29日，广东省人大常委会正式通过了《深圳特区

土地管理条例》；1988年2月13日，海南省筹备组发布了《海南土地管理办法》；1988年2月14日，海口市人民政府发布了《海口市土地使用权有偿出让和转让的规定》；1988年6月14日，厦门市公布了《厦门市国有土地使用权有偿出让、转让办法》；另外，1988年3月9日，广州市人民政府发布了《广州经济技术开发区土地使用权有偿出让和转让办法》；天津市也制定了《天津经济技术开发区土地使用权有偿出让、转让管理规定》。到20世纪90年代中期，我国各省、直辖市、自治区先后都出台了地方性的土地使用权有偿出让、转让的有关办法或规定。

4) 修改宪法和土地管理法。1984年10月，标志着我国改革发展重要里程碑的《中共中央关于经济体制改革的决定》中认为土地不是商品，并以此作为区别社会主义商品经济与资本主义商品经济的标志之一。1986年6月公布的《土地管理法》还规定了土地不得出租或以其他形式非法转让。但到了1987年，情况有了重大变化，土地使用制度改革的有关内容开始反映在党中央和国家的重要文件中。1988年4月和12月，宪法和土地管理法分别作了修改。

1988年4月11日，出席七届全国人大一次会议的代表在讨论宪法修改草案时认为："将土地的使用权修改规定为可以依照法律的规定转让，符合我国国情。"12日即通过《中华人民共和国宪法修正案》将原宪法中第10条第4款中不得出租土地的规定，修改为："土地的使用权可以依照法律的规定转让。"这就为土地使用权制度改革的全面推开和深入发展扫清了道路。1988年12月29日，《中华人民共和国土地管理法》也作了相应的修改。

5) 制定全国性土地使用权出让和转让条例。1990年5月19日，国务院发布了《中华人民共和国城镇国有土地使用权出让和转让暂行条例》。该条例共8章54条，对土地使用权出让、转让、出租、抵押、终止以及划拨土地使用权等问题作了明确规定；同时要求各省、自治区、直辖市人民政府根据该条例的规定和当地的实际情况，选择部分比较成熟的城市先行开展城镇国有土地使用权出让、转让的试点。为了吸引外商投资从事开发经营成片土地，国务院还发布了《外商投资开发经营成片土地暂行管理办法》。1994年7月5日，全国人大常委会通过了《中华人民共和国城市房地产管理法》，该法明确规定"国家依法实行国有土地有偿、有限期使用制度"，并对土地使用权的出让、转让做了进一步的补充完善。

3. 新的城市土地使用制度的基本框架

我国城市土地使用制度经过改革探索，找到了一种既能维护土地公有制，又有利于市场经济运行的制度。这种土地使用制度规定：任何单位和个人进行建设，需要使用土地的，必须依法申请使用国有土地（兴办乡镇企业和村民建设住宅经依法批准使用本集体经济组织农民集体所有的土地的，或者乡（镇）村公共设施和公益事业建设经依法批准使用农民集体所有的土地的除外）；国有土地管理部门，在不改变城市土地国有的条件下，可采取拍卖、招标、挂牌、协议等方式将土地使用权有偿、有限期地出让给土地使用者；土地使用者的土地使用权在使用年期内可以转让、出租、抵押或者用于其他经济活动，其合法权益受国家法律保护。由此，土地使用权作为一种财产权在市场上合法流通，土地这种稀缺资源在市场机制作用下实现优化配置。

2.2 国有土地使用权出让

现阶段建设单位取得土地使用权的途径主要有四种：①通过国家出让方式取得。②通过房地产转让方式取得（如买卖、赠与或者其他合法方式）。③通过土地或房地产租赁方式取得。④通过行政划拨方式（含征用集体土地）取得。其中，通过第①种方式取得土地使用权是房地产开发公司获得开发建设用土地的主要途径。

2.2.1 国有土地使用权出让的概念

国有土地使用权出让是指政府土地管理部门通过土地一级市场，将国有土地使用权在一定年限内出让给土地使用者，由土地使用者支付土地使用权出让金的行为。土地使用权出让金是指受让人按照合同规定的期限，一次或分若干次提前支付的整个使用期间使用国有土地的地租。

国有土地使用权出让的含义有五个层次：①土地使用权出让的一级市场，由国家垄断，任何单位和个人不得出让土地使用权。②经出让取得土地使用权的单位和个人，在土地使用期内只有使用权而没有所有权，在使用期限内对土地拥有使用、占有、收益及对该使用权进行处分的权利；土地使用权可以进入市场，可以进行转让、出租、抵押等经营活动，但地下埋藏物归国家所有。③土地使用者只有向国家支付了全部土地使用权出让金后才能领取土地使用权证书；土地使用权证书是使用者合法获得土地使用权的有效证件。④集体土地不经征用（即使其成为国有土地）不得出让。⑤土地使用权出让是国家以土地所有者的身份与土地使用者之间关于权利义务的一种经济关系，具有平等、自愿、有偿、有限期的特点。

2.2.2 国有土地使用权出让的政策

1. 国有土地使用权出让计划的拟定和申请的批准

国有土地使用权出让必须符合土地利用总体规划、城市规划和年度建设用地计划。根据省市级人民政府下达的控制指标，拟定年度出让国有土地总面积方案，并且有计划、有步骤地进行。

市、县级人民政府土地行政主管部门根据社会经济发展计划、产业政策、土地利用总体规划、土地利用年度计划、城市总体规划和土地市场状况，编制国有土地使用权出让计划，报经同级人民政府批准后，及时向社会公开发布。然后按照出让计划，会同市、县级人民政府城市规划、建设、房产管理等部门，共同拟定拟招标拍卖挂牌、出让地块的用途、年限、出让方式、时间和其他条件等方案，报经有批准权的人民政府批准后，由土地行政主管部门组织实施。

土地使用权出让或划拨前，作为土地使用权出让或者划拨的依据之一，县级以上地方人民政府城市规划行政主管部门和房地产开发主管部门应当向受让人就下列事项提出书面意见。其内容包括：①房地产开发项目的性质、规模和开发期限。②城市规划设计的条件。③基础设施和公共设施的建设要求。④基础设施建成后的产权界定。⑤项目拆迁补偿、安置要求。

第 2 章 城市建设用地管理

2. 国有土地使用权出让的方式

国有土地使用权出让可以采取拍卖、招标、挂牌或协议出让的方式。商业、旅游、娱乐和商品住宅等各类经营性用地,必须以招标、拍卖或挂牌方式出让。其他用途的土地,供地计划公布后,同一宗地有两个以上意向用地者的,也必须采用招标、拍卖或挂牌方式出让;否则,可以采取协议的方式,但以协议方式出让的土地价格不得低于国家所规定的最低价。

上述规定的重要意义主要有两个方面:一是有利于从制度和源头上保证土地使用权出让工作的廉政建设。土地是国家和社会最大的资源和财富,是生产要素市场中价值最高的资产。对经营性国有土地使用权的出让审批如果不严格规范,很容易滋生腐败。大力推行招标、拍卖、挂牌方式出让国有土地使用权,有利于遏制权力进入市场,减少人为因素对资源配置的干预和不合理控制,从源头上遏制腐败行为的发生。二是有利于按照市场经济的要求,健全土地市场规则,建立公开、公平、公正的资源性资产配置的新机制。虽然我国在土地市场建设方面取得了显著成绩,但是也存在着不少问题,如有些地方竞相压低、减免地价吸引投资;经营性房地产项目用地采取协议出让方式供地,划拨土地大量非法入市等。如果不遏制这些行为,统一规范、开放有序的土地市场就难以形成。大力推行招标、拍卖、挂牌方式出让国有土地使用权,不仅能够实现国家土地资产的最大效益,而且能够提高政府供地的市场化程度,促进规范统一的土地市场的建立和完善。

招标出让是指人民政府土地行政主管部门(以下简称出让人)发布招标公告,邀请特定或者不特定的公民、法人和其他组织参加国有土地使用权投标,根据投标结果确定土地使用者的行为。

拍卖出让是指出让人发布拍卖公告,竞买人在指定时间、地点进行公开竞价,根据出价结果确定土地使用者的行为。

挂牌出让是指出让人发布挂牌公告,按公告规定的期限将出让宗地的交易条件在指定的土地交易场所挂牌公布,接受竞买人的报价申请并更新挂牌价格,根据挂牌期限截止时的出价结果确定土地使用者的行为。

协议出让是指国家以协议方式将国有土地使用权在一定年限内出让给土地使用者,由土地使用者向国家支付土地使用权出让金的行为。

3. 国有土地使用权出让的年限

国有土地使用权出让的最高年限为:居住用地 70 年;工业用地 50 年;教育、科技、文化卫生、体育用地 50 年;商业、旅游、娱乐用地 40 年;综合或其他用地 50 年。

2.2.3 国有土地使用权招标、拍卖、挂牌出让程序

1. 编制出让文件

招标、拍卖、挂牌出让文件应当包括招标、拍卖、挂牌出让公告、投标或者竞买须知、宗地图、土地使用条件、标书或者竞买申请书、报价单、成交确认书、国有土地使用权出让合同文本等。

2. 发布招标、拍卖或者挂牌公告

出让人应当至少在招标、拍卖或者挂牌开始日前 20 日发布招标、拍卖或者挂牌公告。

公布招标、拍卖、挂牌出让宗地的基本情况和招标、拍卖、挂牌的时间、地点。招标、拍卖、挂牌公告应当包括下列内容：①出让人的名称和地址。②出让宗地的位置、现状、面积、使用年期、用途、规划设计要求。③投标人、竞买人的资格要求及申请取得投标、竞买资格的办法。④索取招标、拍卖、挂牌出让文件的时间、地点及方式。⑤招标、拍卖、挂牌时间、地点、投标挂牌期限、投标和竞价方式等。⑥确定中标人的标准和方法。⑦投标、竞买保证金。⑧其他需要公告的事项。

3. 确定标底或者底价

出让人根据土地估价结果和政府产业政策，综合确定标底或者底价。确定招标标底，拍卖和挂牌的起价、底价，投标、竞买保证金，要求实行集体决策。招标标底和拍卖挂牌的底价，在招标、拍卖、挂牌出让活动结束之前必须保密。

4. 资格审查

出让人对投标申请人、竞买申请人进行资格审查。对符合招标、拍卖、挂牌公告规定条件的，通知其参加招标、拍卖、挂牌活动。投标人、竞买人提出查询拟出让土地的有关情况的要求时，出让人应该为其提供便利。

5. 招投标工作的投标、开标程序

1）投标人在投标截止时间前将标书投入标箱。招标公告允许邮寄标书的，投标人可以邮寄，但出让人在投标截止时间前收到的方为有效；标书投入标箱后，不可撤回，投标人应对标书和有关书面承诺承担责任。

2）出让人按照招标公告规定的时间、地点开标，邀请所有投标人参加。由投标人或者其推选的代表检查标箱的密封情况，当众开启标箱，宣布投标人名称、投标价格和投标文件的主要内容。投标人少于3人的，出让人应当依照《招标、拍卖、挂牌出让国有土地使用权规定》重新招标。

3）评标小组进行评标。评标小组由出让人代表、有关专家组成，成员人数为5人以上的单数。

4）评标小组可以要求投标人对投标文件作出必要的澄清或者说明，但是澄清或者说明不得超出投标文件的范围或者改变投标文件的实质性内容。

5）评标小组应当按照招标文件确定的评标标准和方法，对投标文件进行评审。

6）招标人根据评标结果，确定中标人。对能够最大限度地满足招标文件中规定的各项综合评价标准，或者能够满足招标文件的实质性要求且价格最高的投标人，应当确定为中标人。

6. 签订《国有土地使用权出让合同》

出让人应在10个工作日内将出让结果在土地市场或者指定的场所、媒体公布。公告期限过后，出让人通知中标人（土地受让人）按照《国有土地使用权出让合同》的约定，付清土地使用权出让金、依法办理土地登记手续后，取得国有土地使用权。

2.2.4 国有土地使用权协议出让程序

市、县级人民政府国土资源行政主管部门（出让人），在土地有形市场等指定场所，或通过报纸、互联网等媒体，向社会公布经批准后的国有土地使用权出让计划。国有土地使用

权出让计划应当包括年度土地供应总量，不同用途土地供应面积、地段以及供地时间等内容。在国有土地使用权出让计划公布后，需要使用土地的单位和个人，可以根据国有土地使用权出让计划，在公布的时限内，向出让人提出意向用地申请。从出让人公布计划到接受申请的时间不少于 30 日。在公布的地段上，同一地块只有一个意向用地者的，方可按照《招标、拍卖、挂牌出让国有土地使用权规定》采取协议方式出让，但商业、旅游、娱乐和商品住宅等经营性用地除外。

国有土地使用权协议出让程序如下：

1）对符合协议出让条件的，出让人依据国有土地使用权出让计划、城市规划和意向用地者申请的用地项目类型、规模等，制定协议出让土地方案。协议出让土地方案包括拟出让地块的具体位置、界址、用途、面积、使用年限、土地使用条件、规划设计条件、供地时间等。

2）出让人根据国家产业政策和拟出让地块的情况，委托专业机构对拟出让地块的土地价格进行评估，合理确定协议出让底价，并报有批准权的人民政府批准。协议出让底价确定后应当保密，任何单位和个人不得泄露。

3）协议出让土地方案和底价确定后，市、县级人民政府国土资源行政主管部门应当与意向用地者就土地出让价格等进行充分协商，协商一致且议定的出让价格不低于出让底价的，方可达成协议。

4）协议达成后，出让人根据协议结果，与意向用地者签订《国有土地使用权出让合同》。

5）合同签订后 7 日内，出让人应当将协议出让结果在土地有形市场等指定场所，或者通过报纸、互联网等媒体向社会公告，接受社会监督。公告协议出让结果的时间不得少于 15 日。

6）土地使用者按照合同约定，付清土地使用权出让金、依法办理土地登记手续后，申请办理土地登记，取得国有土地使用权。

2.2.5 国有土地使用权的收回

国家收回土地使用权有多种原因，如土地使用权期限届满、提前收回、没收等。

1．国有土地使用权期限届满的收回

土地使用权出让合同约定的使用年限届满后，土地使用者未按法律规定时间申请续期或申请未获批，国家无偿收回土地使用权。

2．国家有权提前收回土地使用权

国家对经出让取得的土地使用权一般不提前收回。但在特殊情况下，国家可以根据社会公共利益的需要，依照法律程序提前收回，但在收回时应根据土地使用者使用土地的实际年限和开发程度及利用土地的实际情况等给予适当补偿。

3．因土地使用者不履行土地使用权出让合同而收回土地使用权

因土地使用者不履行土地使用权出让合同而收回土地使用权分两种情况：一是没有如期支付地价款。土地购买方在签约时应支付地价款的一定比例作为定金，60 日内则要支付全部地价款，逾期如未支付全部地价款，出让方就要依照法律和合同约定，收回土地使用权并不退还定金；二是土地使用者未按合同约定的期限和条件开发利用土地，由县级以上人民政府土地管理部门予以纠正，并根据情节给予警告或者罚款，直至无偿收回土地使用权，这是对不履行合同义务的承担人，采取的无条件取消其土地使用权的处罚形式。

4．司法机关决定收回土地使用权

因土地使用者触犯国家法律，不能继续履行合同，或司法机关决定没收其全部财产，收回土地使用权。

2.2.6 国有土地使用权的终止

国有土地使用权的终止有以下两种原因：

1．土地使用权因土地灭失而终止

土地使用权要以土地的存在或土地能满足某种需要为前提，因土地灭失而导致使用人实际上不能继续使用土地，使用权自然终止。土地灭失是指由于自然原因造成原土地性质的彻底改变或原土地面貌的彻底改变，如地震、水灾、塌陷等自然灾害引起土地不能使用。

2．土地使用权因土地使用者的抛弃而终止

由于政治、经济、行政等原因，土地使用者抛弃使用的土地，致使土地使用合同失去意义或无法履行而终止土地使用权。

2.2.7 国有土地使用权续期

国有土地使用权出让合同约定的使用年限届满，原土地使用者需要继续使用土地的，应当最迟于期满前一年向土地管理部门提出申请，经批准续期的，要重新签订土地使用权出让合同，按规定支付土地出让金并更换土地权属证件。

2.2.8 国有土地使用权出让合同及其管理

国有土地使用权出让时，受让人应当与出让人签订书面出让合同，以获得法律保护。土地使用权出让合同由县、市级人民政府土地管理部门与土地使用者签订。国有土地使用权出让合同有成片土地使用权出让合同、项目用地（宗地）土地使用权出让合同，划拨土地及其地上建筑物、附着物，因转让、出租、抵押而补办的土地使用权出让合同三类。

1．国有土地使用权出让合同的主要内容

1）合同的正本、副本。合同的主要内容有：签约双方当事人；出让地块的位置、面积、界线等自然情况；地价款数额、定金、支付方式和期限；土地使用期限；动工及开发期限；取得土地使用权的方式及违约责任等。

2）土地使用权出让合同附件。合同附件的主要内容有：地块四至平面图、界桩定点；土地利用要求、城市建设管理要求、建设要求；建筑面积、限高、绿化率、建筑比例等。

3）补充合同。补充合同的主要内容有：双方在土地使用权出让格式合同中尚未包括的未尽事宜，合同文本需要变换的事项等。

2．国有土地使用权出让合同的履行

国有土地使用权出让合同一经签订，即产生法律效力，当事人双方都必须坚决执行。出让人要按合同约定供给指定的土地，按合同约定的期限和规划要求开发使用土地。如果需要改变土地利用条件及用途,必须取得出让方和有管理权的人民政府城市规划行政管理部门的同意,变更或重新签订出让合同,并相应调整地价款。

3. 国有土地使用权出让合同的解除

1) 在签订出让合同后受让人应缴纳定金并按约定期限支付地价款;未按出让合同支付地价款的,出让人有权解除合同,并可以请求违约赔偿。

2) 出让人未按出让合同约定的时间提供土地的,受让人有权解除合同。由出让人返还地价款,并可以请求违约赔偿。

2.3 国有土地使用权划拨

《中华人民共和国土地管理法》规定:部分建设用地,可由有批准权限的人民政府依法批准,通过划拨方式取得土地使用权,包括:①国家机关用地和军事用地。②城市基础设施和公用事业用地。③国家重点扶持的能源、交通、水利等项目用地。④法律、行政法规规定的其他用地。在房地产开发中,公共福利事业用地、经济适用房建设用地、廉租房建设用地等,均可通过划拨方式获得土地使用权。

2.3.1 国有土地使用权划拨的含义

国有土地使用权划拨是指经有批准权的人民政府依法批准,在用地者缴纳补偿、安置等费用后将该土地交付土地使用者使用,或者将土地使用权无偿交给土地使用者使用的行为。划拨土地使用权包含以下四层含义:①划拨土地使用权包括土地使用者缴纳拆迁安置、补偿费用(如城市的存量土地或农村集体土地)和无偿取得(如国有的荒山、沙漠、滩涂等)两种形式。②除法律、法规另有规定外,划拨土地没有使用期限的限制,但未经许可不得进行转让、出租、抵押等经营活动。③取得划拨土地使用权,必须经有批准权的人民政府核准并按法定的工作程序办理手续。④在国家没有法律规定之前,在城市范围内外的国有土地,除已经出让的以外,均按划拨土地进行管理。

2.3.2 对划拨土地使用权的管理

1. 划拨土地使用权转让管理

划拨土地使用权转让有两条规定:一是报有批准权的人民政府审批准予转让的,应当由受让方办理土地使用权出让手续,并依照国家有关规定缴纳土地使用权出让金;二是可不办理土地使用权出让手续,但转让方应将所获得的收益中的土地收益上缴国家,凡上缴土地收益的土地,仍按划拨土地使用权进行管理。

2. 划拨土地使用权出租管理

①房产所有权人以营利为目的,将划拨土地使用权的地上建筑物出租的,应当将租金中所含土地收益上缴国家。②用地单位因发生转让、出租、企业改制和改变土地用途等不适宜办理土地使用权出让的,可实行租赁。③租赁时间超过6个月的,应办理租赁合同,合同期

限不得超过出让年限。

3．划拨土地使用权抵押管理

划拨土地使用权抵押时，其抵押的金额不能包括土地价。因抵押划拨土地使用权造成土地使用权转移的，应办理土地使用权出让手续并向国家缴纳地价款才能变更土地权属。

4．对擅自转让、出租、抵押划拨土地使用权的行为的处理

对未经批准擅自转让、出租、抵押划拨土地使用权的单位和个人，县级以上人民政府土地管理部门应当依法没收其非法收入，并根据情节处以罚款。

2.3.3 划拨土地使用权的收回

国家无偿收回划拨土地使用权有多种原因，主要有以下七种：①土地使用者因迁移、解散、撤销、破产或其他原因而停止使用土地的。②国家根据城市建设发展的需要和城市规划的要求收回土地使用权的。③各级司法部门没收土地使用者所有的财产而收回土地使用权的。④土地使用者自动放弃土地使用权的。⑤未经原批准机关同意，连续两年未使用的。⑥不按批准用途使用土地的。⑦铁路、公路、机场、矿场等核准报废的土地，国家无偿收回划拨土地使用权时，对其地上建筑物、其他附着物，根据实际情况应给原土地使用者适当补偿。

2.3.4 国企改革中对划拨土地的处理

1）对国有企业改革中涉及的划拨土地使用权，可分别采取国有土地出让、租赁、作价出资（入股）和保留划拨土地使用权等方式予以处置。

2）应采取土地出让或出租方式处置的情况：①国有企业改造或改组为有限责任或股份有限公司以及组建企业集团的。②国有企业改组为股份合作制的。③国有企业租赁经营的。④非国有企业兼并国有企业的。

3）经批准可保留划拨土地使用权的情况：①继续作为城市基础设施用地，公益事业用地和国有重点扶持的能源、交通、水利等项目用地、原土地用途不发生改变，但改造或改组为公司制企业除外。②国有企业兼并国有企业，非国有企业及国有企业合并后的企业是国有企业的。③在国有企业兼并、合并中，一方属于濒临破产企业的。④国有企业改造或改组为国有独资公司的。

2.4 集体所有土地的征收与入市

2004年通过的《中华人民共和国宪法修正案》第20条规定：国家为了公共利益的需要，可以依照法律规定对土地实行征收或者征用并给予补偿。

同年修正的《中华人民共和国土地管理法》第2条第4款规定：国家为了公共利益的需要，可以依法对土地实行征收或者征用并给予补偿。

宪法修正案对有关土地问题所作的修改主要有两点：一是增加了土地征收的概念，将征收和征用区分开来；二是增加了对土地财产征收、征用应给予补偿的规定。

土地征收是指国家为了公共利益的需要，强制取得民事主体土地所有权的行为；土地征用是指国家为了公共利益的需要，强制取得民事主体土地使用权的行为。土地征收和土地征用这两个概念具有一定的联系，两者都属于通过运用国家强制力而对公民的土地权利进行限制的形式。两者都是为了公共利益需要，都要经过法定程序，都要依法给予补偿。两个概念的区别在于：①两者的法律效果不同。土地征收是土地所有权的改变，土地征用则是土地使用权的改变，这是两者最主要、最本质的区别。②二者的补偿不同。在土地征用的情况下，如果标的物没有毁损灭失，就应当返还原物；而在土地征收的情况下，不存在返还的问题。由于土地征收是所有权的移转，对其作出的补偿也相对更高一些。③二者的适用条件不同。土地征用一般适用于临时性的紧急状态，也适用于临时性的公共用途。而即使不存在紧急状态，为了公共利益的需要也可以实施土地征收。④二者适用的法律不同。土地征收主要适用土地法和城市规划法。土地征用适用的多是调整紧急状态的法律。⑤二者适用的程序不同。由于土地征收要发生所有权的移转，所以土地征收的程序比土地征用更严格。

区分土地征收与土地征用具有重要的理论意义和实践意义。从理论上看，对这两个概念的区分使我国的立法更规范和严谨，而且为我国的土地法和物权法进一步具体规范土地征收和土地征用制度奠定了法律基础。从实践上看，不是所有的公共建设都需要进行转移土地所有权的土地征收，一些临时性的项目可能只需取得土地使用权即可满足需要。土地征用可以填补这方面的制度空白，这样有利于对被征用人的权利保护。

本节将主要论述国家对集体所有土地的征收。

2.4.1 国家建设征收土地的特征

1．国家建设征收土地的主体必须是国家

只有国家才能在国家建设征收土地行为中充当征收主体，只有国家才享有依法征收集体所有土地的权利。而具体的国家机关、企事业单位、社会团体以及个人只能根据用地的需要，依法定征地程序向土地机关提出用地申请，并在申请批准后获得土地的使用权。需要明确的是：国家是征收土地的主体，人民政府和各级土地管理机关代表国家具体行使此项权力。

2．国家建设征收土地（征地）是行政行为，具有强制性

国家建设征收土地是基于国家建设的需要，依照法律规定的依据和程序所实施的行政行为，土地被征收的集体经济组织必须服从。

3．国家建设征收土地是国家公共利益的需要

国家建设征收土地的原因是国家建设的需要，即宪法第 5 条所指的公共利益的需要。它可以从两个层次上理解：其一，是直接的国家建设需要或公共利益的需要，如发展和兴办国防建设、公用事业、市政建设、交通运输、水利事业、国家机关建设用地等以公共利益为直接目的的事业。其二，是广义的国家建设需要或者广义的公共利益需要，即凡是有利于社会主义现代化建设，有利于人民生活水平的提高，有利于综合国力的加强，诸如设立国家主管机关批准的集体企业、三资企业，兴办国家主管机关批准的民办大学以及其他社会公益事业等，均是广义上的国家建设和公共利益的需要。这些情况都可作为国家建设征收土地的原因。

4. 国家建设征收土地以土地补偿为必备条件

国家建设征收土地与没收土地不同，它不是无偿地强制进行，而是有偿地强制进行，土地被征收的集体经济组织可以依法取得经济上的补偿。国家建设征收土地与土地征购也不同，它并不是等价的买卖，而是有补偿条件的征收。因此，对被征收土地的适当补偿，是国家建设征收土地必不可少的条件。适当补偿是指严格依据土地管理法的规定给予补偿，征地补偿以使被征收土地单位的农民生活水平不降低为原则，土地补偿费以及其他费用由用地单位支付。用地单位支付这些费用的义务是直接产生于国家征收土地的行政行为和国家批准用地单位用地申请的行为。

5. 国家建设征收土地的标的只能是集体所有土地

国家建设征收土地的标的，新中国成立以来经历了一个发展变化的过程。随着农业合作社在全国范围内的实现，农村土地变成了农村合作经济组织集体所有以后，到了1986年《中华人民共和国土地管理法》规定的征收土地的标的就只能是集体所有土地了。应当指出的是，国家建设用地需要用集体所有的土地来满足，也需要用国家所有的土地来满足。用集体所有的土地满足国家建设用地的需要的法定办法是征收，用国有土地来满足国家建设用地的需要的法定办法是出让、划拨等方式，而非征收方式，因为国有土地本来就是国家的，不需要再通过其他方式取得所有权，国家可直接行使处分权利。

2.4.2 征收集体所有土地应遵守的原则

1. 珍惜耕地，合理利用土地的原则

土地是人类赖以生存和生活的基础，具有有限性和不可再生性的特点。因而，它是最珍贵的自然资源，最宝贵的物质财富。中国是个14亿人口的大国，人均占有的土地面积只有世界人均占有量的1/3左右，特别是人均占有耕地数大大低于世界人均水平，而且可耕地后备资源不足。但是，随着城市建设的发展和建立社会主义市场经济的需要以及人民生活水平的不断提高，必然还需要占用一些耕地。《中华人民共和国土地管理法》规定：十分珍惜、合理利用土地和切实保护耕地是我国的基本国策。各级人民政府应当采取措施，全面规划，严格管理，保护开发土地资源，制止非法占用土地的行为。在国家建设征收土地中要满足这一要求，必须坚持：①加强规划，严格管理，严格控制各项建设用地。②优先利用荒地、非农业用地，尽量不用耕地。③优先利用劣地，尽量不用良田。④加大土地监察和对土地违法行为的打击力度，切实制止乱占耕地，滥用土地行为，坚决反对征而不用，多征少用，浪费土地的错误做法。

2. 保证国家必要的建设用地的原则

征收土地是国家为了维护社会的公共利益而行使政治权力的行为。社会公共利益是一国的最高利益，是全体人民的共同利益的体现。当私人利益与社会公共利益相抵触时，就应对私人利益加以限制以维护社会公共利益。国家建设即是社会公共利益的体现。因此，应在贯彻节约土地、保护土地的前提下保证国家建设用地。

3. 妥善安置被征地单位和农民的原则

征收土地会给被征地单位和农民的生产、生活带来困难和不便。用地单位必须遵循"以

人为本"的原则,根据国家和当地政府的规定,妥善安置被征地范围内的单位和农民的生产、生活,保证征地工作的顺利进行。

妥善安置主要包括五个方面:①要给被征地单位安排生产用地。②要妥善安置征地范围内的拆迁户。③对征收的土地要按政策规定给予补偿。④对因征地给农民造成的损失要给予补助。⑤对因征地造成的剩余农民劳动力要妥善安排。虽然《中华人民共和国土地管理法》及《国家建设征收土地管理条例》确定了征收土地安置、补助、补偿的原则,但由于我国土地辽阔,各地情况差异较大,补偿、补助标准不可能统一,但在征地的补偿、补助中应做到绝不能因为征收土地而降低被征地生产单位的生产水平和农民的生活水平。

4. 有偿使用土地的原则

有偿使用土地是土地使用制度改革的核心内容,是管好土地、促进节约用地和合理利用土地、提高土地效益的经济手段。有偿使用土地有多种形式,如土地使用权出让和转让,土地租赁,土地使用权作价入资、入股等。由于种种原因,还不能对土地全部实行有偿使用,但是,用于经营性的土地,必须实行有偿使用的原则。原来划拨的土地,只要转变使用性质,也要向国家缴纳使用费。就是说,在一个较长的时期内,土地使用制度将实行双轨制,即土地使用权有偿出让和土地使用权划拨两种制度长期并存。

5. 依法征地的原则

建设单位征收土地,必须根据国家的有关规定和要求,持有国家主管部门或者县级以上人民政府批准的证书或文件,并按照征收土地的程序和法定的审批权限,依法办理征收手续后,才能合法用地。凡无征地手续,或无权批准使用土地的单位批准使用的土地,或超权限批准使用的土地,均属于非法征地,主管部门必须坚决制止,且所征土地不受法律保护。

2.4.3 征收集体所有土地的批准权限

1) 征收集体所有土地实行两级审批制度,即国务院和省级人民政府;各省、自治区、直辖市人民政府不得违反法律和行政法规的规定下放土地审批权。

2) 如需征收基本农田,无论多少,必须报国务院审批;基本农田以外的耕地超过35hm^{2}或其他土地超过70hm^{2}的,也须报国务院审批。

3) 其他用地和已经批准农用地转用范围内的具体项目,由省级人民政府审批并报国务院备案。

4) 严禁规避法定审批权限。一个建设项目需要征收的土地,应当根据总体设计,一次申请批准,不得化整为零;分期建设的项目,应当分期征地,不得先征待用;铁路、公路和输油、输水等管线建设需要征收的土地,可以按建设计划分段申请批准,办理征地手续。

5) 征收农地的,应先办理农用地转用手续,同时办理征地审批手续;其中,经国务院批准农用地转用的,同时办理征地审批手续,不再另行办理征地审批;经省、自治区、直辖市人民政府在征地批准权限内批准农用地转用的,同时办理征地审批手续,不再另行办理征地审批,超过征地批准权限的,应当依照规定另行办理征地审批。

6）国家征收土地的，依照法定程序批准后，由县级以上地方人民政府予以公告并组织实施。

2.4.4 征收集体所有土地的补偿和安置

1）征收集体所有土地的，按照被征收土地的原用途给予补偿。征收耕地的补偿费用包括土地补偿费、安置补助费以及地上附着物和青苗的补偿费。征收耕地的土地补偿费为该耕地被征收前三年平均年产值的 6～10 倍。关于征地补偿费用的使用和分配问题，《土地管理法实施条例》第 26 条规定：土地补偿费归农村集体经济组织所有；地上附着物及青苗补偿费归地上附着物及青苗的所有者所有。《国务院关于深化改革严格土地管理的决定》第 15 项规定：省、自治区、直辖市人民政府应当根据土地补偿费主要用于被征地农户的原则，制定土地补偿费在农村集体经济组织内部的分配办法。该规定明确土地补偿费可在集体经济组织内部合理分配，具体分配办法各省有不同的规定（有的省市还没有具体规定），但主要原则是村民自制原则，由村民 2/3 以上决定分配方案。

征收耕地的安置补助费，按照需要安置的农业人口数计算。需要安置的农业人口数，按照被征收的耕地数量除以征地前被征收单位平均每人占有耕地的数量计算。每一个需要安置的农业人口的安置补助费标准，为该耕地被征收前三年平均年产值的 4～6 倍，但每公顷被征收耕地的安置补助费，最高不得超过该耕地被征收前三年平均年产值的 15 倍。

被征收土地上的附着物和青苗的补偿标准，由省、自治区、直辖市规定。地上附着物是指依附于土地上的各类地上、地下建筑物和构筑物，如房屋、水井、地上（下）管线等。青苗是指被征收土地上正处于生长阶段的农作物。被征收土地上的附着物和青苗的补偿标准，也由省、自治区、直辖市规定。

征收城市郊区的菜地，用地单位应按照国家有关规定缴纳新菜地开发建设基金。城市郊区菜地是指连续三年以上常年种菜或养殖鱼、虾的商品菜地和精养鱼塘。

征收其他土地的土地补偿费和安置补助费标准，由各省、自治区、直辖市参照征收耕地的土地补偿费和安置补助费的标准自行规定。

2）在人均耕地特别少的地区，按前述标准支付的土地补偿费和安置补助费，尚不能使需要安置的农民保持原有生活水平的，经省级人民政府批准，可以增加安置补助费。但土地补偿费和安置补助费之和不得超过土地被征收前三年平均年产值的 30 倍。

3）《中华人民共和国土地管理法》还规定：国务院根据社会、经济发展水平，在特殊情况下，可以提高征收耕地的土地补偿费和安置补助费的标准。

国务院 2004 年 28 号文《关于深化改革严格土地管理的决定》中强调指出：

① 县级以上地方人民政府要采取切实措施，使被征地农民生活水平不因征地而降低，要保证依法足额和及时支付土地补偿费、安置补助费以及地上附着物和青苗补偿费。依照现行法律规定支付土地补偿费和安置补助费，尚不能使被征地农民保持原有生活水平的，不足以支付因征地而导致无地农民社会保障费用的，省、自治区、直辖市人民政府应当批准增加安置补助费。土地补偿费和安置补助费的总和达到法定上限，尚不足以使被征地农民保持原有生活水平的，当地人民政府可以用国有土地有偿使用收入予以补贴。省、自治区、直辖市人民政府要制定并公布各市县征地的统一年产值标准或区片综合地价，征地补偿做到同地同

价。国家重点建设项目必须将征地费用足额列入概算。

② 县级以上地方人民政府应当制定具体办法，使被征地农民的长远生计有保障。对有稳定收益的项目，农民可以入股经依法批准的建设用地土地使用权。在城市规划区，当地人民政府应当将因征地而导致无地的农民，纳入城镇就业体系，并建立社会保障制度；在城市规划区外，征收农民集体所有土地时，当地人民政府要在本行政区域内为被征地农民留有必要的耕作土地或安排相应的工作岗位；对不具备基本生产生活条件的无地农民，应当异地移民安置，劳动和社会保障部门要会同有关部门尽快提出建立被征地农民的就业培训和社会保障制度的指导性意见。

2.4.5 征收集体所有土地的工作程序

严密、可行的工作程序，对于提高工作效率、防止工作失误、保证工作质量有着重要的作用。根据《中华人民共和国土地管理法实施条例》和《建设用地审查报批管理办法》，征收土地一般按照下列工作程序办理。

1. 申请用地

用地单位持经批准的设计任务书或初步设计、年度基本建设计划以及地方政府规定需提交的相应材料、证明和图样，向土地所在地的县级以上地方人民政府土地管理部门申请建设用地，同时填写《建设用地申请表》。并附下列材料：①建设单位有关资质证明。②项目可行性研究报告批复或其他有关批准文件。③土地行政主管部门出具的建设项目用地预审报告。④初步设计或者其他有关材料。⑤建设项目总平面布置图。⑥占用耕地的，提出补充耕地方案。⑦建设项目位于地质灾害地区的，应提供地质灾害危险性评估报告。⑧地价评估报告。

2. 受理申请并审查有关文件

县级以上人民政府土地行政管理部门负责建设用地的申请、审查、报表工作，对应受理的建设项目，在 30 日内拟定农用地转用方案、补充耕地方案、征地方案和供地方案，编制建设项目用地呈报说明书，经同级人民政府审核同意后报上一级土地管理部门审查。

3. 审批用地

有批准权的人民政府土地行政管理部门，收到上报土地审批文件，按规定征求有关部门意见后，实行土地管理部门内部会审制度审批土地。

4. 征地实施

经批准的建设用地，由被征收土地所在地的市县人民政府组织实施。被征收土地所在地市、县人民政府，在收到征地方案后，10 日内应以书面或其他形式进行公告。公告包括征收公告和征地补偿安置方案公告。

1）征收公告应包括下列内容：①征收批准机关、文号、时间和用途。②被征收土地的所有权人、位置、土地类别和面积。③征地补偿标准和农业人口安置途径。④办理征地补偿的期限、地点。

2）征地补偿安置方案公告应包括下列内容：①被征收土地的位置、土地类别、面积、地上附着物和青苗的种类、数量，需要安置农业人口的数量。②土地补偿费的标准、数量、支付对象和方式。③安置补助费的标准、数量、支付方式。④地上附着物和青苗的补偿标准和支付方式。⑤农业人口具体安置途径。⑥其他有关征地补偿安置的措施。

3）对征地范围内的土地利用现状、农业人口构成、经济发展状况等进行登记与统计，支付土地补偿费、地上附着物和青苗补偿费，安置农业人口。

4）征收用地单位的税费。

5）协调、仲裁征地争议。

5．签发用地证书

1）有偿使用土地的，应签订土地使用合同。

2）以划拨方式使用土地的，向用地单位签发"国有土地划拨决定书"和"建设用地批准书"。

3）用地单位持使用土地证书办理土地登记。

6．征地批准后的实施管理

建设用地批准后直至颁发土地使用权证书之前，应进行跟踪和管理，主要任务是：

1）会同有关部门落实安置措施。

2）督促被征地单位按期移交土地。

3）处理征地过程中的各种争议。

4）填写征地结案报告。

7．颁发土地使用证

建设项目竣工验收后，用地单位应向当地土地管理部门提出土地登记申请，经测绘部门测绘、核定用地面积、确认土地权属界限。地籍管理部门注册登记后，由人民政府颁发土地使用证，作为使用土地的法律凭证。

8．建立征收土地档案

1）整理和收集征收土地过程中形成的各种文件。

2）收集存档的文件，一律要原件。

3）市、县范围内的土地档案应统一格式。

2.4.6 征收集体所有土地的其他政策规定

1．严格执行占用耕地补偿制度

各类非农业建设经批准占用耕地的，建设单位必须补充数量、质量相当的耕地，补充耕地的数量、质量实行按等级折算。防止占多补少、占优补劣。不能自行补充的，必须按照各省、自治区、直辖市的规定缴纳耕地开垦费。耕地开垦费要列入专户管理，不得挪作他用。政府投资的建设项目也必须将补充耕地费用列入工程概算。

2．健全征地程序

在征地过程中，要维护农民集体土地所有权和农民土地承包经营权的权益。在征地依法报批前，应将拟征用土地的用途、位置、补偿标准、安置途径告知被征地农民；对拟征收土地现状的调查结果须经被征地农村集体经济组织和农户确认；确有必要的，国土资源部门应依照有关规定组织听证。要将被征地农民知情、确认的有关材料作为征地报批的必备材料。要加快建立和完善征地补偿安置争议的协调和裁决机制，维护被征地农民和用地者的合法权益。经批准的征地事项，除特殊情况外，应予以公示。

3. 加强对征地实施过程监管

征地补偿安置不落实的，不得强行使用被征土地。省、自治区、直辖市人民政府应当根据土地补偿费主要用于被征地农户的原则，制定土地补偿费在农村集体经济组织内部的分配办法。被征土地的农村集体经济组织应当将征地补偿费用的收支和分配情况，向本集体经济组织成员公布，接受监督。农业、民政等部门要加强对农村集体经济组织内部征地补偿费用分配和使用的监督。征地补偿安置方案确定后，有关地方人民政府应当公告，并听取被征土地的农村集体经济组织和农民的意见。

4. 临时用地必须办理报批手续

工程项目施工，需要材料堆放场地、运输通路和其他临时设施的用地，应尽可能在征收的土地范围内安排。确实需要另行增加临时用地的，由建设单位向批准用地的机关提出临时用地的数量和期限的申请。经批准后，同土地所有权单位签订临时用地协议后方可用地。临时使用土地的期限，最多不超过两年，并不得改变批准的用途，不得从事生产性、营业性或其他经营性的活动，不得修建永久性建筑。临时用地期满后，应将场地清理并按用地协议支付一切费用，土地管理部门同时注销其临时用地使用权。临时用地超越批准的时间，可再提出申请，不退地又不申请的按违章用地处理。

5. 合理使用征地补偿费

建设用地单位支付的各种劳动力的就业补助和应发的各种补偿及其他费用，应按有关规定管理和使用，耕地占用税用于土地开发和农业发展；菜田基金、土地复垦费、土地荒芜费、防洪费用于菜田开发建设和土地治理；征地管理费用于土地管理部门的各种业务开支。各级人民政府和土地管理部门，严格监督征地费用的管理和使用，任何单位和个人均不得占用或挪用。被征地的农村集体经济组织应将征收土地的补偿费用的收支状况向本集体经济组织的成员公布，接受监督。禁止侵占、挪用被征收土地单位的征地补偿费用和其他有关费用。

2.4.7 特殊征地按特殊政策办理

1）大中型水利、水电工程建设征收土地的补偿费标准和安置费用，由国务院另行规定；征收林地、园林等按林业管理部门的规定办理；征收土地发现文物、古迹、古树等应报主管部门处理后方可征地；迁移烈士墓、华侨墓等墓葬，按主管部门规定办理；用地范围内的国防设施，经协商后方可征收。

2）全民所有制企业、城镇集体所有制企业同农业集体组织共同投资兴办的联营企业所使用的集体土地，必须持县级以上人民政府按照国家基本建设程序批准的设计任务书或者其他批准文件，由联营企业向县级以上人民政府土地管理部门提出用地申请，按照国家建设用地的批准权限，经有批准权的人民政府批准。经批准使用的土地，可以按照国家建设用地的规定实行征收，也可以由农村集体经济组织按照协议，将集体所有土地使用权作为联营条件。这样规定是为了适应城乡横向经济联合，促进地方经济发展。这项规定既体现了占用农地必须遵守的原则，须经批准方可用地，同时又体现了用地的灵活性。联营企业用地，可以不改变土地权属性质。农村集体经济组织按协议将土地使用权作为联营条件的，可以不计算土地补偿费和各种补助费。

2.4.8 集体所有土地入市

2013年11月12日，中共十八届三中全会通过的《中共中央关于全面深化改革若干重大问题的决定》提出，建立城乡统一的建设用地市场，在符合规划和用途管制前提下，允许农村集体经营性建设用地出让、租赁、入股，实行与国有土地同等入市、同权同价。

2019年8月26日，第十三届全国人大常委会第十二次会议审议通过了关于修改土地管理法的决定，并于2020年1月1日起施行。新修订的土地管理法允许集体经营性建设用地直接入市。对土地利用总体规划、城乡规划确定为工业、商业等经营性用途，并经依法登记的集体经营性建设用地，土地所有权人可以通过出让、出租等方式交由单位或者个人使用，改变了过去农村的土地必须征为国有才能进入市场的问题，能够为农民直接增加财产性的收入。

2.5 闲置土地处置与土地储备

2.5.1 闲置土地处置

1．闲置土地的概念

闲置土地是指无论以何种方式，已经经过法定手续取得土地使用权的单位或个人，未按规定的土地用途利用，也未经原批准用地的人民政府同意，超过规定的期限未动工开发的建设用地。对于闲置土地，土地管理部门应及时处置。

2．闲置土地的范围

闲置土地的范围包括：①未按建设用地批准书和土地使用权出让合同规定的期限开发利用土地的。②核准使用的土地，自土地使用权出让合同生效或建设用地批准书颁发之日起满一年未动工开发建设的。③已动工开发，但开发建设面积不足应开发建设面积的1/3，或投资额不足总投资额的25%，且未经批准中止开发建设连续满一年的。④法律、行政法规有其他规定的。

3．闲置土地的处置方式

1）延长开发建设时间，但最长不得超过1年。

2）改变土地用途，办理有关手续后继续开发建设。

3）安排临时使用，待原项目开发建设条件具备后，重新批准开发，土地增值的，由政府收取增值地价。

4）政府为土地使用者置换其他等价闲置土地或者现有建设用地进行开发建设。

5）政府采取招标、拍卖等方式确定新的土地使用者，对原建设项目继续开发建设，并对原土地使用者给予补偿。

6）土地使用者与政府签订土地使用权交还协议等文书，将土地使用权交还给政府。当原土地使用者需要使用土地时，政府依照土地使用权交还协议等文书的约定重新供应与其交还土地等价的土地。

7) 对因政府、政府有关部门行为造成的闲置土地，土地使用者支付部分土地有偿使用费或者征地费的，除选择前面所列的方式以外，还可按照实际交款额占应交款额的比例折算，确定相应土地给原土地使用者使用，其余部分由政府收回。

4. 关于闲置土地处置的相关规定

已经办理审批手续的非农业建设占用耕地，1年内未使用而又可以耕种并收获的，应当由原耕种该幅耕地的集体或者个人恢复耕种，也可以由用地单位组织耕种；1年以上未动工建设的，应当按照省、自治区、直辖市的规定缴纳闲置费；连续2年未使用的，经原批准机关批准，由县级以上人民政府无偿收回土地使用者的土地使用权；该幅土地原为农民集体所有的，应当交由原农村集体经济组织恢复耕种。

在城市规划区范围内，以出让等有偿使用方式取得土地使用权进行房地产开发的闲置土地，超过出让合同约定的动工开发日期满1年未动工开发的，可以征收相当于土地使用权出让金20%以下的土地闲置费；满2年未动工开发时，可以无偿收回土地使用权；但是，因不可抗力或者政府、政府有关部门的行为或者动工开发必需的前期工作造成动工开发迟延的除外。

市、县级人民政府土地行政主管部门依法收回国有土地使用权的，要报经原批准用地的人民政府批准后予以公告，下达"收回国有土地使用权决定书"，终止土地有偿使用合同或者缴销建设用地批准书，注销土地登记和土地证书。

闲置土地依法处置后土地权属和土地用途发生变化的，应当依照有关规定办理土地变更登记，重新核发土地证书。

2.5.2 土地储备

1. 土地储备的概念

土地储备是指政府依据法定程序，按照土地利用总体规划和城市规划的要求，对通过收回、收购、置换和征收等方式取得的土地进行前期开发整理，并予以储备，以供应和调控城市各类建设用地需求的行为。

土地整理是指通过统一规划、统一拆迁、统一配套和统一开发等方式对所得土地进行的整理与包装；土地供应则是指根据社会发展、城市规划和供地计划而采取向社会公告，开展招商活动，建立土地招标、拍卖制度等多种形式出让土地使用权。今后，城市各类建设所需用地都将从政府储备的土地中供应。

土地储备制度使我国在土地管理方式逐步从计划经济体制向市场经济体制转变。土地利用方式由外延粗放型向内涵集约型转变的背景下，以经营城市为出发点，以提高土地利用效率和优化土地资源配置为目的，合理运用社会主义市场经济的宏观调控手段，实现土地资产保值增值的制度。

2. 可储备土地的范围

1) 由市土地储备机构直接进行储备的土地：①城市空闲地。②依法没收的国有土地。③依法收回的荒芜、闲置的国有土地。④公路、铁路、矿场等经批准报废的土地。⑤以有偿方式取得的土地使用权期满未申请续用，或申请续用未获批准的土地。⑥依法可无偿收回的其他国有土地。

2）由市土地储备机构按照有关规定实施收购、置换、收回、征收储备的土地：①因公共利益需要使用的土地。②因实施城市规划或旧城区改造，政府指令收购的土地。③以出让方式取得土地使用权后无力继续开发又不具备转让条件的土地。④土地使用权人申请收购的土地。⑤在企业改制、迁移中可置换的土地。⑥征收的集体土地。⑦征收集体土地导致撤村、撤组后剩余的经有审批权的人民政府批准为国有的土地。

3．储备土地的方式

储备土地常见的几种方式有：协议收购、土地置换、意向收购。

1）协议收购是储备土地最常见的方式，申请与收购双方协商，达成一致意见后成交。这种方法，占用资金量大、周期较长。

2）土地置换是利用土地储备库中的土地换取地段较好、原利用价值又不高的土地。这种方式无需动用储备资金，开发周期也较短，但储备库中必须有地块或者有合适的地块进行置换。

3）意向收购是对那些有处置意向，但又不急需资金的用地单位所采取的一种灵活收购方式。它的好处是虽然签订了意向收购协议，但无须动用大量的收购资金（只付少量订金），等到协议约定的时间到期后再收回。

4．土地收购储备的程序

1）申请收购。城市规划区内凡符合《土地储备管理办法》规定的土地收购条件的土地，其土地使用权人可持有关资料向市土地储备机构申请收购。

土地使用权人申请土地收购须提供的资料包括：①土地收购申请书。②法人资格证明书。③营业执照。④国有土地使用证，以出让方式获得土地使用权的，还应提供国有土地使用权出让合同。⑤房屋所有权合法凭证。⑥主管部门的意见。⑦其他需要提交的资料。

2）权属核查。市土地储备机构对申请收购的土地以及政府确定予以收购的土地和地上物的权属、土地面积、土地用途、四至范围等情况进行调查和审核。

3）收购测算。市土地储备机构会同有关部门，对拟收购土地的收购补偿费用进行测算和评估。

4）申请报批。市土地储备机构依据收购费用及拟收购地块的规划方案进行地价测算和经济分析，编制土地收购方案及可行性研究报告，并提交土地收购储备申请，经市土地行政主管部门审核后，报市政府审批。

5）签订协议。收购方案经批准后，由市土地储备机构与原土地使用权人签订国有土地使用权收购协议。

国有土地使用权收购协议的内容包括：①收购土地的位置、面积、用途及权属依据。②土地收购补偿费用及其支付方式和期限。③交付土地的期限和方式。④双方约定的其他权利、义务。⑤违约责任。⑥纠纷的处理办法。

6）收购补偿。市土地储备机构根据国有土地使用权收购协议约定的金额、期限和付款方式，向原土地使用权人支付土地收购补偿费用。

土地收购补偿方式和标准是：①划拨住宅用地不予补偿。②置换土地、盘活企业及事业单位的非住宅划拨用地，按现状用途评估的划拨土地使用权价格补偿。③以出让等方式获得土地使用权的,对土地使用权人按剩余年期的土地使用权评估价值予以补偿,如土地使用者以低于市场价格转让时,由本市土地储备机构可优先购买。④纳入收购储备范围的集体耕地,土地补偿费、安置补助费、青苗及附着物补偿费等,按该地区政府征收土地的有关规定执行。

7)变更登记。收购补偿费用支付后,市土地储备机构和原土地使用权人到市土地行政主管部门、市房产管理部门申请办理权属变更登记或注销登记。

5．土地收购储备资金筹集管理

(1)政府在收缴的土地有偿收益中拿出一定比例。设立土地储备专项基金。

(2)土地储备机构可以储备的土地为抵押物向银行申请贷款。作为土地储备的周转资金。

(3)土地储备专项基金由土地储备机构管理,实行专户存储,独立核算,专项用于土地储备。

6．储备土地供应

1)纳入政府储备库的土地,列入供地计划的,由土地储备机构进行土地整理,达到建设用地条件;对未列入供地计划的,由土地储备机构进行临时经营、出租,所得收益用于土地储备。

2)储备土地除依法可以划拨方式供应外,一律采取招标、拍卖等有偿使用方式供应。

3)储备土地供应时,土地储备机构对土地收购、整理、储备的成本进行核算。经城市政府审核,在土地有偿收益中逐年扣除,返还给土地储备机构。

7．土地收购储备的管理

1)城市土地行政主管部门主管国有土地储备工作,土地储备机构具体实行土地收购储备工作。土地储备机构应当将土地储备信息及时报送市土地行政主管部门,由市土地行政主管部门编制供地方案。

2)纳入土地储备范围的土地,土地使用权人不得阻挠或拒绝政府收购。擅自转让土地使用权及其地上建筑物和其他附着物的,土地、房产部门不得为其办理审批和登记手续。

3)纳入储备范围的国有土地及其地上建筑物、构筑物依据《城市房屋拆迁管理条例》的规定处理。

4)原土地使用权人未按本办法规定和双方协议约定交付土地及其地上建筑物、其他附着物的,或者在交付土地的同时,擅自处理其地上建筑物、其他附着物的,土地储备机构有权要求原土地使用权人改正并继续履行有关协议;原土地使用权人逾期不履行的,土地储备机构依照法律程序要求其赔偿相应的经济损失。

5)土地储备机构未按协议或储备方案支付补偿费用或收购资金的,原土地使用权人有权拒绝交付土地,并可请求违约赔偿。

6)土地收购、开发整理中发生争议,争议双方可依照协议中的约定向仲裁机构申请仲裁,或者依法向人民法院提起诉讼。

本章主要讲解我国现行的城市土地使用制度及其沿革,重点阐述了国有土地的出让和划

拨的实施办法以及集体所有土地征收程序，同时简单介绍了我国城市土地储备制度和关于闲置土地的处置规定。

我国实行土地社会主义公有制制度。土地的社会主义公有制分为全民所有制和集体所有制两种。我国现行的土地管理制度有：土地有偿有限期使用制度、土地用途管制制度、土地登记制度、土地储备制度。

中国传统城市土地使用制度的改革发展过程突出表现在征收土地使用费，开展土地使用权有偿出让、转让，制定地方性土地使用权有偿出让、转让法规，修改宪法和土地管理法，制定全国性土地使用权出让和转让条例五个方面。

现阶段建设单位取得土地使用权的途径主要有四种：①通过国家出让方式取得。②通过房地产转让方式取得（如买卖、赠与或者其他合法方式）。③通过土地或房地产租赁方式取得。④通过行政划拨方式（含征用集体土地）取得。其中，通过第①种方式取得土地使用权是房地产开发公司获得开发建设用土地的主要途径。部分建设用地可由有批准权限的人民政府依法批准，通过划拨方式取得土地使用权。

为满足我国经济发展和城市化进程的需要，适应我国国情，保护农业用地的需要，设立土地征收制度。我国土地征收制度主要是指国家对集体所有土地的征收，土地征收必须严格依据一定原则和程序进行，并且需要对被征收土地的集体给予补偿与安置。

对于闲置土地，土地管理部门应及时处置。为了提高土地利用效率和优化土地资源配置，实现土地资产保值增值，我国实行土地储备制度。土地储备是指政府依据法定程序，按照土地利用总体规划和城市规划的要求，对通过收回、收购、置换和征收等方式取得的土地进行前期开发整理，并予以储备，以供应和调控城市各类建设用地需求的行为。城市土地储备机构具体实施土地收购储备工作，土地行政主管部门主管国有土地储备工作。

复习思考题

1. 国家建设所需的土地可通过哪些途径获得？
2. 征收集体土地的特点与原则是什么？各级政府征收土地的批准权限分别是什么？审批时应注意哪几点？
3. 征地补偿费主要包括哪几项？其标准如何确定？安置补助费标准如何确定？
4. 什么是土地使用权出让？土地使用权出让的方式有哪几种？土地使用权出让的最高年限是怎样规定的？
5. 土地使用权出让合同有哪几类？土地使用权出让合同的主要内容有哪些？
6. 什么是土地使用权划拨？划拨土地使用权的转让、出租、抵押的条件是什么？
7. 土地权属证书有哪几种？
8. 在什么情况下国家可以收回土地使用权？
9. 什么是闲置土地？闲置土地的处置方式有哪几种？
10. 什么是土地储备？它有什么意义？土地储备有哪几种方式？

第3章 国有土地上房屋征收与补偿

★ 学习目标

1. 掌握国有土地上房屋征收与补偿的管理体制，房屋征收与补偿的原则，国有土地上房屋征收工作程序
2. 掌握征收补偿主体，征收补偿对象，征收补偿的范围，征收方式与补偿标准
3. 掌握征收估价机构的选择，征收估价实务
4. 掌握国有土地上房屋征收纠纷的类型，国有土地上房屋征收纠纷的处理方式
5. 掌握征收主体的违法责任，房地产价格评估机构的法律责任

★ 关键词

房屋征收　房屋补偿　房屋征收论证　征收补偿主体　征收补偿对象　征收主体　征收方式　国有土地上房屋征收估价

3.1 国有土地上房屋征收与补偿概述

3.1.1 我国城市拆迁的演变历程

1. 城市拆迁主要动因

城市拆迁主要动因是城市基本建设和旧城改造。城市基本建设包括修建马路、地铁、大桥等，旧城改造主要包括危棚简屋、城中村改造。这两个因素都与国家经济实力的增长和民众居住水平的提高有关。

2. 拆迁的发展状况

建国之后，我国的动拆迁大致经历了五个阶段（以上海数据相佐证）。

第一阶段，1950年～1978年：缓慢发展期，上海共拆除旧房 468 万 m^2，年均拆除旧房 16 万 m^2。

第二阶段，1979年～1991年：快速发展期，上海共拆除旧房 1 038 万 m^2，年均拆除旧房 80 万 m^2。

第三阶段，1992年～2003年：高速发展期，上海共拆除旧房 6 900 万 m^2，年均拆除旧房 549 万 m^2。

第四阶段，2004～2013年以来：调整期，拆迁规模有所下降，比如 2004 年上海仅拆除旧房 308 万 m^2。

第五阶段，2014年以来：棚户区改造期，拆迁规模大幅增加，2017 年棚户区面积达 160 206 万 m^2。

3. 相关立法进程

1991年，国务院发布《城市房屋拆迁管理条例》，第一次把拆迁纳入法制化轨道。

2001年，国务院新修订的《城市房屋拆迁管理条例》规定：城市房屋拆迁必须符合城市规划，有利于城市旧区改造和生态环境改善，保护文物古迹。与旧条例相比，新条例更加注重对于被拆迁人合法权利的保护，以及对于被拆迁人的补偿和安置。

从实践来看，2001年后以大连为代表性的城市提出经营城市理念，导致地方政府热衷于大拆大建。于是，国务院办公厅于 2004 年下发了《关于控制城镇房屋拆迁规模严格拆迁管理的通知》；2005 年的"国六条"中也强调："合理控制城市房屋拆迁规模和进度，减缓被动性住房需求过快增长"。

2007年10月《中华人民共和国物权法》生效，《城市房屋拆迁管理条例》同时失效，拆迁法规出现真空时期，各地拆迁难度加大，拆迁规模减小。

2007年12月14日，在国务院第200次常务会议上，《国有土地上房屋征收与补偿（草案）》成为第一项议题。

2010年1月29日《国有土地上房屋征收与补偿（征求意见稿）》正式向公众公开征求意见。

2011年1月19日《国有土地上房屋征收与补偿条例》经国务院第141次常务会议通过，自 2011 年 1 月 21 日起施行。

3.1.2 国有土地上房屋征收与补偿的概念

国有土地上房屋征收与补偿是指为了公共利益的需要，对国有土地上单位、个人的房屋实行征收以及对被征收房屋的所有权人（以下称被征收人）给予补偿的行为。

2007年3月，《中华人民共和国物权法》规定：为了公共利益的需要，依法可以征收集体所有的土地和单位、个人的房屋及其他不动产，应给予拆迁补偿、维护被征收人的合法权益，征收个人住宅的还应当保障被征收人的居住条件。

2007年8月，十届全国人大常委会第29次会议通过了《城市房地产管理法修正案》。其中规定："为了公共利益需要，国家可以征收国有土地上单位和个人的房屋，并依法给予拆迁补偿，维护被征收人的合法权益；征收个人住宅的，还应当保障被征收人的居住条件，具体办法由国务院规定。"

《国有土地上房屋征收与补偿条例》明确列举了公共利益的内涵。公共利益的需要包括：

1) 国防和外交的需要。
2) 由政府组织实施的能源、交通、水利等基础设施建设的需要。
3) 由政府组织实施的科技、教育、文化、卫生、体育、环境和资源保护、防灾减灾、文物保护、社会福利、市政公用等公共事业的需要。
4) 由政府组织实施的保障性安居工程建设的需要。
5) 由政府依照城乡规划法有关规定组织实施的对危房集中、基础设施落后等地段进行旧城区改建的需要。
6) 法律、行政法规规定的其他公共利益的需要。

除为了以上公共利益之外，不得征收国有土地上单位、个人的房屋。该条规定将政府征收的范围进行了明确规定，这限制了政府滥用职权，强制征收土地、房屋的可能性。

3.1.3 国有土地上房屋征收与补偿的管理体制

市、县级人民政府负责本行政区域的房屋征收与补偿工作。市、县级人民政府确定的房屋征收部门（以下称为房屋征收部门）组织实施本行政区域的房屋征收与补偿工作。

市、县级人民政府有关部门应当依照相关法规的规定和本级人民政府规定的职责分工，互相配合，保障房屋征收与补偿工作顺利进行。

上级人民政府应当加强对下级人民政府房屋征收与补偿工作的监督。

国务院住房和城乡建设主管部门和省、自治区、直辖市人民政府住房和城乡建设主管部门应当会同同级财政、国土资源、发展改革等有关部门，加强对房屋征收与补偿实施工作的指导。

对违反国有土地上房屋征收与补偿相关法规的行为，任何组织和个人都有权向有关人民政府、房屋征收部门和其他有关部门举报。有关人民政府、房屋征收部门和其他有关部门对举报应当及时核实、处理。

监察机关应当加强对参与房屋征收与补偿工作的政府和有关部门或者单位及其工作人员的监察。

3.1.4 国有土地上房屋征收与补偿的原则

《国有土地上房屋征收与补偿条例》第三条规定：房屋征收与补偿应当遵循决策民主、程序正当、结果公开的原则。从该条规定我们可以看出，房屋征收与补偿应当遵循三项原则，即决策民主原则、程序正当原则、结果公开原则。

1．决策民主原则

决策民主是指政府在进行房屋征收与补偿的决策前，必须听取、征求公众意见，经过民主程序，最终做出决策。该原则在条例的具体规定中都有体现。

2．程序正当原则

程序正当是指政府进行的房屋征收与补偿，程序必须正当合法，有法可依。房屋征收与补偿作为政府的具体行政行为，程序正当是政府依法行政的必然要求。

3．结果公开原则

结果公开是指政府的房屋征收与补偿决策作出后，应当将结果向社会公开，包括作出决策的程序与依据。结果公开是为了保证公众的知情权。

在决策民主和程序正当两个原则的基础上，结果公开原则显得尤为重要。

3.1.5 国有土地上房屋征收工作程序

1．申请征收房屋程序

1）公共利益项目建设单位向房屋征收部门提出房屋征收申请时，应提交下列文件、资料：

① 建设项目符合国民经济和社会发展规划的证明文件（发展改革部门核发）。

② 建设项目符合土地利用总体规划的证明文件（国土资源部门核发）。

③ 建设项目符合城乡总体规划和专项规划的证明文件（城乡规划部门核发）。

④ 保障性安居工程建设、旧城区改建项目纳入国民经济和社会发展年度计划的证明文件（住房城乡建设部门、发展改革部门核发）。

⑤ 房屋征收补偿资金证明文件（财政部门或金融储蓄机构出具）。

2）对建设单位申请事项进行审查。房屋征收部门在接到房屋征收申请后，完成对申请征收房屋事项的审查工作。

2．作出房屋征收决定前程序

（1）对房屋调查登记并依法处理未经登记的建筑物

1）房屋征收部门组织房屋登记机构、国土资源部门、城乡规划部门及被征收房屋所在地的基层组织等单位，对征收范围内房屋及土地使用权的权属、区位、用途、建筑面积等情况进行调查登记，编制房屋征收补偿费用概算。

2）市、县级人民政府组织城乡规划部门、国土部门、乡（镇）政府、村委会等依法对未经登记的建筑进行调查、认定和处理，并将相关情况书面告知房屋征收部门。

3）房屋征收部门对摸底情况和概算进行审核。

第3章 国有土地上房屋征收与补偿

（2）委托房屋征收实施单位　房屋征收部门与委托的征收实施单位签订委托协议书。

（3）上报征收补偿方案

1）房屋征收部门拟定征收补偿方案。

2）房屋征收部门向政府报送征收补偿方案。

（4）组织对征收补偿方案论证　市、县级人民政府组织房屋征收、城乡规划、国土资源、发展改革、财政、信访、政府法制等部门，对征收补偿方案进行充分论证和修改。

（5）公布征收补偿方案

1）县、市级人民政府在房屋征收范围内公布征收补偿方案，并征求公众意见。征求意见的期限不少于30日。

2）房屋征收部门做好意见的收集和整理工作。

3）征求意见期满之日后，房屋征收部门向政府提交征求意见和补偿方案修改情况的报告。

（6）公布征求意见和补偿方案修改情况　市、县级人民政府公布征求意见情况和征收补偿方案修改情况。

（7）依法召开听证会

1）旧城区改建项目半数以上被征收人认为征收补偿方案不符合《国有土地上房屋征收与补偿条例》规定的，市、县人民政府应当组织被征收人和公众代表召开听证会。

2）房屋征收部门根据听证会情况修改征收补偿方案。

（8）实施社会稳定风险评估

1）政府组织有关部门进行社会稳定风险评估，并提出是否作出房屋征收决定的意见。

2）涉及房屋征收户数较多的，经市、县级人民政府常务会议讨论决定。

（9）征收补偿费足额到位　建设单位根据房屋征收部门要求，将全部补偿费用足额汇入专户存储，专款专用。

3．作出房屋征收决定后程序

（1）发布房屋征收公告　房屋征收部门在市、县级人民政府作出房屋征收决定后，在征收房屋范围内发布房屋征收公告，并在新闻媒体发布公告。

（2）做好宣传解释　房屋征收部门及房屋征收实施单位向被征收人做好房屋征收与补偿的宣传、解释工作。

（3）通知有关部门暂停办理相关手续　房屋征收部门起草并送达相关单位暂停办理新建、扩建、改建房屋和改变房屋用途相关手续通知书。

（4）对房屋调查登记并公布结果

1）房屋征收部门组织房屋登记机构、国土资源部门、城乡规划部门及被征收房屋所在地的基层组织等单位，对征收范围内房屋及土地使用权的权属、区位、用途、建筑面积等情况进行调查登记。

2）房屋征收部门在房屋征收范围内将被征收房屋的调查结果向被征收人公布。

4．房屋征收补偿程序

（1）选择房地产价格评估机构

1）房屋征收部门在房屋征收范围内公示具有相应的房地产评估资质的估价机构，并发布选择评估机构公告。

2)被征收人在规定的期限内,协商确定估价机构。

3)协商不成的,由多数被征收人决定估价机构,也可以采取投票、抽签、摇号等随机方式,确定估价机构。

(2)对被征收房屋价值进行评估

1)估价机构选派 3 名以上房地产估价师进行实地查勘。

2)估价机构按照评估办法评估确定被征收房屋的价值,并出具房地产评估报告。

(3)申请复核评估及鉴定

1)房屋征收部门和被征收人对评估结果有异议的,在接到估价报告之日起 5 日内向原估价机构书面申请复核,也可以另行委托其他估价机构重新评估。

2)估价机构对评估结果进行复核评估并重新出具复核评估报告。

3)当事人对复核评估结果或另行委托估价的结果仍有异议的,可以在接到复核评估报告之日起 5 日内向本市房地产价格评估专家委员会提出鉴定申请。

4)房地产价格评估专家委员会在收到申请之日起 10 日内出具书面鉴定意见。

(4)签订房屋征收补偿协议(征收补偿方案确定的签约期限)

1)房屋征收实施单位与被征收人核算征收房屋补偿费等。

2)协商确定补偿方式、搬迁期限、过渡期限等具体补偿与安置事项。

3)房屋征收部门与被征收人签订书面的房屋征收补偿协议。

(5)先补偿后搬迁

1)房屋征收实施单位按照房屋征收补偿协议的约定,完成对被征收人的补偿事项。

2)被征收人在房屋征收补偿协议约定的期限内,完成搬迁事项,并及时向房屋征收实施单位交付被征收房屋。

(6)对建筑物实施拆除

1)房屋征收实施单位应当委托具有资质的单位,依照国务院《建设工程安全生产管理条例》等规定,对建筑物实施拆除。

2)施工单位采取围挡作业等安全措施,对建筑物进行拆除,并在约定的期限内完成对建筑物拆除任务。

5. 达不成补偿协议纠纷的处理程序

(1)作出补偿决定　在征收补偿方案确定的签约期限内,不能达成征收补偿协议或房屋所有权人不明确的,由市、县级人民政府作出补偿决定。

1)房屋征收部门报请市、县级人民政府作出补偿决定。

2)经政府法制部门把关后,市、县级人民政府研究作出补偿决定。

(2)发布补偿决定公告　房屋征收部门及时在房屋征收范围内公告补偿决定。

(3)申请强制执行　非诉讼案件强制执行。被征收人在接到补偿决定书之日起 60 日内不申请行政复议或者在接到补偿决定书之日起 3 个月内不提起诉讼,又在补偿决定规定的期限内不搬迁的,市、县级人民政府应当自被执行人法定起诉期限届满之日起 180 日内,向人民法院申请强制执行。

申请强制执行的程序包括：

房屋征收部门代政府起草《强制执行申请书》；经政府法制部门把关后报政府审批；市、县级人民政府向人民法院提交强制执行申请书，并提交征收补偿金额和专户存储账号；实行产权调换的，提供安置房屋和周转房的位置、面积等资料。

6．达成补偿协议后纠纷的处理程序

1）房屋征收部门或被征收人依法向人民法院提起诉讼。

2）依法申请强制执行。人民法院对补偿协议纠纷案件的判决书生效后，被征收人拒绝履行的，市、县级人民政府依法申请人民法院强制执行。

7．房屋征收信息公开程序

（1）建立房屋征收补偿专项档案

1）房屋征收项目完成后，房屋征收实施单位向房屋征收部门移交补偿协议等相关文件、资料。

2）房屋征收部门归集征收补偿协议等文件、资料，按规范化标准建立健全档案资料。

（2）向被征收人公布分户补偿信息　房屋征收部门在房屋征收范围内向被征收人公布分户补偿信息。

（3）审计机关公布审计结果

1）房屋征收项目完成后，房屋征收部门向审计机关提交房屋征收补偿费管理使用情况等文件、资料。

2）审计机关对征收补偿费管理和使用情况进行审计，并公布审计结果。

3.2　国有土地上房屋征收的补偿

3.2.1　征收补偿的主体

《国有土地上房屋征收与补偿条例》第四条规定：市、县级人民政府负责本行政区域的房屋征收和补偿工作。市、县级人民政府确定的房屋征收部门组织实施本行政区域的房屋征收和补偿工作。这就从法律上明确了政府作为征收与补偿工作的主体权利与义务，尤其是补偿义务的主体是政府，而不是以往的开发商。征收主体明确，有利于保证被征收人权益，解决补偿过程中的补偿不到位、不公平的问题，避免政府和开发商之间推卸责任。《国有土地上房屋征收与补偿条例》的规定也明确了房屋征收补偿法律关系是行政法律关系，而非民事法律关系，这也摆正了政府在征地拆迁中的作用，将政府从幕后拉到了台前，避免了政府与开发商勾结，追求经济利益，从而严重侵害被征收人的合法权益行为的发生。

3.2.2　征收补偿的对象

为了保证被征收房屋的所有权人的合法权益，征收人应当对被征收房屋所有权人（即被征收人）给予公平补偿。如认定为是违法建筑、超过批准期限的临时建筑的，不予以补偿。

3.2.3 征收补偿的范围

城市房屋征收所面临的主要权利是房屋所有权和房屋所占土地的国有土地使用权,而且从价值上讲,国有土地使用权的价值往往要比房屋所有权的价值大得多,但新征收补偿条例没有体现出对土地使用权这一更重要权利的补偿。《国有土地上房屋征收与补偿条例》第十三条第3款规定:房屋被依法征收的,国有土地使用权同时收回。第十七条规定:作出房屋征收决定的市、县级人民政府对被征收人给予的补偿包括:①被征收房屋价值的补偿。被征收房屋价值是指被征收的建筑物及其占用范围内的建设用地使用权和其他不动产的价值。其他不动产是指不可移动的围墙、假山、水井、烟囱、水塔、苗木等。②因征收房屋造成的搬迁、临时安置的补偿。③因征收房屋造成的停产停业损失的补偿。

3.2.4 征收方式与补偿标准

1. 征收方式

《国有土地上房屋征收与补偿条例》确定了房屋征收的两种补偿方式:一是货币补偿,二是房屋产权调换。2016 年以来,我国在去库存背景下进行棚户区改造工程,以货币化补偿为主。为了鼓励被征收房屋人选择货币补偿方式,相应给予更多优惠政策。

2. 补偿标准

1)对被征收房屋价值的补偿,不得低于房屋征收决定公告之日被征收房屋类似房地产的市场价格。

被征收人选择房屋产权调换方式的,市、县级人民政府应当提供用于产权调换的房屋,并与被征收人计算、结清被征收房屋价值与用于产权调换房屋价值的差价。

因旧城区改建征收个人住宅,被征收人选择在改建地段进行房屋产权调换的,作出房屋征收决定的市、县级人民政府应当提供改建地段或者就近地段的房屋。

2)对因征收房屋造成搬迁的,房屋征收部门应当向被征收人支付搬迁费;选择房屋产权调换方式的,产权调换房屋交付前,房屋征收部门应当向被征收人支付临时安置费或者提供周转用房。

3)对因征收房屋造成停产停业损失的补偿,根据房屋被征收前的效益、停产停业期限等因素确定,具体办法由省、自治区、直辖市制定。

3.2.5 特殊情况的征收补偿

对未经登记的建筑的征收,如果认定为合法建筑和未超过批准期限的临时建筑的,应当给予补偿;如果认定为违法建筑和超过批准期限的临时建筑的,不予补偿。

3.3 国有土地上房屋征收的估价

为规范国有土地上房屋征收评估活动,保证房屋征收评估结果客观公平,中华人民共和国住房和城乡建设部根据《国有土地上房屋征收与补偿条例》,于 2011 年 6 月 3 日制定并发布了《国有土地上房屋征收评估办法》,本办法自公布之日起施行。同时,2003 年 12 月 1 日原建设部发布的《城市房屋拆迁估价指导意见》废止。

3.3.1 国有土地上房屋征收估价的概念

国有土地上房屋征收评估是指为了评估国有土地上被征收房屋和用于产权调换房屋的价值,房地产价格评估机构接受房屋征收部门委托,指派相应房地产估价师根据被征收房屋的区位、用途、面积等因素,按照房地产估价规范和有关规定,对被征收房屋和用于产权调换房屋的价值进行的测算,并出具被征收房屋的整体评估报告和分户评估报告。

3.3.2 征收估价机构的选择

房地产价格评估机构由被征收人在规定时间内协商选定。在规定时间内协商不成的,由房屋征收部门通过组织被征收人按照少数服从多数的原则投票决定,或者采取摇号、抽签等随机方式确定。具体办法由省、自治区、直辖市制定。房地产价格评估机构选定或者确定后,一般由房屋征收部门作为委托人,向房地产价格评估机构出具房屋征收评估委托书,并与其签订房屋征收评估委托合同。房地产价格评估机构必须是具有相应资质,并且应当独立、客观、公正地开展房屋征收评估工作,对出具的评估报告的合法性、真实性和合理性负责。

同一征收项目的房屋征收评估工作,原则上由一家房地产价格评估机构承担。房屋征收范围较大的,可以由两家以上房地产价格评估机构共同承担。两家以上房地产价格评估机构承担的,应当共同协商确定其中一家为牵头单位,牵头单位应当组织相关房地产价格评估机构就评估对象、评估时点、价值内涵、评估依据、评估假设、评估原则、评估技术路线、评估方法、重要参数选取、评估结果确定方式等进行沟通,统一标准。

3.3.3 征收估价实务

1. 坚持的原则

征收估价应当坚持独立、客观、公正的原则,任何单位和个人不得干预。

2. 估价基本事项

(1)估价目的 被征收房屋价值评估目的应当表述为"为房屋征收部门与被征收人确定被征收房屋价值的补偿提供依据,评估被征收房屋的价值"。用于产权调换房屋价值评估目的应当表述为"为房屋征收部门与被征收人计算被征收房屋价值与用于产权调换房屋价值的差价提供依据,评估用于产权调换房屋的价值"。

(2)估价时点 被征收房屋价值评估时点为房屋征收决定公告之日,用于产权调换房屋价值评估时点应当与被征收房屋价值评估时点一致。

(3)实地查勘 房屋征收部门应当向房地产估价机构提供被征收房屋价值评估所必需的被征收房屋的权属、区位、性质、建筑面积、建筑结构、建成时间等情况和资料,被征收人应当配合提供。

(4)计价货币和精度 房屋征收评估价值应当以人民币为计价的货币单位,精确到元。

3. 被征收房屋面积和性质的认定

1）被征收房屋的面积和性质，一般以房屋权属证书和房屋登记簿的记载为准。

2）房屋权属证书与房屋登记簿的记载不一致的，除有证据证明房屋登记簿确有错误外，以房屋登记簿为准。

3）对被征收房屋的性质不能协商一致的，应当向城市规划行政主管部门申请确认。被征收人对被征收房屋权属证书和房屋登记簿记载的建筑面积有异议的，报请房屋征收部门委托房屋面积鉴定机构进行鉴定；没有设立房屋面积鉴定机构的，可以委托具有房产测绘资质的房产测绘单位测算。

3.4 国有土地上房屋征收纠纷的处理

3.4.1 国有土地上房屋征收纠纷的类型

国有土地上房屋征收纠纷按纠纷所处的环节可分为：

1）征收人与被征收人达不成征收补偿安置协议，形成的纠纷。

2）征收人与被征收人达成征收补偿安置协议后，被征收人在搬迁期限内拒绝搬迁，形成的纠纷。

3.4.2 国有土地上房屋征收纠纷的处理方式

1. 达不成征收补偿安置协议征收纠纷处理方式

1）房屋征收部门与被征收人在征收补偿方案确定的签约期限内达不成补偿协议，或者被征收房屋所有权人不明确的，由房屋征收部门报请作出房屋征收决定的市、县级人民政府按照征收补偿方案作出补偿决定，并在房屋征收范围内予以公告。

2）被征收人对补偿决定不服的，可以依法申请行政复议，也可以依法提起行政诉讼。

3）被征收人在法定期限内，不申请行政复议或者不提起行政诉讼，在补偿决定规定的期限内又不搬迁的，由作出房屋征收决定的市、县级人民政府依法申请人民法院强制执行（强制搬迁）。补偿决定被复议机关或人民法院确认为违法的，作出房屋征收决定的市、县级人民政府应当赔偿被征收人的损失，并承担其他相应的法律责任。

强制执行前，强制执行申请书应当附具补偿金额和专户存储账号、产权调换房屋和周转用房的地点和面积等材料。

2. 达成征收补偿安置协议后征收纠纷处理方式

房屋征收部门应当按照经批准的补偿方案，与被征收人就补偿方式、补偿金额和支付期限、用于产权调换房屋的地点和面积、搬迁费、临时安置费或者周转用房、停产停业损失、搬迁期限、过渡方式和过渡期限等事项，订立补偿协议。

补偿协议订立后，一方当事人不履行补偿协议约定的义务的，另一方当事人可以依法提起诉讼。

3.5 国有土地上房屋征收的法律责任

3.5.1 征收主体的违法责任

1. 市、县级人民政府及房屋征收部门的工作人员的法律责任

市、县级人民政府及房屋征收部门的工作人员在房屋征收与补偿工作中不履行职责,或者滥用职权、玩忽职守、徇私舞弊的,由上级人民政府或者本级人民政府责令改正,通报批评;造成损失的,依法承担赔偿责任。对直接负责的主管人员和其他直接责任人员,尚不构成犯罪的,依法给予处分;构成犯罪的,依法追究刑事责任。

2. 暴力野蛮搬迁的法律责任

采取暴力、威胁或者违反规定中断供水、供热、供气、供电和道路通行等非法方式迫使被征收人搬迁,造成损失的,依法承担赔偿责任。对直接负责的主管人员和其他直接责任人员,构成犯罪的,依法追究刑事责任;尚不构成犯罪的,依法给予处分;构成违反治安管理行为的,依法给予治安管理处罚。

3. 涉及征收补偿费用的法律责任

贪污、挪用、私分、截留、拖欠征收补偿费用的,责令改正,追回有关款项,限期退还违法所得,对有关责任单位通报批评、给予警告;造成损失的,依法承担赔偿责任。对直接负责的主管人员和其他直接责任人员,构成犯罪的,依法追究刑事责任;尚不构成犯罪的,依法给予处分。

3.5.2 房地产价格评估机构以及房地产估价师的法律责任

房地产价格评估机构或者房地产估价师出具虚假或者有重大差错的评估报告的,由发证机关责令限期改正,给予警告,对房地产价格评估机构并处 5 万元以上 20 万元以下罚款,对房地产估价师并处 1 万元以上 3 万元以下罚款,并记入信用档案;情节严重的,吊销资质证书、注册证书;造成损失的,依法承担赔偿责任;构成犯罪的,依法追究刑事责任。

本章小结

本章主要介绍了国有土地上房屋征收与补偿的基本概念,阐述了国有土地房屋征收的主体、征收的范围、征收的程序以及征收补偿方式和补偿标准;讲解了房屋征收的估价、房屋征收纠纷的处理和房屋征收中的法律责任等问题。

1. **房屋征收的概念**

房屋征收是指国家为了公共利益的需要,依照法定权限和程序强制取得单位、个人的房屋并给予公平补偿的行为。

2. **《国有土地上房屋征收与补偿条例》界定的公共利益的范围**

1)国防和外交的需要。

2）由政府组织实施的能源、交通、水利等基础设施建设的需要。

3）由政府组织实施的科技、教育、文化、卫生、体育、环境和资源保护、防灾减灾、文物保护、社会福利、市政公用等公共事业的需要。

4）由政府组织实施的保障性安居工程建设的需要。

5）由政府依照城乡规划法有关规定组织实施的对危房集中、基础设施落后等地段进行旧城区改建的需要。

6）法律、行政法规规定的其他公共利益的需要。

3. 征收补偿的内容

1）被征收房屋价值的补偿。

2）因征收房屋造成的搬迁、临时安置的补偿。

3）因征收房屋造成的停产停业损失的补偿。

4. 被征收房屋价值的评估

对被征收房屋价值的补偿，不得低于房屋征收决定公告之日被征收房屋类似房地产的市场价格。

5. 强制执行

1）任何单位和个人不得采取暴力、威胁或者违反规定中断供水、供热、供气、供电和道路通行等非法方式迫使被征收人搬迁。禁止建设单位参与搬迁活动。

2）被征收人在法定期限内不申请行政复议或者不提起行政诉讼，在补偿决定规定的期限内又不搬迁的，由作出房屋征收决定的市、县级人民政府依法申请人民法院强制执行。

6. 房地产征收补偿评估

国有土地上房屋征收评估是指为了评估国有土地上被征收房屋和用于产权调换房屋的价值，房地产价格评估机构接受房屋征收部门委托，指派相应房地产估价师根据被征收房屋的区位、用途、面积等因素，按照房地产估价规范和有关规定，对被征收房屋和用于产权调换房屋的价值进行的测算，并出具被征收房屋的整体评估报告和分户评估报告。

7. 房屋评估争议的处理

被征收人或者房屋征收部门对评估结果有异议的，应当自收到评估报告之日起10日内，向房地产价格评估机构申请复核评估。

被征收人或者房屋征收部门对原房地产价格评估机构的复核结果有异议的，应当自收到复核结果之日起10日内，向被征收房屋所在地评估专家委员会申请鉴定。

复习思考题

1．《国有土地上房屋征收与补偿条例》明确列举了公共利益的内涵，公共利益的需要包括哪些范围？

2．房屋征收与补偿的原则包括哪些内容？

3．国有土地上房屋征收工作程序有哪些？

4．被征收房屋面积和性质如何认定？

5．国有土地上房屋征收纠纷的处理方式有哪些？

第4章 房地产开发经营管理

★ **学习目标**

1. 了解房地产开发企业的概念,熟悉房地产开发企业的资质等级管理

2. 了解房地产开发项目管理的概念,熟悉房地产开发项目管理制度,熟悉房地产开发项目的确定与申报

3. 了解房地产经营管理的研究对象,熟悉房地产经营管理的概念、内容、特征及研究方法

★ **关键词**

房地产开发企业 房地产开发企业的资质等级管理 房地产开发项目管理制度 房地产经营管理

4.1 房地产开发企业管理

4.1.1 房地产开发企业的概念

房地产开发企业是依法设立,具有企业法人资格的,从事房地产开发经营的经济组织。

设立房地产开发企业,除应当符合有关法律、行政法规规定的企业设立条件外,还应当具备下列条件:①有 100 万元以上的注册资本。②有 4 名以上持有资格证书的房地产专业、建筑工程专业的专职技术人员,2 名以上持有资格证书的专职会计人员。

省、自治区、直辖市人民政府可以根据本地方的实际情况,对设立房地产开发企业的注册资本和专业技术人员的条件做出高于前款的规定。

4.1.2 房地产开发企业备案

新设立的房地产开发企业,应当自领取营业执照之日起 30 日内,到房地产开发主管部门备案,在备案时须提交下列文件:①营业执照复印件。②企业章程。③有合格资质的会计事务所的验资证明。④企业法定代表人的身份证明。⑤专业技术人员的资格证书和劳动合同。⑥房地产开发主管部门认为需要出示的其他文件。

房地产开发主管部门,应当在收到备案申请后 30 日内,向符合条件的企业核发《暂定资质证书》。

4.1.3 房地产开发企业资质等级管理

为了加强对房地产开发企业管理,规范房地产开发企业行为,国家对房地产开发企业实行资质管理制度。政府房地产开发主管部门是房地产开发企业的资质管理部门。

房地产开发企业资质按照企业条件为一级、二级、三级、四级四个资质等级。各资质等级企业应具备的条件如下:

1)一级房地产开发企业资质必须具备以下条件:①注册资本不低于 5 000 万元。②从事房地产开发经营 5 年以上。③近 3 年房屋建筑面积累计竣工 30 万 m^2 以上,或者累计完成与此相当的房地产开发投资额(提供竣工验收备案证)。④连续 5 年建筑工程质量合格率达 100%。⑤上一年房屋建筑施工面积 15 万 m^2 以上,或者完成与此相当的房地产开发投资额。⑥有职称的建筑、结构、财务、房地产及有关经济类的专业管理人员不少于 40 人,其中具有中级以上职称的管理人员不少于 20 人,持有资格证书的专职会计人员不少于 4 人(以上人员需提供劳动合同及社保缴纳证明)。⑦工程技术、财务、统计等业务负责人具有相应专业中级以上职称。⑧具有完善的质量保证体系,商品住宅销售中实行了《住宅质量保证书》和《住宅使用说明书》制度。⑨未发生过重大工程质量事故。

2)二级房地产开发企业资质必须具备以下条件:①注册资本不低于 2 000 万元。②从事房地产开发经营 3 年以上。③近 3 年房屋建筑面积累计竣工 15 万 m^2 以上,或者累计完成与此相当的房地产开发投资额。④连续 3 年建筑工程质量合格率达 100%。⑤上一年房屋建筑

第 4 章 房地产开发经营管理

施工面积 10 万 m² 以上，或者完成与此相当的房地产开发投资额。⑥有职称的建筑、结构、财务、房地产及有关经济类的专业管理人员不少于 20 人，其中具有中级以上职称的管理人员不少于 10 人，持有资格证书的专职会计人员不少于 3 人。⑦工程技术、财务、统计等业务负责人具有相应专业中级以上职称。⑧具有完善的质量保证体系，商品住宅销售中实行了《住宅质量保证书》和《住宅使用说明书》制度。⑨未发生过重大工程质量事故。

3）三级房地产开发企业资质必须具备以下条件：①注册资本不低于 800 万元。②从事房地产开发经营 2 年以上。③房屋建筑面积累计竣工 5 万 m² 以上，或者累计完成与此相当的房地产开发投资额。④连续 2 年建筑工程质量合格率达 100%。⑤有职称的建筑、结构、财务、房地产及有关经济类的专业管理人员不少于 10 人，其中具有中级以上职称的管理人员不少于 5 人，持有资格证书的专职会计人员不少于 2 人。⑥工程技术、财务等业务负责人具有相应专业中级以上职称，统计等其他业务负责人具有相应专业初级以上职称。⑦具有完善的质量保证体系，商品住宅销售中实行了《住宅质量保证书》和《住宅使用说明书》制度。⑧未发生过重大工程质量事故。

4）四级房地产开发企业资质必须具备以下条件：①注册资本不低于 100 万元。②从事房地产开发经营 1 年以上。③已竣工的建筑工程质量合格率达 100%。④有职称的建筑、结构、财务、房地产及有关经济类的专业管理人员不少于 5 人，持有资格证书的专职会计人员不少于 2 人。⑤工程技术负责人具有相应专业中级以上职称，财务负责人具有相应专业初级以上职称，配有专业统计人员。⑥商品住宅销售中实行了《住宅质量保证书》和《住宅使用说明书》制度。⑦未发生过重大工程质量事故。

新设立的房地产开发企业，符合条件的，可申请办理《暂定资质证书》。申请《暂定资质证书》的条件不得低于四级资质企业的条件。《暂定资质证书》有效期 1 年。房地产开发主管部门可以视企业经营情况延长《暂定资质证书》有效期，但延长期限不得超过 2 年。自领取《暂定资质证书》之日起 1 年内无开发项目的，《暂定资质证书》有效期不得延长。房地产开发企业应在《暂定资质证书》有效期满前 1 个月内向房地产开发主管部门申请核定资质等级。房地产开发主管部门应当根据其开发经营业绩核定相应的资质等级。

申办各等级资质的房地产开发企业，临时聘用或者兼职的管理、技术人员不得计入企业管理、技术人员总数。

房地产开发企业在申请核定资质等级时，应向管理部门提交下列证明文件：①企业资质等级申报表。②房地产开发企业资质证书（正、副本）。③企业资产负债表和验资报告。④企业法定代表人和经济、技术、财务负责人的职称证件。⑤已开发经营项目的有关证明材料。⑥房地产开发项目手册及《住宅质量保证书》《住宅使用说明书》执行情况报告。⑦其他有关文件、证明。同时，还应满足以下条件：①具有经房地产开发主管部门备案的房地产开发项目手册。②具有完善的质量保证体系，商品住宅销售中实行了《住宅质量保证书》和《住宅使用说明书》制度。③未发生过重大工程质量事故。④近 3 年内无以下违法违规行为：超越资质等级从事房地产开发经营，情节严重的；发生囤积土地、擅自变更容积率、捂盘惜售、哄抬房价及其他违法开发行为，情节严重，经有关行政主管部门查实的；在开发经营过程中引发影响社会稳定的群体投诉并经核实负有主要责任的；其他应被追究法律责任的严重违法开发行为。

资质证书由国务院住房和城乡建设主管部门统一制作。资质证书分为正本和副本，资质审批部门可以根据需要核发资质证书副本若干份。

各资质等级企业应当在规定的业务范围内从事房地产开发经营业务，不得越级承担任务。一级资质的房地产开发企业承担房地产项目的建设规模不受限制，可以在全国范围承揽房地产开发项目。二级资质及二级资质以下的房地产开发企业，可以承担建筑面积 30 万 m^2 以下的开发建设项目，承担业务的具体范围由省、自治区、直辖市人民政府住房和城乡建设主管部门确定。

4.1.4　房地产开发企业资质登记

房地产开发企业资质登记实行分级审批制度。一级资质由省、自治区、直辖市建设行政主管部门初审，报国务院住房与城乡建设主管部门审批；二级及二级以下资质的审批办法由省、自治区、直辖市人民政府住房与城乡建设主管部门制定。

4.1.5　房地产开发企业资质年检

房地产开发企业资质实行年检制度。房地产开发企业有以下不良行为者，主管部门可依据《房地产开发企业资质管理规定》，在资质年检中予以降级或者注销资质证书：超越资质等级从事房地产开发经营业务的；擅自转让房地产开发项目的；未取得施工许可证擅自施工的；未按规定向房地产开发主管部门报送《房地产开发项目手册》，并拒不整改的；按国家规定应当实行监理的项目未委托监理的；未经验收、备案或将验收不合格的工程擅自交付使用的；有明示或暗示勘察、设计、施工、监理单位违反强制性标准，或明示或暗示施工单位使用不合格的建筑材料、构配件、设备的；房屋销售中存在虚假广告、销售面积"缺斤短两"等欺诈行为，造成消费者损失未予改正的；商品房销售中，未按规定向购房者提供《住宅质量保证书》和《住宅使用说明书》，未依照《住宅质量保证书》承诺的内容进行保修的；未取得预售许可证擅自预售商品房的；违反合同约定拖欠工程款的；工程质量低劣或者发生重大质量事故的。

房地产企业未取得资质证书不允许从事房地产开发经营，也不允许超越资质等级从事房地产开发经营；否则，将由县级以上地方人民政府房地产开发主管部门责令限期改正，并处以一定数额的罚款；逾期不改正的，由房地产开发主管部门提请工商行政管理部门吊销营业执照。企业不允许隐瞒真实情况、弄虚作假骗取资质证书，或涂改、出租、出借、转让、出卖资质证书，否则将由原资质审批部门公告资质证书作废，收回证书，并可处以罚款。

企业开发建设的项目工程质量低劣，发生重大工程质量事故的，由原资质审批部门降低资质等级；情节严重的吊销资质证书，并提请工商行政管理部门吊销营业执照。企业在商品住宅销售中不按照规定发放《住宅质量保证书》和《住宅使用说明书》的，由原资质审批部门予以警告、责令限期改正、降低资质等级，并可处 1 万元以上、2 万元以下的罚款。企业不按照规定办理变更手续的，由原资质审批部门予以警告、责令限期改正，并可处 5 000 元以上、1 万元以下的罚款。

房地产开发企业隐瞒真实情况、弄虚作假骗取资质证书的；涂改、出租、出借、转让、出卖资质证书的，经有关行政主管部门查实，可处 1 万元以上、3 万元以下的罚款。

各级建设行政主管部门工作人员,在资质审批和管理中玩忽职守、滥用职权、徇私舞弊的,由其所在单位或者上级主管部门给予行政处分;构成犯罪的,由司法机关依法追究刑事责任。

4.2 房地产开发项目管理

4.2.1 房地产开发项目管理的概念

房地产开发经营是指房地产开发企业在城市规划区内国有土地上进行基础设施建设、房屋建设,并转让房地产开发项目或者销售、出租商品房的行为。

房地产开发项目管理是以高效率地实现项目目标为最终目的,以项目经理负责制为基础,运用系统工程的观点、理论和方法,开发项目建设的全过程,按其内在运行规律进行有效的计划、组织、协调、监督和控制的管理系统。

具体讲,房地产项目开发建设要实现的目标主要包括成果性目标和约束性目标。成果性目标是指投资回报率、销售利税率、自有资金利润率等投资效益指标,以及项目的内外部功能要求;约束性目标是指建设工期、投资限额、质量标准等。除此之外,房地产开发项目还受城市规划、土地利用规划等条件制约。房地产开发涉及投资方、监理方、勘察、规划、设计、施工、建材、设备、市政、交通、供电、电讯、银行、文教、卫生、消防、商业、服务、环境等几十个部门,近百个单位,以及最终用户消费者的相互制约和相互影响,因此,房地产项目开发建设是一项复杂的系统工程,必须要有一整套完整、规范和科学的管理保证体系,来统筹和协调开发项目的全过程和确保总体目标的实现。

4.2.2 房地产开发项目管理制度

1. 房地产开发项目资本金制度

房地产开发项目实行资本金制度。投资的项目必须首先落实资本金才能进行建设。资本金制度可以增进开发商对开发项目的责任心,有效地防止部分不规范的企业的不规范行为,减少楼盘"烂尾"等现象的发生。

投资项目资本金是在投资项目总投资中,由投资者认缴的出资额。对投资项目来说是非债务性资金,项目法人不承担这部分资金的任何利息和债务;投资者可按其出资的比例依法享有所有制权益,也可转让其出资及其相应权益,但不得以任何方式抽回。投资项目资本金可以用货币出资,也可以用实物、工业产权、非专利技术、土地使用权出资,但必须经过有资格的资产评估机构依照法律、法规评估作价。以工业产权、非专利技术作价出资的比例不得超过投资项目资本金总额的 20%(国家对采用高新技术成果有特别规定的除外)。房地产开发项目资本金占项目总投资的比例也不得低于 30%。

2. 房地产开发项目实行项目报建和施工许可制度

凡在我国境内投资兴建的房地产开发项目,包括外国独资、合资、合作的开发项目,都必须实行报建制度,接受当地住房和城乡建设主管部门或其授权机构的监督管理。未报建的开发项目不得办理招投标和发放施工许可证,设计、施工单位不得承接该项工程的设计和施工。

房地产开发项目的建设单位,在开工前要向工程所在地的县级以上人民政府住房和城乡建设主管部门(以下简称发证机关)申请领取施工许可证。工程投资额在 30 万元以下或者建筑面积在 $300m^2$ 以下的建筑工程,可以不申请办理施工许可证。必须申请领取施工许可证的建筑工程未取得施工许可证的,一律不得开工。

3. 房地产开发项目实行设计文件审批制度和建设工程监理及质量监督制度

房地产开发企业须依法将施工图设计文件报县级以上人民政府建设行政主管部门或者其他有关部门审查。对于施工图设计文件未经审查或者审查不合格而擅自施工的,建设行政主管部门应当责令改正,并依据《建设工程质量管理条例》进行处罚。

房地产开发企业应当委托具有相应资质等级的工程监理单位,监理房地产开发工程项目。对于依法应当委托监理而未委托或者将监理业务委托给不具有相应资质等级的监理单位的,建设行政主管部门应当责令改正,并依据《建设工程质量管理条例》进行处罚。

房地产开发企业必须依法办理工程质量监督手续。对于未按照国家规定办理工程质量监督手续的,建设行政主管部门不予颁发施工许可证,并依据《建设工程质量管理条例》进行处罚。

4. 房地产开发项目建设实行招投标制度

房地产开发企业必须依照有关规定,对工程建设项目的勘察、设计、施工、监理以及与工程建设有关的重要设备、材料等采购进行招标。对于依法必须招标而未招标的,住房和城乡建设主管部门不予颁发施工许可证,并要依法进行处罚。

房地产开发企业不得将工程发包给不具有相应资质等级的勘察、设计、施工、监理单位或者将工程肢解发包,不得迫使承包方以低于成本的价格竞标,不得任意压缩合理工期,不得明示或者暗示设计单位或者施工单位,违反工程建设强制性标准、降低建设工程质量或者使用不合格的建筑材料、建筑构配件和设备。凡有上述行为的,建设行政主管部门应当责令改正,并依据《建设工程质量管理条例》进行处罚。

5. 房地产开发项目实行质量责任制度和质量缺陷保修制度

房地产开发项目实行质量责任制度。房地产开发企业必须对其开发的房地产项目承担质量责任。房地产开发企业开发建设的房地产开发项目,应符合有关法律、法规的规定和建筑工程质量、安全标准、建筑工程勘察、设计、施工的技术规范以及合同的约定。凡是房屋建设过程出现的质量缺陷由责任人负责修复;工程质量低劣或者发生重大工程质量事故的,建设行政部门应当责令改正,并依据《中华人民共和国建筑法》《建设工程质量管理条例》《房地产开发企业资质管理规定》进行处罚。在处罚决定书规定的停业整顿期间内,房地产开发主管部门不得审批或同意其新开项目。

6. 房地产开发项目实行竣工验收制度

1)房地产开发项目需经验收后方可交付使用。房地产开发项目竣工,经验收合格后,方可交付使用;未经验收合格的,不得交付使用。

2)住宅小区等群体房地产开发项目竣工,还应当进行综合验收。验收时,要重点检查:①城市规划设计条件的落实情况。②城市规划要求配套的基础设施和公共设施的建设情况。③单项工程的工程质量验收情况。④拆迁安置方案的落实情况。⑤物业管理的落实情况。

第4章 房地产开发经营管理

7. 房地产开发项目实行《住宅质量保证书》和《使用说明书》制度

房地产开发企业向购买人交付商品房时,应当提供《住宅质量保证书》和《使用说明书》,并严格按照《住宅质量保证书》承诺的内容进行保修。凡未按规定提供《住宅质量保证书》《使用说明书》或者未按《住宅质量保证书》的承诺进行保修的,房地产开发主管部门要依据《房地产开发企业资质管理规定》进行处罚。

4.2.3 房地产开发项目的确定与申报

1. 确定房地产开发项目的原则

确定房地产开发项目,应当符合土地利用总体规划、年度建设用地计划和城市规划、房地产开发年度计划的要求;按照国家有关规定需要经计划主管部门批准的,还应当报计划主管部门批准,并纳入年度固定资产投资计划。

确定房地产开发项目,还应当坚持旧区改建和新区建设相结合的原则,注重开发基础设施薄弱、交通拥挤、环境污染严重以及危旧房集中的区域,保护和改善城市生态环境,保护历史文化遗产。

房地产开发项目的开发建设,应当统筹安排配套基础设施,并根据先地下、后地上的原则实施。

2. 获得土地使用权

房地产开发建设用地可以以出让或者划拨的方式取得。能够采用行政划拨形式取得土地使用权的只有国家机关用地和军事用地、城市基础设施用地和公益事业用地及经批准的经济适用住房建设用地两种情形。无论用哪种方式,开发商在获得土地使用权的时候,都应取得县级以上地方人民政府城市规划行政主管部门和房地产开发主管部门的关于该地块的《建设条件书面意见》作为建设依据。

3. 申报开发项目

1)开发公司申请开发项目立项,应向市建委、市计委报送项目建议书,申报材料包括:①地理位置图。②总平面图。③项目建议书申请。④合建开发要提交土地方的协议书,并经土地方上级主管(局级)同意。办理时间为15天。

2)开发公司办理可行性研究报告,应向市建委、市计委报送如下材料:①地理位置图、总平面图、市政管线图、道路图、绿化图、竖向图。②开发公司上级主管部门的申请。③可行性研究报告(重点说明市政情况及资金情况)。办理时间为15天。

3)向市建委、市计委报送开发建设计划(包括年度计划和调整计划),必须具备如下条件:①小区规划方案已批准。②土地征地手续已办完。③已交纳部分土地出让金。年度计划每年一季度下达,调整任务单位办理时间为7天。

4.3 房地产经营管理

4.3.1 房地产经营管理的概念

经营是指企业有预测、有决策、有目的的经济活动。经营是根据企业的资源状况和所处的市场竞争环境对企业长期发展进行战略性规划和部署、制定企业的远景目标和方针的战略层次活动。它解决的是企业的发展方向、发展战略问题，具有全局性和长远性。

管理是社会组织中，管理者为了实现预期的目标，对经营活动进行的计划、指挥、协调、监督、检查等组织工作，以人为中心进行的协调活动。它包括4个含义：①管理是为了实现组织未来目标的活动。②管理的工作本质是协调。③管理工作存在于组织中。④管理工作的重点是对人进行管理。管理就是制定、执行、检查和改进。制定就是制定计划（或规定、规范、标准、法规等）；执行就是按照计划去做，即实施；检查就是将执行的过程或结果与计划进行对比，总结出经验，找出差距；改进首先是推广通过检查总结出的经验，将经验转变为长效机制或新的规定，然后针对检查发现的问题进行纠正，制定纠正、预防措施。

经营与管理是一对既相互联系、又相互区别的经济范畴。经营促进管理，管理保证经营，二者是紧密联系的，最终的目的都是要以尽可能少的劳动消耗取得尽可能大的经济效益。因此，管理是实现经营目标的手段。管理与经营的主要区别是：一是产生的背景不同。管理是劳动社会化的产物，而经营则是商品经济的产物；二是适用范围不同，管理适用于社会一切组织，而经营只适用于企业；三是活动目的不同。管理的目的在于提高劳动作业效率，而经营则是追求更高的经济效益。

房地产经营管理是房地产经济活动的中心，是指房地产经营者对房屋的建设、买卖、租赁、信托、交换、维修、装饰及土地使用权的出让、转让，有预测、有目标、有组织的经济活动。房地产经营管理的基础和核心是房地产开发经营。

4.3.2 房地产经营管理的内容

1. 房地产开发经营

房产开发经营是指房地产开发企业在城市规划区内国有土地上进行基础设施建设、房屋建设，并转让房地产开发项目或者销售、出租商品房的行为。其中，房地产开发经营的主体是房地产开发企业，是指以营利为目的，从事房地产开发和经营的企业，也称为房地产开发商。按照法律规定，房地产开发商必须具备四级资质等级并承揽相应范围的业务，包括相关制度、可行性研究、房地产开发、房地产营销管理、房地产交易管理、房地产产权产籍管理、房地产税收、物业管理、房地产中介服务管理、房地产金融等内容。

2. 房地产服务经营

从事房地产经纪活动，应当遵循自愿、平等、公平和诚实信用的原则，遵守职业规范，恪守职业道德。房地产经纪机构代理销售商品房项目的，还应当在销售现场明显位置明示商品房销售委托书和批准销售商品房的有关证明文件。房地产经纪机构接受委托提供房地产信息、实地看房、代拟合同等房地产经纪服务的，应当与委托人签订书面房地产经纪服务合同。房地产经纪机构提供代办贷款、代办房地产登记等其他服务的，应当向委托人说明服务内容、收费标准等情况，经委托人同意后，另行签订合同。委托人与房地产经纪机构签订房地产经纪服务合同，应当向房地产经纪机构提供真实有效的身份证明。委托出售、出租房屋的，还应当向房地产经纪机构提供真实有效的房屋权属证书。委托人未提供规定资料或者提供资料与实际不符的，房地产经纪机构应当拒绝接受委托。

4.3.3 房地产经营管理的研究对象

研究对象是各门学科建立的依据，又直接决定各门学科的性质、任务和理论体系的建立。因此，我们在学习研究某一学科时，首先必须要了解它的研究对象，以利于对这门学科的学习和研究。

房地产经营管理者，以市场为对象，以商品生产和商品交换为手段，为了实现企业的目标而进行一系列有组织的经济活动。在市场经济条件下，独立的商品生产者，都是以营利为目的，都要从事生产经营活动。房地产经济活动既然是一种商品生产和流通的经济活动，其基本目的便是对经济利益的追求。因此，以最小的投入获取最大效益为目的的谋划、决策和实施，必然贯穿于房地产企业的生产经营的经济活动全部过程。即房地产的开发建设、流通交易、维护管理全过程的每一个环节，都有经营管理问题。因此，我们便可以界定房地产经营管理学的研究对象是房地产企业经济活动全过程的经营管理及其规律性。

4.3.4 房地产经营管理的特征

房地产开发企业的生产经营与施工企业不同，其经营特点主要有以下几点：

1. 开发经营的计划性

企业征用的土地、建设的房屋、基础设施以及其他设施，都应严格控制在国家计划范围之内，按照规划、征地、设计、施工、配套、管理"六统一"原则和企业的建设计划、销售计划进行开发经营。

2. 开发产品的商品性、单件性及不可移动性

房地产开发企业的产品全部都作为商品进入市场，按照供需双方合同协议规定的价格或市场价格作价转让或销售。

3. 开发经营业务的复杂性

1) 经营业务内容复杂。企业除了土地和房屋开发外，还要建设相应的基础设施和公共配套设施。经营业务囊括了从征地、拆迁、勘察、设计、施工、销售到售后服务全过程。

2) 涉及面广，经济往来对象多。企业不仅因购销关系与设备、材料物资供应单位等发生经济往来，而且因工程的发包和招标与勘察设计单位、施工单位发生经济往来，还会因受托代建开发产品、出租开发产品等与委托单位和承租单位发生经济往来。

4. 开发建设周期长，投资数额大

开发产品要从规划设计开始，经过可行性研究、征地拆迁、安置补偿、七通一平、建筑安装、配套工程、绿化环卫工程等几个开发阶段，少则一年，多则数年才能全部完成，开发建设周期长。另外，上述每一个开发阶段都需要投入大量资金，加上开发产品本身的造价很高，项目总体投资数额大。

5. 经营风险大

开发产品单位价值高，建设周期长，负债经营程度高，不确定因素多，一旦决策失误，销路不畅，将造成大量开发产品积压，使企业资金周转不灵，导致企业陷入困境。

4.3.5 房地产经营管理的研究方法

研究方法是人们认识世界和改造世界的基本观点，任何一门科学的研究都需要确定研究方法。房地产经营管理的研究方法一般有如下几种：

1．矛盾分析法

房地产经营活动是诸多矛盾的统一体。例如，土地供应与需求的矛盾、商品房供应量与有效需求量的矛盾、高房价与大多数居民收入相对较低的矛盾等。这些矛盾既包含着对立，也存在着统一。因此，房地产经营管理的研究首先必须运用矛盾分析的方法，通过对房地产经营管理的分析，找出矛盾运动的规律。

房地产经营管理活动中的矛盾，处于不断运动、变化和发展中，是诸多矛盾的统一体。因此，房地产经营管理的研究首先必须运用矛盾分析方法，分析房地产经营管理活动中的多种矛盾，力求找出这些矛盾运动的规律性，并采取相应措施予以妥善解决，从而能够及时适应市场变化，在市场竞争中求得生存和发展。另外，在研究房地产经营管理活动时，还要全面分析房地产经济活动中诸多因素、诸多环节、诸多方面，以揭示它们之间的运动规律性。

2．宏观和微观相结合

宏观和微观研究相结合，既要注意涉及全局的大问题，也要注意细小问题的深入研究和探索。就房地产经营企业的经营管理来说，如房地产投资、房地产开发、区位选择、房形设计、营销手段与策略等都属于微观行为，但房地产业是一个受宏观经济形式、国家法律、政策法规影响较大的行业，国民经济发展、社会稳定、物价水平、贷款利率、居民收入等对房地产业及房地产市场都有重要影响。因此，房地产经营管理必须重视宏观和微观的研究，不可偏废。

3．定性和定量相结合

世界上任何事物的质和量都是不可分割的，表现为质与量的统一。质是事物本质的规定性，即事物固有的性质、特征和特点的规定性；量表现为事物的外部表现。没有对事物量的规定，事物的质就不存在，即任何质量都表现为一定数量，没有数量也就没有质量；量的范畴所反映的是事物的发展程度、水平及量的过程。质量和数量矛盾的对立统一是度。度表示在一定的界限之内，数量增减不会引起事物性质的变化，而如果数量的增减超出一定的界限，则必然引起事物性质的变化。由量变到质变的转化是自然界、人类社会和思维最重要的和最一般的发展规律。这就要求我们要正确认识事物，把握好事物的质、量和度。因此，若要把握事物质的规律，就必须把握事物量的规律。事物的量变到质变的转化，不仅体现在数量的改变上，有时也体现在事物结构、成分的变化上。因此，要认识事物就有两种不同的分析方法，即定量分析法和定性分析法。定量分析是指集中于事物数量上的研究，由事物数量上的运动变化来把握质的规律的方法。定性分析法是指集中于事物内部和结构及其功能的分析来把握质的规律的方法。进行房地产经营管理活动分析，就是要揭示其房地产经营活动的内在规律，即把握房地产经营活动内在质的特征。同样，房地产经营活动分析，也有定量分析与定性分析两类基本方法。

第4章 房地产开发经营管理

4. 比较分析法

比较分析法是指通过指标对比，从数量上确定指标差异的一种分析方法。

任何管理理论都产生于管理的实践。房地产经营管理理论也产生于房地产经营管理的实践。经营管理实践的经验，有的是客观规律的反映，有的则是偶然的现象。要区分二者的差异，就要求经营管理者必须把多种类型的经营管理和同一单位的各种指标，在实践中进行反复比较和分析，揭示出房地产经营管理的一般规律性。

房地产企业运用比较分析法，就是从现象对比入手，发现差异，研究原因，寻找规律。因此，在运用比较法时，应特别注意指标内容、时间上的可比性。

在企业的经营管理活动中，各种技术经济现象间的联系是普遍的，因此，比较法为各企业广泛应用。但实际运用时，必须根据指标的具体内容和实际分析要求，选用不同的比较方法。常见的比较法有如下几种：实际完成指标与计划指标的对比；实际指标与定额、预算指标对比；本期实际指标与前期实际指标对比；横向比较分析；不同指标的对比分析。

通过以上分析比较，探索房地产企业经营活动的规律性，提高企业经营活动水平和企业效益。然而，房地产经营管理活动中，起作用的规律是有不同层次的，有的规律基本是普遍适用的；有的规律是特殊的，只有在特殊条件下适用。特殊性规律是对不同类型房地产企业经营管理模式和各种指标进行比较分析，分辨经营管理活动不同层次以及它们各自发生作用的条件、范围和特点而得出的。因此，切忌生搬硬套，而是要更好地运用客观规律，组织好房地产经营管理活动，提高经营管理水平。

5. 经验和案例分析法

房地产经营管理中的经验或案例研究方法，是通过研究案例和经验来分析某经营管理者在特定条件下的成功或失败，从中得到规律性的启迪，以此来培养管理人员，提高其经营管理水平和素质的一种重要的途径和方法。

通过案例分析，无论此案例的经验是否成功，都可以从中提炼出普遍化、共性观念来，对未来的经营管理是十分有益的。

第一，案例分析有利于加强和保持经营管理理论和实践的联系。由于房地产企业的特殊性，经营管理是十分复杂的实践活动，经营管理理论作为经营管理实践的总结和升华，具有实践性和实用性的特点，这就决定了它与经营管理实践必须保持十分密切的联系，而案例分析法则是保持这种有机联系的重要媒介。

第二，案例分析法有利于培养经营管理者的实际能力。经营管理理论阐明了经营管理的基本原则、方法等，而如何把这些基本原理、方法运用于实际，则需要借助于案例分析。通过案例分析，使经营管理者在实践中逐步学会把理论应用于实践的本领，从而提高经营管理者的"实战"能力。

本 章 小 结

本章围绕房地产开发经营管理进行阐述，涉及房地产开发企业的含义、房地产项目管理的概念、房地产经营管理的概念，详细阐述了房地产开发企业的资质管理、房地产开发项目管理制度、房地产开发项目的确定与申报、房地产经营管理的研究对象、内容、特征及研究方法等方面的内容，形成房地产开发经营管理的整体把控。

复习思考题

1. 房地产开发企业设立的条件和程序是什么？
2. 房地产开发企业的资质等级有哪些？有哪些具体要求？
3. 简述房地产开发项目资本金的主要内容。
4. 简述房地产开发经营的含义。
5. 房地产开发经营的内容有哪些？特征有哪些？研究方法有哪些？

第 5 章 规划设计及工程建设管理

☆ **学习目标**

1. 了解城市规划的基本概念，熟悉城市规划的基本内容，掌握房地产开发规划管理的实施

2. 熟悉房地产开发项目工程勘察设计的概念，了解勘察设计单位的资质管理，熟悉勘察设计市场管理，了解建设工程勘察设计文件的编制与实施

3. 熟悉房地产开发工程招投标管理，熟悉房地产开发项目建设监理管理

4. 了解建设工程施工管理，熟悉房地产开发工程质量管理，掌握建设工程质量保修管理

☆ **关键词**

城市规划　房地产开发规划管理　房地产开发项目工程勘察设计　勘察设计市场管理　房地产开发工程招投标管理　房地产开发项目建设监理管理　房地产开发工程质量管理　建设工程质量保修管理

5.1 城乡规划管理

5.1.1 城市规划的基本概念

1. 城乡规划的涵义

城乡规划是指为了加强城乡规划管理，协调城乡空间布局，改善人居环境，促进城乡经济社会全面协调可持续发展。城乡规划包括城镇体系规划、城市规划、镇规划、乡规划和村庄规划。城市规划、镇规划分为总体规划和详细规划。详细规划分为控制性详细规划和修建性详细规划。县级以上地方人民政府应当根据当地经济社会发展的实际，在城市总体规划、镇总体规划中合理确定城市、镇的发展规模、步骤和建设标准。

城乡规划区是指城市、镇和村庄的建成区以及因城乡建设和发展需要，必须实行规划控制的区域。规划区的具体范围由有关人民政府在组织编制的城市总体规划、镇总体规划、乡规划和村庄规划中，根据城乡经济社会发展水平和统筹城乡发展的需要划定。在规划区内进行建设活动，应当遵守土地管理、自然资源和环境保护等法律、法规的规定。

国务院城乡规划主管部门负责全国的城乡规划管理工作。县级以上地方人民政府城乡规划主管部门负责本行政区域内的城乡规划管理工作。制定和实施城乡规划，应当遵循城乡统筹、合理布局、节约土地、集约发展和先规划后建设的原则，改善生态环境，促进资源、能源节约和综合利用，保护耕地等自然资源和历史文化遗产，保持地方特色、民族特色和传统风貌，防止污染和其他公害，并符合区域人口发展、国防建设、防灾减灾和公共卫生、公共安全的需要。

城乡规划管理是指城市人民政府按照法定程序编制和审批城乡规划，并依据国家和各级政府颁布的城乡规划管理的有关法规和具体规定，对批准的城乡规划采用法制的、行政的、经济的管理办法，对城乡规划区内的各项建设进行统一的安排和控制，使城市的各项建设用地和建设工程活动有计划、有秩序地协调发展，保证城市规划的顺利实施。

城乡规划管理是一项政府行政职能，它包括城乡规划编制审批管理和实施监察管理两部分。

1989年12月，全国人大常委会通过的《中华人民共和国规划法》对此有详细的规定。《中华人民共和国城市规划法》的颁布实施，标志着我国城市规划走上了法制轨道。2007年10月28日第十届全国人民代表大会常务委员会第三十次会议通过《中华人民共和国城乡规划法》，自2008年1月1日起施行，《中华人民共和国城市规划法》同时废止。

2. 城市规划的基本内容

编制城市规划一般分为总体规划和详细规划两个阶段。在正式编制城市总体规划前，可以由城乡人民政府组织制定城乡总体规划纲要，对城乡总体规划需要确定的主要目标、方向和内容提出原则性意见，作为总体规划的依据。根据城乡的实际情况和工作需要，在城乡总体规划的基础上编制详细规划，进一步控制和确定不同地段的土地用途、范围和容量，协调各项基础设施和公共设施的建设。

（1）城乡总体规划。城乡总体规划的主要任务是：综合研究和确定城市性质、规模和空

第5章 规划设计及工程建设管理

间发展形态,统筹安排城市各项建设用地,合理配置城市各项基础设施,处理好近期建设与远期发展的关系,指导城市合理发展。城乡总体规划的主要内容是:城市、镇的发展布局,功能分区,用地布局,综合交通体系,禁止、限制和适宜建设的地域范围,各类专项规划等。规划区范围、规划区内建设用地规模、基础设施和公共服务设施用地、水源地和水系、基本农田和绿化用地、环境保护、自然与历史文化遗产保护以及防灾减灾等内容,应当作为城市总体规划、镇总体规划的强制性内容。城乡总体规划的期限一般为20年,同时应当对城市远景发展做出轮廓性的规划安排。近期建设规划是总体规划的一个组成部分,应当对城市近期的发展布局和主要建设项目作出安排。近期建设规划期限一般为5年,建制镇总体规划的期限可以为10年至20年。

(2)城乡详细规划。城乡详细规划分为控制性详细规划和修建性详细规划。控制性详细规划的主要任务是:以总体规划为依据,确定建设地区的土地使用性质、使用强度等控制指标、道路和工程管线控制性位置以及空间环境控制的规划,控制和引导各项用地的开发和投资建设,并指导修建性详细规划的编制。修建性详细规划的主要任务是:以总体规划、分区规划或者控制性详细规划为依据,制订用以指导各项建筑和工程设施的设计和施工的规划设计,直接对建设做出具体的修建安排及其规划设计,指导建筑设计和工程施工图设计,是城市详细规划的一种。

3. 城乡规划的编制

城乡人民政府组织编制城市总体规划。分区规划和详细规划由市人民政府城市规划行政主管部门负责组织编制。需要编制城乡总体规划纲要的,由市人民政府负责组织编制。县级人民政府所在地镇的总体规划,由县级人民政府负责组织编制。详细规划由县人民政府城市规划行政主管部门负责组织编制。其他建制镇的总体规划和详细规划,由镇人民政府负责组织编制。

4. 城乡规划的审批

城乡规划实行分级审批制度。国务院城乡规划主管部门会同国务院有关部门组织编制全国城镇体系规划。城乡总体规划纲要,需经城乡人民政府审核同意。省、自治区人民政府组织编制省域城镇体系规划,报国务院审批。直辖市的城乡总体规划,由直辖市人民政府报国务院审批。县人民政府组织编制县人民政府所在地镇的总体规划,报上一级人民政府审批。其他镇的总体规划由镇人民政府组织编制,报上一级人民政府审批。城市人民政府城乡规划主管部门根据城市总体规划的要求,组织编制城市的控制性详细规划,经本级人民政府批准后,报本级人民代表大会常务委员会和上一级人民政府备案。镇人民政府根据镇总体规划的要求,组织编制镇的控制性详细规划,报上一级人民政府审批。城市、县人民政府城乡规划主管部门和镇人民政府可以组织编制重要地块的修建性详细规划。乡、镇人民政府组织编制乡规划、村庄规划,报上一级人民政府审批。

城乡人民政府和县人民政府,在向上级人民政府报请审批城乡总体规划前,须经同级人民代表大会常务委员会审查同意,常务委员会组成人员的审议意见交由本级人民政府研究处理。

城市人民政府城乡规划主管部门根据城市总体规划的要求,组织编制城市的控制性详细规划,经本级人民政府批准后,报本级人民代表大会常务委员会和上一级人民政府备案。镇人民政府根据镇总体规划的要求,组织编制镇的控制性详细规划,报上一级人民政府审批。

县人民政府所在地镇的控制性详细规划，由县人民政府城乡规划主管部门根据镇总体规划的要求组织编制，经县人民政府批准后，报本级人民代表大会常务委员会和上一级人民政府备案。乡、镇人民政府组织编制乡规划、村庄规划，报上一级人民政府审批。村庄规划在报送审批前，应当经村民会议或者村民代表会议讨论同意。

首都的总体规划、详细规划应当统筹考虑中央国家机关用地布局和空间安排的需要。

5．城乡规划的实施

地方各级人民政府应当根据当地经济社会发展水平，量力而行，尊重群众意愿，有计划、分步骤地组织实施城乡规划。

（1）实施分类

1）城市的建设和发展，应当优先安排基础设施以及公共服务设施的建设，妥善处理新区开发与旧区改建的关系，统筹兼顾进城务工人员生活和周边农村经济社会发展、村民生产与生活的需要。

城市新区的开发和建设，应当合理确定建设规模和时序，充分利用现有市政基础设施和公共服务设施，严格保护自然资源和生态环境，体现地方特色。

在城市总体规划、镇总体规划确定的建设用地范围以外，不得设立各类开发区和城市新区。

旧城区的改建，应当保护历史文化遗产和传统风貌，合理确定拆迁和建设规模，有计划地对危房集中、基础设施落后等地段进行改建。

2）历史文化名城、名镇、名村的保护以及受保护建筑物的维护和使用，应当遵守有关法律、行政法规和国务院的规定。

3）城市地下空间的开发和利用，应当与经济和技术发展水平相适应，遵循统筹安排、综合开发、合理利用的原则，充分考虑防灾减灾、人民防空和通信等需要，并符合城市规划，履行规划审批手续。

（2）实施程序

1）划拨方式的程序。按照国家规定需要有关部门批准或者核准的建设项目，以划拨方式提供国有土地使用权的，建设单位在报送有关部门批准或者核准前，应当向城乡规划主管部门申请核发选址意见书。

在城市、镇规划区内以划拨方式提供国有土地使用权的建设项目，经有关部门批准、核准、备案后，建设单位应当向城市、县人民政府城乡规划主管部门提出建设用地规划许可申请，由城市、县人民政府城乡规划主管部门依据控制性详细规划核定建设用地的位置、面积、允许建设的范围，核发建设用地规划许可证。

建设单位在取得建设用地规划许可证后，方可向县级以上地方人民政府土地主管部门申请用地，经县级以上人民政府审批后，由土地主管部门划拨土地。

2）出让方式的程序。在城市、镇规划区内以出让方式提供国有土地使用权的，在国有土地使用权出让前，城市、县人民政府城乡规划主管部门应当依据控制性详细规划，提出出让地块的位置、使用性质、开发强度等规划条件，作为国有土地使用权出让合同的组成部分。未确定规划条件的地块，不得出让国有土地使用权。

以出让方式取得国有土地使用权的建设项目，建设单位在取得建设项目的批准、核准、备案文件和签订国有土地使用权出让合同后，向城市、县人民政府城乡规划主管部门领取建设用地规划许可证。

城市、县人民政府城乡规划主管部门不得在建设用地规划许可证中，擅自改变作为国有土地使用权出让合同组成部分的规划条件。

规划条件未纳入国有土地使用权出让合同的，该国有土地使用权出让合同无效；对未取得建设用地规划许可证的建设单位批准用地的，由县级以上人民政府撤销有关批准文件；占用土地的，应当及时退回；给当事人造成损失的，应当依法给予赔偿。

在城市、镇规划区内进行建筑物、构筑物、道路、管线和其他工程建设的，建设单位或者个人应当向城市、县人民政府城乡规划主管部门或者省、自治区、直辖市人民政府确定的镇人民政府申请办理建设工程规划许可证。

申请办理建设工程规划许可证，应当提交使用土地的有关证明文件、建设工程设计方案等材料。需要建设单位编制修建性详细规划的建设项目，还应当提交修建性详细规划。对符合控制性详细规划和规划条件的，由城市、县人民政府城乡规划主管部门或者省、自治区、直辖市人民政府确定的镇人民政府核发建设工程规划许可证。

城市、县人民政府城乡规划主管部门或者省、自治区、直辖市人民政府确定的镇人民政府应当依法将经审定的修建性详细规划、建设工程设计方案的总平面图予以公布。

在乡、村庄规划区内进行乡镇企业、乡村公共设施和公益事业建设的，建设单位或者个人应当向乡、镇人民政府提出申请，由乡、镇人民政府报城市、县人民政府城乡规划主管部门核发乡村建设规划许可证。

在乡、村庄规划区内使用原有宅基地进行农村村民住宅建设的规划管理办法，由省、自治区、直辖市制定。

在乡、村庄规划区内进行乡镇企业、乡村公共设施和公益事业建设以及农村村民住宅建设，不得占用农用地；确需占用农用地的，应当依照《中华人民共和国土地管理法》有关规定办理农用地转用审批手续后，由城市、县人民政府城乡规划主管部门核发乡村建设规划许可证。

6. 城市总体规划的调整和修改

城乡总体规划经批准后，应当严格执行，不得擅自改变。当出现某些不能适应城市经济与社会发展要求的情况时，就需要进行适当调整和修改。建设单位应当按照规划条件进行建设；确需变更的，必须向城市、县人民政府城乡规划主管部门提出申请。变更内容不符合控制性详细规划的，城乡规划主管部门不得批准。城市、县人民政府城乡规划主管部门应当及时将依法变更后的规划条件通报同级土地主管部门并公示。

建设单位应当及时将依法变更后的规划条件报有关人民政府土地主管部门备案。

城市总体规划的局部调整，是指城市人民政府根据城市经济建设和社会发展情况，按照实际需要对已经批准的城市总体规划作局部变更。例如，由于城市人口规模扩大需要适当扩大城市用地，某些用地的功能或道路宽度、走向等在不违背总体布局基本原则的前提下进行调整。城市总体规划局部调整的决定由城市人民政府做出并组织进行调整，报同级人民代表大会常务委员会和原批准机关备案。

城市总体规划的修改，是指城市人民政府在实施城市总体规划的过程中，发现总体规划的某些基本原则和框架，已经不能适应城市经济建设和社会发展的要求，必须做出重大变更。例如，由于城市产业结构的重大调整或经济社会发展方向的重大变化，造成城市性质的重大变更。修改城市总体规划由城市人民政府组织进行，并须经同级人民代表大会或者其常务委员会审查同意后，报原批准机关审批。

5.1.2 房地产开发规划管理的实施

1. 城市规划与房地产开发的关系

城市规划管理决定未来房地产开发价值和最有效利用程度。城市规划要根据各类用地的社会需求量，研究城市景观、区位条件、环境要求，处理好各项建设内容之间的关系，以及各类用地邻里关系，按"地尽其力、优地优用"的要求，确定合理的城市用地数量结构、用地功能布局、各宗地开发顺序、开发强度和建筑用地技术规范，从而决定未来城市各区位房地产开发价值和有效利用程度。

城市规划管理是政府调控地价的手段。各级政府代表国家垄断控制和管理城市土地，城市规划及规划管理对地价产生决定性作用。我国城市可利用的土地资源紧张，土地供给弹性很小，而我国城市化及城市建设的快速发展，对城市土地的需求日益增加，因此，政府要通过调控地价来调节土地供给。城市规划及规划管理要根据城市建设需求，提出并落实开发建设程序，管理好每年的城市增量用地投放及存量土地建设。

2. 房地产开发项目的规划设计

从城市总体规划到控制性详细规划，一般是由城市人民政府建设主管部门（城乡规划主管部门）承担。方案评选审定后具有法律效力，是一种政府行为。房地产开发项目可以有多种投资主体，多是由获得土地使用权的开发者，委托规划设计单位进行修建性详细规划的编制、市政工程的规划设计及建筑设计。房地产投资最终能否成功，取决于时机、地段和建筑质量；地段的选择、建筑内容及其布置与规划设计密不可分；用地区位的社会经济条件、政府规定的用地规划设计条件、开发投资者的建设意图等因素，对详细规划设计都有很大影响。投资决策者需要熟悉城市规划管理程序。

房地产开发项目，首先要持政府主管部门批准的计划立项文件，进行项目规划申报，经城乡规划主管部门审查同意后，获取规划设计条件通知书。房地产开发投资者委托编制的修建性详细规划以及建筑设计、市政工程设计等必须符合规划设计条件。城乡规划主管部门要根据规划设计条件对规划设计方案进行审查和审批管理。当建设工程竣工验收时，还要根据原批准文件，核对有关竣工文件和图样，并现场查看，经审查无误后，方可核发验收合格证。因此，房地产开发项目要特别注意在符合规划设计条件和日照、通风、防灾等各项设计规范要求的基础上优化设计，如遇有重大问题需要调整规划设计条件时，必须向城乡规划主管部门申请，经城乡规划主管部门批复获准后，方可按新的规划设计条件调整规划设计。

3. 房地产开发项目的规划管理

城市总体规划经审批颁布后，即具有法律效力。城市规划区内的土地利用和各项建设必须符合城市规划，服从规划管理，这是实施城市规划应当遵循的基本原则。进行城市各项建设，实质上就是城市规划逐步实施的过程。为了确保城市各项建设能够按照城市规划有秩序地协调发展，必须对城市规划实施严格监察管理。

第5章 规划设计及工程建设管理

城市规划管理的实施主要是报建审批管理和批后管理两部分内容。报建审批管理主要包括对建设项目选址审批核发项目选址意见书，对城市用地审批核发建设用地规划许可证，对建设工程审批核发建设工程规划许可证。批后管理主要是按照规划实施监督检查体系对违章占地和违章建设的查禁工作。

（1）项目选址管理 国家对于建设项目，特别是大、中型建设项目的宏观管理，在可行性研究阶段，主要是通过计划管理和规划管理来实现的。将计划管理和规划管理有机结合起来，就能保证各项建设工程有计划，并按照城市规划进行建设。《中华人民共和国城乡规划法》规定："城市规划区内的建设工程的选址和布局必须符合城市规划。设计任务书报请批准时，必须附有城乡规划主管部门的选址意见书。"

建设项目选址意见书的主要内容包括建设项目的基本情况和建设项目规划选址的主要依据。

建设项目选址意见书按建设项目计划审批权限实行分级规划管理；县人民政府计划行政管理部门审批的建设项目，由县人民政府城乡规划主管部门核发选址意见书；地级、县级市人民政府计划行政管理部门审批的建设项目，由该市人民政府城乡规划主管部门核发选址意见书；直辖市、计划单列市人民政府计划行政管理部门审批的建设项目，由直辖市、计划单列市人民政府城乡规划主管部门核发选址意见书；省、自治区人民政府计划行政管理部门审批的建设项目，由项目所在地县、市人民政府城乡规划主管部门提出审查意见，报省、自治区人民政府城乡规划主管部门核发选址意见书；中央各部门、公司审批的小型和限额以下的建设项目，由项目所在地县、市人民政府城乡规划主管部门核发选址意见书；国家审批的大中型和限额以上的建设项目，由项目所在地县、市人民政府城乡规划主管部门提出审查意见，报省、自治区、直辖市、计划单列市人民政府城乡规划主管部门核发选址意见书，并报国务院城乡规划主管部门备案。

（2）建设用地规划管理 建设用地规划管理的基本内容是：依据城市规划确定的不同土地使用性质和总体布局，决定建设工程用地，以及在满足建设项目功能和使用要求的前提下，如何经济、合理地使用土地。城乡规划主管部门对城市用地进行统一的规划管理。实行严格的规划控制是实施城市规划的基本保证。

在城市规划区内进行建设需要申请用地的，必须持国家批准建设项目的有关文件，向城乡规划主管部门申请定点，由城乡规划主管部门核定用地位置和界限，提供规划设计条件，核发建设用地规划许可证。建设用地规划许可证是建设单位在向土地管理部门申请征用、划拨土地前，经城乡规划主管部门确认建设项目位置范围符合城市规划的法定凭证。

建设单位或者个人在取得建设用地规划许可证后，方可向县级以上人民政府土地管理部门申请用地，经县级以上地方人民政府审查批准后，土地管理部门根据《中华人民共和国土地管理法实施条例》有关规定供应土地。核发建设用地规划许可证的目的在于，确保土地利用符合城市规划，维护建设单位按照城市规划使用土地的合法权益，为土地管理部门在城市规划区内，行使权属管理职能提供必要的法律依据。土地管理部门在办理征用、划拨建设用地的过程中，若确需改变建设用地规划许可证核定的用地位置和界限，必须与城乡规划主管部门商议，并取得一致意见，保证修改后的用地位置和范围符合城市规划要求。

在城市规划区内，未取得建设用地规划许可证而取得建设用地批准文件，占用土地的，批准文件无效，占用的土地由县级以上人民政府责令退回。

临时建设和临时用地都对城市规划的实施产生重要的影响，因此，城乡规划主管部门必须对城市规划区内的临时建设和临时用地进行严格的规划管理。任何单位和个人需要在城市规划区内临时使用土地或进行临时建设的，都必须征得城市规划行政主管部门的同意，不得影响城市规划的实施。

临时建设是指必须限期拆除、结构简单、临时性的建筑物、构筑物、道路、管线或其他设施；临时用地是指由于建设工程施工、堆料或其他原因，需要临时使用并限期收回的土地。批准临时建设和临时用地的使用期限，一般均不超过两年。

（3）建设工程规划管理　建设工程规划管理的主要内容：

1）建筑管理。建筑管理主要是按照城市规划要求对各项建筑工程（包括各类建筑物、构筑物）的性质、规模、位置、标高、高度、体量、体形、朝向、间距、建筑密度、容积率、建筑色彩和风格等进行审查和规划控制。

2）道路管理。道路管理主要是按照城市规划要求对各类道路的走向、坐标和标高、道路宽度、道路等级、交叉口设计、横断面设计、道路附属设施等进行审查和规划控制。

3）管线管理。管线管理主要是按照城市规划要求对各项管线工程（包括地下埋设和地上架设的给水、雨水、污水、电力、通讯、燃气、热力及其他管线）的性质、断面、走向、坐标、标高、架埋方式、架设高度、埋置深度、管线相互间的水平距离与垂直距离及交叉点的处理等进行审查和规划控制。管线管理要充分考虑不同性质和类型管线各自的技术规范要求，以及管线与地面建筑物、构筑物、道路、行道树和地下各类建设工程的关系，进行综合协调。

（4）建设工程规划审批程序

1）建设申请。有关建设单位或个人持法律规定的有关文件向城乡规划主管部门提出申请建设的要求。

2）建设申请的审查。城乡规划主管部门对于建设申请进行审查，确定有关建设工程的性质、规模等是否符合城市规划的布局和发展要求。

3）提出规划设计要点。在对建设申请进行审查后，城乡规划主管部门应根据建设工程所在地区详细规划的要求，提出具体的规划设计要点，作为工程设计的重要依据。

4）审定设计方案。城乡规划主管部门对于建设工程的初步设计方案进行审查，并确认其符合规划设计要点的要求后，建设单位才可以进行建设工程的施工图设计。

5）核发建设工程规划许可证。建设工程规划许可证是有关建设工程符合城市规划要求的法律凭证。在城市规划区内新建、扩建和改建建筑物、构筑物、道路、管线和其他工程设施，必须持有关批准文件向城乡规划主管部门提出申请，由城乡规划主管部门根据城市规划提出的规划设计要求，核发建设工程规划许可证。在核发建设工程规划许可证前，城乡规划主管部门应对建设工程施工图进行审查。建设单位或者个人在取得建设工程规划许可证和其他有关批准文件后，方可申请办理开工手续。

需要强调的是，在城市规划区内，未取得建设工程规划许可证或者违反建设工程规划许可证的规定进行建设，严重影响城市规划的，由县级以上地方人民政府城乡规划主管部门责令停止建设，限期拆除或者没收违法建筑物、构筑物或者其他设施；影响城市规划，尚可采取改正措施的，由县级以上地方人民政府城乡规划主管部门责令限期改正，并处罚款；对未取得建设工程规划许可证或者违反建设工程规划许可证的规定进行建设的单位的有关责任人员，可以由其所在单位或者上级主管机关给予行政处分。

6）放线、验线制度。为了确保建设单位能够按照建设工程许可证的规定组织施工，建设工程的坐标、标高确认无误，城乡规划主管部门应派专门人员或认可的勘测单位到施工现场进行放线，建设工程经城乡规划主管部门验线后，方可破土动工。

7）建设工程竣工验收。城乡规划主管部门参加建设工程竣工验收。主要是监督检查该建设工程是否符合规划设计要求核准的设计方案。

8）竣工资料的报送。城市规划区内的建设工程，建设单位应当在竣工验收后六个月内向城乡规划主管部门报送有关竣工资料。竣工资料包括该建设工程的审批文件（影印件）和该建设工程竣工时的总平面图、各层平面图、立面图、剖面图、设备图、基础图和城乡规划主管部门指定需要的其他图样。竣工资料是城乡规划主管部门进行具体的规划和管理过程中需要查阅的重要历史资料，因而任何建设单位和个人都必须依法执行。

4．对建设活动进行的监督检查

1）城乡规划主管部门对于在城市规划区使用土地和进行各项建设的申请，都要严格验证其申报条件（包括各类文件和图样）是否符合法定要求，有无弄虚作假的情况等。对于不符合要求的申请，会及时退回，不予受理。

2）建设单位或个人在领取建设用地规划许可证并办理土地的征用或划拨手续后，城乡规划主管部门要进行复验，如有关用地的坐标、面积等与建设用地规划许可证规定不符，城乡规划主管部门将责令其改正或重新补办手续，如果不改或不补办手续，则对该建设工程不予审批。

3）建设单位或个人在领取建设工程规划许可证并放线后，要自觉接受城乡规划主管部门的检查，即履行验线手续，如若其坐标、标高、平面布局形式等与建设工程规划许可证的规定不符，城乡规划主管部门就会责令其改正。否则有关建设工程不得继续施工，并可给予必要的处罚。

4）建设单位或个人在施工过程中，城乡规划主管部门有权对其建设活动进行现场检查，被检查者要如实提供情况和必要的资料。如果发现违法占地和违法建设活动，城乡规划主管部门要及时给予必要的行政处罚。但在检查过程中，城乡规划主管部门有责任为被检查者保守技术秘密和业务秘密。

5）城市规划行政主管部门应当参加城市规划区内对城市规划有重要影响的建设工程的验收，检查建设工程的平面布置、空间布局、立面造型、使用功能等是否符合城市规划设计要求。如果发现不符，将视具体情况提出补救和修改措施，或者给予必要的行政处罚。

5.2 勘察设计管理

5.2.1 房地产开发项目工程勘察设计的概念

房地产开发项目工程勘察设计是房地产开发建设项目得以实现的关键环节之一。《建设工程质量管理条例》指出："建设单位、勘察单位、设计单位、施工单位、工程监理单位依法对建设工程质量负责。""从事建设工程活动，必须严格执行基本建设程序，坚持先勘察、后设计、再施工的原则。"工程勘察是指根据建设工程的要求，查明、分析、评价建设场地的地质地理环境特征和岩土工程条件，编制建设工程勘察文件的活动。工程设计是指根据建设工程的要求，对建设工程所需的技术、经济、资源、环境等条件进行综合分析、论证，编制建设工程设计文件的活动。

加强对建设工程勘察、设计活动的管理，保证建设工程勘察、设计质量，保护人民生命和财产安全，是房地产行政管理的一项重要职责。

5.2.2 勘察设计单位的资质管理

1．国家对从事建设工程勘察、设计活动的单位，实行资质管理制度

经审验合格的工程勘察、设计单位，发给由国务院住房与城乡建设主管部门统一制作的资质证书和执业人员注册证书。工程勘察、设计资质，按承担不同业务范围一般分为甲、乙、丙、丁四个等级。建设工程勘察、设计单位，应当在其资质等级许可的范围内承担建设工程勘察、设计业务，禁止超越其资质等级许可的范围或者以其他建设工程勘察、设计单位的名义承揽建设工程勘察、设计业务。禁止建设工程勘察、设计单位允许其他单位或者个人以本单位的名义承揽建设工程勘察、设计业务。

对工程勘察、设计单位实行年检制度。管理部门每年要对持证单位的资质进行检查。凡工程勘察设计单位有下列行为之一的，由颁发证书部门降级或吊销其资质证书：①因勘察设计原因，造成严重工程质量事故的。②连续两年质量检查均为不合格的。③单位内部固定人员不足标准规定的80%的。④有严重违法行为的。年检工作由县级以上人民政府住房与城乡建设主管部门实施。

2．国家对从事建设工程勘察、设计活动的专业技术人员，实行执业资格注册管理制度

未经注册的建设工程勘察、设计人员，不得以注册执业人员的名义从事建设工程勘察、设计活动。工程勘察、设计注册执业人员和其他专业技术人员只能受聘于一个建设工程勘察、设计单位；未受聘于建设工程勘察、设计单位的，不得从事建设工程勘察、设计活动。

3．注册建筑师制度与注册结构工程师制度

为了加强对注册建筑师和结构工程设计人员的管理，提高建筑设计质量与水平，保障公民生命和财产安全，维护社会公共利益，我国设置了注册建筑师制度和注册结构工程师制度。

注册建筑师是指依法取得注册建筑师证书并从事房屋建筑设计及相关业务的人员。注册建筑师制度包括严格的资格审查与考试制度、注册制度和相应的管理制度。

我国注册建筑师级别设置分为一级注册建筑师和二级注册建筑师，其中一级注册建筑师注册标准不低于目前发达国家现行注册标准。这就为国际相互承认注册建筑师资格和相互开放设计市场提供了前提条件。同时，考虑到我国目前建筑设计市场的特点和高水平设计人员还比较少的现实情况，设置了二级注册建筑师，以完成建筑面积较小、结构较简单的建筑设计工作。

注册建筑师实行全国统一考试制度和注册管理办法。为确保注册建筑师的质量，国家特别对一级、二级注册建筑师接受专业教育的学历、职业实践、年限等分别作出了具体的规定。在建筑师注册过程中，主要考察其专业技术水平、职业道德等是否达到要求。一级注册建筑师由全国注册建筑师管理委员会负责注册和管理，报住房和城乡建设部备案；二级注册建筑师由

第 5 章　规划设计及工程建设管理

省、自治区、直辖市注册建筑师管理委员会负责注册和管理，报建委（或建设厅）备案。

注册建筑师的执业范围包括建筑设计、建筑设计技术咨询、建筑物调查与鉴定以及对本人主持设计的项目进行施工指导和监督等。只有注册的建筑师才能以注册建筑师的名义从事建筑设计业务活动。注册建筑师执行建筑设计业务，必须受聘于有设计法人资格的设计单位，并由设计单位委托，但注册建筑师不得同时受聘于两个或两个以上设计单位。设计单位出具的设计图样，必须由负责该项目的注册建筑师签字。由于设计质量造成的经济损失，由设计单位承担赔偿责任，设计单位有权对签字的注册建筑师进行追偿。

注册结构工程师是指取得中华人民共和国注册结构工程师资格证书和注册证书，从事房屋结构、桥梁结构及塔架结构等工程设计及相关业务的专业技术人员。其具体执业范围包括：①结构工程设计。②结构工程设计技术咨询。③建筑物、构筑物、工程设施等调查和鉴定。④对本人主持设计的项目进行施工指导和监督。⑤住房和城乡建设部和国务院有关部门规定的其他业务。

注册结构工程师由国家通过考试注册确认批准。注册结构工程师分为一级注册结构工程师和二级注册结构工程师。注册结构工程师考试实行全国统一大纲、统一命题、统一组织的办法，原则上每年举行一次。取得注册结构工程师资格证书者，须申请注册后，方可从事结构工程业务。注册结构工程师注册有效期为 2 年，有效期后届满要继续注册的，应当在期满前 30 日内办理注册手续。一级注册结构工程师的执业范围不受工程规模及工程复杂程度的限制。

注册结构工程师有权以注册结构工程师的名义执行注册结构工程师业务，非注册结构工程师不得以注册结构工程师的名义执行注册结构工程师业务。注册结构工程师执行业务，应当加入一个勘察设计单位，由勘察设计单位统一接受委托并统一收费。由于结构设计质量造成的经济损失，由勘察设计单位承担赔偿责任，勘察设计单位有权对签字的注册结构工程师进行追偿。

5.2.3　勘察设计市场管理

建设工程勘察、设计市场活动是指从事勘察、设计业务的委托、承接及相关服务的行为。

加强建设工程勘察、设计市场面管理，规范建设工程勘察、设计市场行为，是保证建设工程勘察、设计质量，维护市场各方当事人的合法权益的有效手段，也是房地产行政管理的又一项重要内容。

1. 建设工程勘察设计发包与承包

1）建设工程勘察、设计可以采取招标发包或者直接发包的形式。建设工程勘察、设计实行招标发包的应当依照《中华人民共和国招标投标法》的规定进行。工程勘察、设计方案评标，应当以投标人的业绩、信誉和勘察、设计人员的能力以及勘察、设计方案的优劣为依据，进行综合评定。工程勘察、设计的招标人应当在评标委员会推荐的候选方案中确定中标方案。但是，建设工程勘察、设计的招标人认为评标委员会推荐的候选方案不能最大限度满足招标文件规定的要求的，可以依法重新招标。

下列建设工程的勘察、设计，经有关主管部门批准，可以直接发包：①采用特定的专利或者专有技术的。②建筑艺术造型有特殊要求的。③国务院规定的其他建设工程的勘察、设计。

2）发包方不得将建设工程勘察、设计业务发包给不具有相应勘察、设计资质等级的建设工程勘察、设计单位。

3）发包方可以将整个建设工程的勘察、设计发包给一个勘察、设计单位；也可以将建设工程的勘察、设计分别发包给几个勘察、设计单位。工程主体部分的勘察、设计外，经发包方书面同意，承包方可以将建设工程其他部分的勘察、设计再分包给其他具有相应资质等级的建设工程勘察、设计单位。工程勘察、设计单位不得将所承揽的建设工程勘察、设计转包。

4）建设工程勘察、设计的发包方与承包方，应当签订建设工程勘察、设计合同，执行国家规定的建设工程勘察、设计程序，执行国家有关建设工程勘察费、设计费的管理规定。

2. 对建设工程勘察、设计活动的监督管理

县级以上人民政府住房与城乡建设部应当依照《建设工程勘察设计管理条例》的规定，加强对房地产开发建设工程勘察、设计活动的监督管理，对施工图设计文件中涉及公共利益、公众安全、工程建设强制性标准的内容进行审查，接受单位和个人对建设工程勘察、设计活动中的违法行为所提出的检举、控告、投诉并进行处理。施工图设计文件未经审查批准的，不得使用。

建设工程勘察、设计应当与社会、经济发展水平相适应，做到经济效益、社会效益和环境效益相统一。从事建设工程勘察、设计活动，应当坚持先勘察、后设计、再施工的原则。

建设工程勘察、设计单位必须依法进行建设工程勘察、设计，严格执行工程建设强制性标准，并对建设工程勘察、设计的质量负责。在建设工程勘察、设计活动中应尽量多采用先进技术、先进工艺、先进设备、新型材料和现代管理方法。

5.2.4 建设工程勘察设计文件的编制与实施

编制建设工程勘察、设计文件的依据：①项目批准文件。②城市规划。③工程建设强制性标准。④国家规定的建设工程勘察、设计深度要求。

编制建设工程勘察文件，应当真实、准确，满足建设工程规划、选址、设计、岩土治理和施工的需要。

编制方案设计文件，应当满足编制初步设计文件和控制概算的需要；编制初步设计文件，应当满足编制施工招标文件、主要设备材料订货和编制施工图设计文件的需要；编制施工图设计文件，应当满足设备材料采购、非标准设备制作和施工的需要，并注明建设工程合理使用年限。

设计文件中选用的材料、构配件、设备，应当注明其规格、型号、性能等技术指标，其质量要求必须符合国家规定的标准。除有特殊要求的建筑材料、专用设备和工艺生产线等以外，设计单位不得指定生产厂、供应商。

建设单位、施工单位、监理单位不得修改建设工程勘察、设计文件；确需修改建设工程勘察、设计文件的，应当由原建设工程勘察、设计单位修改。经原建设工程勘察、设计单位书面同意，建设单位也可以委托其他具有相应资质的建设工程勘察、设计单位修改。修改单位对修改的勘察、设计文件承担相应责任。

施工单位、监理单位发现建设工程勘察、设计文件不符合工程建设强制性标准、合同约定的质量要求的，应当报告建设单位，建设单位有权要求建设工程勘察、设计单位对建设工程勘察、设计文件进行补充、修改。建设工程勘察、设计文件内容需要作重大修改的,建设单位应当报经原审批机关批准后,方可修改。

建设工程勘察、设计文件中规定采用的新技术、新材料,可能影响建设工程质量和安全,又没有国家技术标准的,应当由国家认可的检测机构进行试验、论证,出具检测报告,并经政府有关部门组织的建设工程技术专家委员会审定后,方可使用。

建设工程勘察、设计单位应当在建设工程施工前,向施工单位和监理单位说明建设工程勘察、设计意图,解释建设工程勘察、设计文件,并应及时解决施工中出现的勘察、设计问题。

5.3 招投标与建设监理管理

5.3.1 房地产开发工程招投标管理

为了规范招标投标活动,保护国家利益、社会公众利益和招标投标活动当事人的合法权益,提高经济效益,保证项目质量,国家规定,房地产开发项目建设必须实行招投标的制度。

1. 工程招标投标的范围

进行房地产开发工程项目建设,包括项目的勘察、设计、施工、监理单位的选择,以及与工程建设有关的重要设备、材料等的采购,都必须进行采用招标方式进行。

2. 房地产开发建设工程招标投标活动必须遵循的原则

1)公开、公平、公正和诚实信用的原则。

2)任何单位和个人不得将依法必须进行招标的项目化整为零或者以其他任何方式规避招标。

3)依法必须进行招标的项目,其招标活动不受地区或者部门的限制。任何单位和个人不得违法限制或者排斥本地区、本系统以外的法人或者其他组织参加投标,不得以任何方式非法干涉招标投标活动。

3. 对建设工程招标的管理

1)招标分为公开招标和邀请招标。

公开招标是指招标人以招标公告的方式邀请不特定的法人或者其他组织投标。招标人采用公开招标方式的,应当发布招标公告。招标公告应当载明招标人的名称和地址,招标项目的性质、数量、实施地点和时间以及获取招标文件的办法等事项。

邀请招标是指招标人以投标邀请书的方式邀请特定的法人或者其他组织投标。招标人采用邀请招标方式的,应当向三个以上具备承担招标项目的能力、资信良好的特定的法人或者其他组织发出投标邀请书。

个别项目在不适宜公开招标的时候,可以向管理部门申请,经批准后,采取邀请招标方式。

2)招标人是依照《中华人民共和国招投标法》规定提出招标项目、进行招标的法人或者其他组织。招标项目按照国家有关规定需要履行项目审批手续的,应当先履行审批手续,取得批准。招标人必须有进行招标项目的相应资金或者资金来源已经落实,并应当在招标文件中如实载明。

招标人具有编制招标文件和组织评标能力的,可以自行办理招标事宜。任何单位和个人不得强制其委托招标代理机构办理招标事宜。依法必须进行招标的项目，招标人自行办理招标事宜的，必须向有关行政监督部门备案。

招标人有权自行选择招标代理机构，委托其办理招标事宜。任何单位和个人不得以任何方式为招标人指定招标代理机构。

3）工程招标代理机构是依法设立，对工程的勘察、设计、施工、监理以及与工程建设有关的重要设备（进口机电设备除外）、材料采购等从事招标业务代理的社会中介组织。国家对工程招标代理机构实行资格认定制度，政府建设行政主管部门负责本行政区的工程招标代理机构资格认定的管理工作。

从事工程招标代理业务的机构，必须依法取得工程招标代理机构资格，工程招标代理机构资格分为甲、乙两级。申请工程招标代理机构资格的单位应当具备的条件包括：①是依法设立的中介组织。②与行政机关和其他国家机关没有行政隶属关系或者其他利益关系。③有固定的营业场所和开展工程招标代理业务所需设施及办公条件。④有健全的组织机构和内部管理的规章制度。⑤具备编制招标文件和组织评标的相应专业力量。⑥具有可以作为评标委员会成员人选的技术、经济等方面的专家库。

4）招标人应当根据招标项目的特点和需要编制招标文件。招标文件应当包括招标项目的技术要求，对投标人资格审查的标准，投标报价要求和评标标准等所有实质性要求和条件以及拟签订合同的主要条款。

国家对招标项目的技术、标准有规定的，招标人应当按照其规定在招标文件中提出相应的要求。招标项目需要划分标段、确定工期的，招标人应当合理划分标段、确定工期，并在招标文件中载明。

招标文件不得要求或者标明特定的生产供应者以及含有倾向或者排斥潜在投标人的其他内容。

招标人不得向他人透漏已获取招标文件的潜在投标人的名称、数量以及可能影响公平竞争的有关招标投标的其他情况。招标项目设有标底的，标底必须保密。

4．对建设工程投标的管理

投标人是响应招标、参加投标竞争的法人或者其他组织。投标人应当具备承担招标项目的能力。对投标的管理内容主要有：

1）投标人应当按照招标文件的要求编制投标文件。投标文件应当对招标文件提出的实质性要求和条件作出响应。招标项目属于建设施工的，投标文件的内容应当包括拟报派出的项目负责人与主要技术人员的简历、业绩和拟用于完成招标项目的机械设备等。

2）两个以上法人或者其他组织可以组成一个联合体，以一个投标人的身份共同投标。联合体各方均应当具备承担招标项目的相应能力。由同一专业的单位组成的联合体，按照资质等级较低的单位确定资质等级。联合体各方应当签订共同投标协议，明确约定各方拟承担的工作和责任，并将共同投标协议连同投标文件一并提交招标人。联合体中标的，联合体各方应当共同与招标人签订合同，就中标项目向招标人承担连带责任。招标人不得强制投标人组成联合体共同投标，不得限制投标人之间的竞争。

3）投标人不得相互串通投标报价，不得排挤其他投标人的公平竞争，损害招标人或者其他投标人的合法权益。

4）投标人不得与招标人串通投标，损害国家利益、社会公众利益或者他人的合法权益。

5）投标人不得以低于成本的报价竞标，也不得以他人名义投标或者以其他方式弄虚作假，骗取中标。

5．对开标、评标和中标的管理

1）开标由招标人主持，邀请所有投标人参加。开标时间应当在招标文件确定的提交投标文件截止时间之后的同一时间公开进行。开标地点应当为招标文件中预先确定的地点。开标时，由投标人或者其推选的代表检查投标文件的密封情况，经确认无误后，由工作人员当众拆封，宣读投标人名称、投标价格和投标文件的其他主要内容。

2）评标由招标人依法组成的评标委员会负责。评标委员会成员的名单在中标结果确定前应当保密。评标委员会应当按照招标文件确定的评标标准和方法，对投标文件进行评审和比较；设有标底的，应当参考标底。评标委员会完成评标后，应当向招标人提出书面评标报告，并推荐合格的中标候选人。

中标人的投标必须符合下列条件：能够最大限度地满足招标文件中规定的各项综合评价标准；能够满足投标文件的实质性要求，并且经评审的投标价格最低，但是投标价格低于成本的除外。

3）中标人确定后，招标人应当向中标人发出中标通知书，并同时将中标结果通知所有未中标的投标人。中标人应当按照合同约定履行义务，完成中标项目。中标人不得向他人转让中标项目，也不得将中标项目肢解后分别向他人转让。但中标人按照合同约定或者经招标人同意，可以将中标项目的部分非主体、非关键性工作分包给他人完成。接受分包的人应当具备相应的资格条件，并不得将分包的工程再次分包。

招标活动结束时，招标人应该和中标人双方签订《建设工程承包合同》。

由 FIDIC 专业委员会所编制的《土木工程施工合同》，简称 FIDIC 合同条件，它总结了世界各国土木工程建设管理数十年的经验，以其严谨性、科学性和公正性著称。它科学地把土建工程技术、经济、法律有机地结合，并用合同形式加以固定，详细地规定了承包人、业主的义务和权利以及工程师的职责和权限。现在，FIDIC 合同条件已成为国际公认的标准合同范本，在国际上被广泛采用，所以又被称为国际通用合同条件。

5.3.2 房地产开发项目建设监理管理

1．建设监理制度简介

建设工程项目监理简称工程建设监理，是指由符合规定条件而经批准成立、取得资格证书和营业执照的监理单位受项目法人的委托，依据国家批准的工程项目建设文件、有关工程建设的法律、法规和工程建设监理合同及其他工程建设合同，对工程建设实施的监督管理。它是建设工程项目实施过程中一种科学的管理方法。它把建设工程项目的管理纳入社会化、法制化的轨道，做到高效、严格、科学、经济。建设监理盛行于西方发达国家，目前已形成国际惯例。

国家规定必须实施建设监理的工程有：大、中型工程项目；市政、公用工程项目；政府投资兴建和开发建设的办公楼、社会发展事业项目和住宅工程项目；外资、中外合资、国外贷款、赠款、捐款建设的工程项目。

建设监理包括对建设前期的工程咨询，建设实施阶段的招标投标，勘察设计，施工验收，直至建设后期的运转保修在内的各个阶段的管理与监督。建设监理是委托性的。业主可以委托一个单位监理，也可同时委托几个单位监理。监理范围可以是工程建设的全过程监理，也可以是阶段性监理，即项目决策阶段的监理和项目实施阶段的监理。我国目前建设监理主要是项目实施阶段的监理。监理的主要内容是控制工程建设的投资、建设工期和工程质量；进行工程建设合同管理，协调有关单位间的工作关系。在业主、承包商和监理单位三方中，是以经济为纽带、合同为根据进行制约的，其中经济手段是达到控制建设工期、造价和质量三个目标的重要因素。

从事工程建设监理活动，应当遵循守法、诚信、公正、科学的准则。

2. 建设监理委托合同的形式与内容

建设监理一般是由项目法人通过招标投标方式择优选定监理单位。监理单位在接受业主的委托后，与业主签订建设监理委托合同，按合同约定对工程项目进行监理。建设监理委托合同主要有四种形式：第一种形式是根据法律要求制订，由适宜的管理机构签订并执行的正式合同；第二种形式是信件式合同，较为简单，通常是由监理单位制定，委托方签署一份备案，退给监理单位执行；第三种形式是由委托方发出的执行任务的委托通知单，即通过一份份的通知单，把监理单位在争取委托合同时提出的建议中所规定的工作内容委托给他们，成为监理单位所接受的协议；第四种形式就是标准合同，合同的主要条款是：监理的范围和内容、双方的权利与义务、监理费的计取与支付、违约责任、双方约定的其他事项。

现在，世界上较为常见的一种标准委托合同格式是国际咨询工程师联合会（FIDIC）颁布的《雇主与咨询工程师项目管理协议书国际范本与国际通用规则》，最新版本是《业主、咨询工程师标准服务协议书》。

3. 工程建设监理工作的任务和内容

监理单位应根据所承担的监理任务，组建工程建设监理机构。监理机构一般由总监理工程师、监理工程师和其他监理人员组成，承担工程施工阶段的监理工作，监理机构应进驻施工现场。实施监理前，项目法人应当将委托的监理单位、监理的内容、总监理工程师姓名及所赋予的权限，书面通知被监理单位。总监理工程师应当将其授予监理工程师的权限，书面通知被监理单位。建设监理过程中，被监理单位应当按照与项目法人签订的工程建设合同的规定接受监理。

工程项目建设监理实行总监理工程师负责制。总监理工程师行使合同赋予监理单位的权限，全面负责受委托的监理工作。总监理工程师在授权范围内发布有关指令，签认所监理的工程项目有关款项的支付凭证。项目法人不得擅自更改总监理工程师的指令。总监理工程师有权建议撤换不合格的工程建设分包单位和项目负责人及有关人员，公正地协调项目法人与被监理单位的争议。

工程建设监理一般应按下列程序进行：编制工程建设监理规划；按工程建设进度，分专业编制工程建设监理细则；按照建设监理细则进行建设监理；参与工程竣工预验收，签署建设监理意见；建设监理业务完成后，向项目法人提交工程建设监理档案资料。

基本工作是"三控""两管""一协调"。"三控"是指监理工程师在工程建设全过程中的工程进度控制、工程质量控制和工程投资控制；"两管"是指监理活动中的合同管理和信息管理；"一协调"是指全面的组织协调。

第5章 规划设计及工程建设管理

1）工程进度控制是指项目实施各阶段（包括设计准备、设计、施工、使用前准备各阶段）的进度控制。其目的是通过采用控制措施，确保项目交付使用时间目标的实现。

2）工程质量控制是指监理工程师组织参加施工的承包商，按合同标准进行建设，并对形成质量的诸因素进行检测、核验，对差异提出调整，纠正措施的监督管理过程。这是监理工程师的一项重要职责，在履行这一职责的过程中，监理工程师不仅代表了建设单位的利益，同时也是对国家和社会负责。

3）工程投资控制。项目投资目标的控制是使该项目的实际投资小于或等于该项目的计划投资（业主所确定的投资目标值）。在计划投资的范围内，通过控制的手段，以实现项目的功能，建筑造型和质量的优化，从而使投资在工程项目投资范围内，得到合理控制。

4）合同管理。建设项目监理的合同管理贯穿于合同的签订、履行、变更或终止等活动的全过程，目的是保证合同得到全面认真地履行。

5）信息管理。建设项目的监理工作是围绕着动态目标控制展开的，而信息则是目标控制的基础。信息管理就是以电子计算机为辅助手段对有关信息的收集、储存、处理。信息管理的内容是：信息流程结构图（反应各参加单位间的信息关系）；信息目录表（包括信息名称、信息提供者、提供时间、信息接受者、信息的形式）；会议制度（包括会议的名称、主持人、参加人、会议举行的时间）；信息的编码系统；信息的收集、整理及保存制度。

6）协调是建设监理能否成功的关键。协调的范围可分为内部的协调和外部的协调。内部的协调主要是工程项目系统内部人员、组织关系、各种需求关系的协调。外部的协调包括与业主有合同关系的城建单位、设计单位的协调和与业主没有合同关系的政府有关部门、社会团体及人员的协调。

4. 建设监理单位与监理工程师的管理

1）监理单位是建筑市场的主体之一，建设监理是一种高智能的有偿技术服务。监理单位与项目法人之间是委托与被委托的合同关系，与被监理单位是监理与被监理关系。监理单位应按照"公正、独立、自动"的原则，开展工程建设监理工作，公平地维护项目法人和被监理单位的合法权益。

2）监理单位资质审查与管理。监理单位实行资质审批制度。监理单位的资质根据其人员素质、专业技能、管理水平、资金数量及实际业绩分为甲、乙、丙三个等级。设立监理单位或申请承担监理业务的单位须向监理资质管理部门提出申请，经资质审查后取得《监理申请批准书》，再向工商行政管理机关申请企业法人登记，核准后才可从事监理活动。监理单位应当按照核准的经营范围承接工程建设监理业务。

3）监理单位的质量责任和义务

第一，工程监理单位应当依法取得相应等级的资质证书，并在其资质等级许可的范围内承担工程监理业务。禁止工程监理单位超越本单位资质等级许可的范围或者以其他工程监理单位的名义承担工程监理业务。禁止工程监理单位允许其他单位或者个人以本单位的名义承担工程监理业务，工程监理单位不得转让工程监理业务。

第二，工程监理单位与被监理工程的施工承包单位以及建设材料、建筑构配件和设备供应单位有隶属关系或者其他利害关系的，不得承担该项建设工程的监理业务。监理单位不得承包工程，不得经营建筑材料、构配件和建筑机械、设备。

第三，工程监理单位应当依照法律、法规以及有关技术标准、设计文件和建设工程承包合同，代表建设单位对施工质量实施监理，并对施工质量承担监理责任。在监理过程中因过错造成重大经济损失的，应承担一定的经济责任和法律责任。

第四，工程监理单位应当选派具备相应资格的总监理工程师和监理工程师进驻施工现场。未经监理工程师签字，建筑材料、建筑构配件和设备不得在工程上使用或者安装，施工单位不得进行下一道工序的施工；未经总监理工程师签字，建设单位不拨付工程款，不进行竣工验收。

第五，监理工程师应当按照工程监理理范的要求，采取旁站、巡视和平行检验等形式，对建设工程实施监理。

旁站是指在关键部位或关键工序施工过程中，由监理人员在现场进行的监督活动。

巡视是指监理人员对正在施工的部位或工序在现场进行的定期或不定期的监督活动。

平行检验是指项目监理机构利用一定的检查或检测手段，在承包单位自检的基础上，按照一定的比例独立进行检查或检测的活动。

4）监理工程师的考试、注册与管理。监理工程师实行注册制度。监理工程师应先经资格考试，取得《监理工程师资格证书》，再经监理工程师注册机关注册，取得《监理工程师岗位证书》，并被监理单位聘用，方可从事工程建设监理业务。未取得两证或两证不全者不得从事监理业务。已注册的监理工程师不得以个人名义从事监理业务，监理工程师不得出卖、出售、转让、涂改《监理工程师岗位证书》，监理工程师不得在政府机关或施工、设备制造、材料供应单位兼职，不得是施工、设备制造和材料、构配件供应单位的合伙经营者。

5.4 建设工程施工与质量管理

我国对建筑业企业实行资质管理制度。建筑业企业是指从事土木工程、建筑工程、线路管道设备安装工程、装修工程的新建、扩建、改建活动的企业。我国现行的建筑业企业资质管理制度规定，按资质将建筑业企业分为施工总承包、专业承包和劳务分包三个序列。

施工总承包序列企业是指对工程实行施工全过程承包或主体工程施工承包的建筑业企业。承担施工总承包的企业可以对所承接的工程全部自行施工，也可以将非主体工程或者劳务作业分包给具有相应专业承包资质或者劳务分包资质的其他建筑业企业。施工总承包序列企业资质将设特级、一级、二级、三级共四个等级，拟重新划分为12个资质类别。

专业承包序列企业是指具有专业化施工技术能力，主要在专业分包市场上承接专业施工任务的建筑业企业。专业承包企业可以对所承接的工程全部自行施工，也可以将劳务作业分包给具有相应劳务分包资质的劳务分包企业。专业承包序列资质设 2～3 个等级，拟划分为 60 个资质类别。

劳务分包序列企业是指具有一定数量的技术工人和工程管理人员、专门在建筑劳务分包市场上承接任务的建筑业企业。获得劳务分包资质的企业，可以承接施工总承包企业或者专业承包企业分包的劳务作业。劳务分包序列资质设 1～2 个等级，拟划分为 13 个资质类别。

《建筑业企业资质管理规定》对有关违规行为提出了处罚办法，逐步建立了建筑市场的清出制度。未取得《建筑业企业资质证书》承揽工程的，予以取缔，并处工程合同价款 2%以上、4%以下的罚款；有违法所得的，予以没收。超越本单位资质承揽工程的，责令停止违

第 5 章 规划设计及工程建设管理

法行为，处工程合同价款 2%以上、4%以下的罚款，可以责令停业整顿，降低资质等级；情节严重的，吊销资质证书；有违法所得的，予以没收。转让、出售《建筑业企业资质证书》的，责令改正，没收违法所得，处工程合同价款 2%以上、4%以下的罚款，可以责令停业整顿，降低资质等级；情节严重的，吊销资质证书；未在规定期限内办理资质变更手续的，除责令其限期办理外，处 1 万元以上、3 万元以下的罚款。

5.4.1 建设工程施工管理

建设工程施工是一项复杂的生产活动，是房地产开发项目得以顺利实现的重要环节。从开发项目的报建、开工到竣工，有多个工序；牵涉到投资方（甲方）、建设监理方、设计、施工单位、建材、设备的供应单位以及最终使用者；涉及安全生产、施工质量等重大问题。因此，必须实施规范、科学、有效的管理。

1．项目施工报建管理

凡在我国境内投资兴建的房地产开发项目，包括外国独资、合资、合作的开发项目，都必须实行项目施工报建制度，接受当地建设行政主管部门或其授权机构的监督管理。

项目施工报建的内容主要包括：工程名称，建设地点，投资规模，资金来源，当年投资额，工程规模，开工、竣工日期，发包方式，工程筹建情况共九项。

项目施工报建的程序是：开发项目立项批准列入年度投资计划后，须向当地建设行政主管部门或其授权机构进行报建，交验有关批准文件，领取《工程建设项目报建表》，认真填写后报送，并按要求进行招标准备。

工程建设项目的投资和建设规模有变化时，建设单位应及时到住房与城乡建设部或其授权机构进行补充登记。筹建负责人变更时，应重新登记。

住房与城乡建设部在下列几方面对工程建设项目施工报建实施管理：①贯彻实施《建筑市场管理规定》和有关的方针政策。②管理监督工程项目的报建登记。③对报建的工程建设项目进行核实、分类、汇总。④向上级主管机关提供综合的工程建设项目报建情况。⑤查处隐瞒不报违章建设的行为。

工程建设项目报建实行分级管理，分管的权限各地的规定不同。

凡未报建的工程建设项目，不得办理招投标手续和发放施工许可证，设计、施工单位不得承接该项工程的设计和施工任务。

2．施工许可管理

为了加强对建筑活动的监督管理、维护建筑市场秩序、保证建筑工程的质量和安全，房地产开发项目实行施工许可制度。在中华人民共和国境内从事各类房屋建筑及其附属设施的建造、装修装饰和与其配套的线路、管道、设备的安装，以及城镇市政基础设施工程的施工，建设单位在开工前应当向工程所在地的县级以上人民政府住房与城乡建设部（以下简称发证机关）申请领取施工许可证。但工程投资额在 30 万元以下或者建筑面积在 $300m^2$ 以下的建筑工程，可以不申请办理施工许可证。另外，按照国务院规定的权限和程序批准开工报告的建筑工程，不再领取施工许可证。

1）必须申请领取施工许可证的建筑工程未取得施工许可证的，一律不得开工。任何单位和个人不得将应该申请领取施工许可证的工程项目分解为若干限额以下的工程项目，规避申请领取施工许可证。

2）建设单位申请领取施工许可证，应具备的条件及提交的证明文件包括：①已经办理该建筑工程用地批准手续。②在城市规划区的建筑工程，已经取得建设工程规划许可证。③施工场地已经基本具备施工条件，需要拆迁的，其拆迁进度符合施工要求。④已经确定施工企业，按照规定应该招标的工程没有招标，应该公开招标的工程没有公开招标，或者肢解发包工程，以及将工程发包给不具备相应资质条件的，所确定的施工企业无效。⑤已满足施工需要的施工图及技术资料，施工图设计文件已按规定进行了审查。⑥有保证工程质量和安全的具体措施，施工企业编制的施工组织设计中有根据建筑工程特点制定的相应质量、安全技术措施，专业性较强的工程项目编制的专项质量、安全施工组织设计，并按照规定办理了工程质量、安全监督手续。⑦按照规定应该委托监理的工程已委托监理。⑧建设资金已经落实，建设工期不足一年的，到位资金原则上不得少于工程合同价的50%；建设工期超过一年的，到位资金原则上不少于工程合同价的30%，建设单位应当提供银行出具到位资金证明，有条件的可以实行银行付款保函或者其他第三方担保。⑨法律、行政法规规定的其他条件。

3）申请办理施工许可证时程序是：①建设单位向发证机关领取《建筑工程施工许可证申请表》。②建设单位持加盖单位及法定代表人印鉴的《建筑工程施工许可证申请表》，并附建设单位申请领取施工许可证的证明文件，向发证机关提出申请。③发证机关在收到建设单位报送的《建筑工程施工许可证申请表》和所附证明文件后，对于符合条件的，应当自收到申请之日起十五日内颁发施工许可证；对于证明文件不齐或者失效的，应当限期要求建设单位补正，审批时间可以自证明文件补正齐全后作相应顺延；对于不符合条件的，应当自收到申请之日起十五日内书面通知建设单位，并说明理由。

4）申办施工许可证的注意事项：①建设单位申请领取施工许可证的工程名称、地点、规模，应当与依法签订的施工承包合同一致。施工许可证应当放置在施工现场备查。②施工许可证不得伪造和涂改。③建筑工程在施工过程中，建设单位或者施工单位发生变更的，应当重新申请领取施工许可证。④建设单位应当自领取施工许可证之日起三个月内开工，因故不能按期开工的，应当在期满前向发证机关申请延期，并说明理由，延期以两次为限，每次不超过三个月。既不开工又不申请延期或者超过延期次数、时限的，施工许可证自行废止。⑤对于未取得施工许可证或者为规避办理施工许可证将工程项目分解后擅自施工的，有管辖权的发证机关将责令改正，并对于不符合开工条件的责令停止施工，对建设单位和施工单位分别处以罚款。

3. 建筑施工企业项目经理管理制度

随着房地产业的发展，开发项目越来越复杂，施工企业面临的开发项目规模日益扩大，技术难度不断增加，质量要求高，工期要求严，投资额控制紧，这就要求施工企业不断改进对施工的管理方法，加强科学管理，以保证获得较好的经济收益。建设施工企业项目经理管理制度应运而生。

为培养一支懂技术、会管理、善经营的施工企业项目经理队伍，1995年1月，住房和城乡建设部发布了《建设施工企业项目经理资质管理办法》，全面规范加强对施工企业项目经理的管理，以提高管理水平，保证高质量、高水平、高效益地搞好工程建设。

施工企业项目经理是指受企业法人委托对工程项目施工过程全面负责管理者，是施工企业法人在工程项目上的代表人。

项目经理实行持证上岗制度。他们应该接受培训，经过考核和注册，获得《建筑施工企业项目经理资质证书》后方可上岗工作。项目经理资质分一至四级，其中一级项目经理须报住房和城乡建设部认可。

5.4.2 房地产开发工程质量管理

房地产开发建设工程百年大计，质量第一。加强质量管理，保证建设工程质量，是保护人民生命财产安全的头等大事。包括土木工程、建筑工程、线路管道和设备安装工程及装修工程在内的建设工程，无论是新建，还是扩建、改建等，都必须切实加强对工程质量的管理，确保万无一失。建设工程，必须严格执行基本建设程序，坚持先勘察，后设计，再施工的原则；任何部门不得超越权限审批建设项目或者擅自简化基本建设程序。

建设单位、勘察单位、设计单位、施工单位、工程监理单位，对建设工程质量都负有责任，各自应在自己的职责范围内做好工作，完成质量管理目标。鼓励采用先进的科学技术和管理方法，提高建设工程质量。县级以上人民政府行政主管部门和其他有关部门负责对建设工程质量实行监督管理。如果建设工程出现质量事故，造成重大损失，将依法追究各自的责任。

1．建设单位的质量责任和义务

1）建设单位在领取施工许可证或者开工报告前，应当按照国家有关规定办理工程质量监督手续。

2）建设单位应当依法对工程建设项目的勘察、设计、施工以及与工程建设有关的重要设备、材料等的采购进行招标。

3）建设单位应当将工程发包给具有相应资质等级的单位；不得将建设工程肢解发包；不得迫使承包方以低于成本价竞标；不得任意压缩合理工期；建设单位不得明示或者暗示设计单位或者施工单位违反工程建设强制性标准，降低建设工程质量。

4）建设单位应当将施工图设计文件报县级以上人民政府建设行政主管部门或者其他有关部门审查；施工图设计文件未经审查批准的，不得使用。

5）按相关法规规定应该实行监理的建设工程，必须委托监理。建设单位应当委托具有相应资质等级的工程监理单位进行监理，也可以委托具有工程监理相应资质等级并与被监理工程的施工承包单位没有隶属关系或者其他利害关系的该工程的设计单位进行监理。

6）建设单位必须向有关的勘察、设计、施工、工程监理等单位提供与建设工程有关的原始资料。原始资料必须真实、准确、齐全。

7）按照合同约定，由建设单位采购建筑材料、建筑构配件和设备的，建设单位应当保证建筑材料、建筑构配件和设备符合设计文件和合同要求。建设单位不得明示或者暗示施工单位使用不合格的建筑材料、建筑构配件和设备。

8）涉及建筑主体和承重结构变动的装修工程，建设单位应当在施工前委托原设计单位或者具有相应资质等级的设计单位提出设计方案；没有设计方案的，不得施工。房屋建筑使用者在装修过程中，不得擅自变动房屋建筑主体和承重结构。

9）建设单位收到建设工程竣工报告后，应当组织设计、施工、工程监理等有关单位进行竣工验收，建设工程经验收合格的，方可交付使用。

10）建设单位应当严格按照国家有关档案管理的规定，及时收集、整理建设项目各环节的文件资料，建立、健全建设项目档案，并在建设工程竣工验收后，及时向建设行政主管部门或者其他有关部门移交建设项目档案。

2．勘察、设计单位的质量责任和义务

1）从事建设工程勘察、设计的单位应当依法取得相应等级的资质证书，并在其资质等级许可的范围内承揽工程。禁止勘察、设计单位超越其资质等级许可的范围或者以其他勘察、设计单位的名义承揽工程。禁止勘察、设计单位允许其他单位或者个人以本单位的名义承揽工程。勘察、设计单位不得转包或者违法分包所承揽的工程。

2）勘察、设计单位必须按照工程建设强制性标准进行勘察、设计，并对其勘察、设计的质量负责。注册建筑师、注册结构工程师等注册执业人员应当在设计文件上签字，对设计文件负责。

3）勘察单位提供的地质、测量、水文等勘察成果必须真实、准确。

4）设计单位应当根据勘察成果文件进行建设工程设计。设计文件应当符合国家规定的设计深度要求，注明工程合理使用年限。

5）设计单位在设计文件中选用的建筑材料、建筑构配件和设备，应当注明规格、型号、性能等技术指标，其质量要求必须符合国家规定的标准。除有特殊要求的建筑材料、专用设备、工艺生产线等外，设计单位不得指定生产厂、供应商。

6）设计单位应当就审查合格的施工图设计文件向施工单位作出详细说明。

7）设计单位应当参与建设工程质量事故分析，并对因设计造成的质量事故，提出相应的技术处理方案。

3．施工单位的质量责任和义务

1）施工单位应当依法取得相应等级的资质证书，并在其资质等级许可的范围内承担工程。禁止施工单位超越本单位资质等级许可的业务范围或者以其他施工单位的名义承揽工程；禁止施工单位允许其他单位或者个人以本单位的名义承揽工程；施工单位不得转包或者违法分包工程。

2）施工单位对建设工程的施工质量负责，施工单位应当建立质量责任制，确定工程项目的项目经理、技术负责人和施工管理负责人；建设工程实行总承包的，总承包单位应当对全部建设工程质量负责；建设工程勘察、设计、施工、设备采购的一项或者多项实行总承包的，总承包单位应当对其承包的建设工程或者采购的设备质量负责。

3）总承包单位依法将建设工程分包给其他单位的，分包单位应当按照分包合同的约定对其分包工程的质量向总承包单位负责；总承包单位与分包单位对分包工程的质量承担连带责任。

4）施工单位必须按照工程设计图纸和施工技术标准施工，不得擅自修改工程设计，不得偷工减料；施工单位在施工过程中发现设计文件和图纸有差错的，应当及时提出意见和建议。

5）施工单位必须按照工程设计要求，施工技术标准和合同约定，对建筑材料、建筑构配件、设备和商品混凝土进行检验，检验应当有书面记录和专人签字；未经或者检验不合格的，不得使用。

第5章 规划设计及工程建设管理

6）施工单位必须建立、健全施工质量的检验制度，严格工序管理，作好隐蔽工程的质量检查和记录。隐蔽工程在隐蔽前，施工单位应当通知建设单位和建设工程质量监督机构检查。

7）施工人员对涉及结构安全的试块、试件以及有关材料，应当在建设单位或者工程监理单位监督下现场取样，并送具有相应资质等级的单位检测。

8）施工单位对施工中出现质量问题的建设工程或者竣工验收不合格的建设工程，应当负责返修。

9）施工单位应当建立、健全教育培训制度，加强对职工的教育培训；未经教育培训或者考核不合格的人员，不得上岗作业。

4．工程监理单位的质量责任和义务

1）工程监理单位应当依法取得相应等级的资质证书，并在其资质等级许可的范围内承担工程监理业务。禁止工程监理单位超越本单位资质等级许可的范围或者以其他工程监理单位的名义承担工程监理业务。禁止工程监理单位允许其他单位或者个人以本单位的名义承担工程监理业务。工程监理单位不得转让工程监理业务。

2）工程监理单位与被监理工程的施工承包单位以及建筑材料、建筑构配件和设备供应单位有隶属关系或者其他利害关系的，不得承担该项建设工程的监理业务。

3）工程监理单位应当依照法律、法规以及有关技术标准、设计文件和建设工程承包合同，代表建设单位对施工质量实施监理，并对施工质量承担监理责任。

4）工程监理单位应当选派具备相应资格的总监理工程师和监理工程师进驻施工现场。未经监理工程师签字，建筑材料、建筑构配件和设备不得在工程上使用或者安装，施工单位不得进行下一道工序的施工。未经总监理工程师签字，建设单位不拨付工程款，不进行竣工验收。

5）监理工程师应当按照工程监理规范的要求，采取旁站、巡视和平行检验等形式，对建设工程实施监理。

5．建设行政管理机构对工程质量的监督管理

（1）质量管理体系　国务院对全国的建设工程质量实施统一监督管理。县级以上地方人民政府住房和城乡建设部门对本行政区域内的建设工程质量实施监督管理。国务院建设行政主管部门应加强对相关建设工程质量的法律、法规和强制性标准执行情况的监督检查。国务院发展计划部门按照国务院规定的职责，组织稽查特派员，对国家出资的重大建设项目实施监督检查。国务院经贸主管部门按照国务院规定的职责，对国家重大技术改造项目实施监督检查。

（2）建设工程质量监督管理的实施

1）建设工程质量监督管理，可以由建设行政主管部门或者其他有关部门委托的建设工程质量监督机构具体实施。

从事房屋建筑工程和市政基础设施工程质量监督的机构，必须按照国家有关规定经国务院建设行政主管部门或者省、自治区、直辖市人民政府建设行政主管部门考核。从事专业建设工程质量监督的机构，必须按照国家有关规定经国务院有关部门或者省、自治区、直辖市人民政府有关部门考核，经考核合格后，方可实施质量监督。

2）县级以上地方人民政府住房和城乡建设部和其他有关部门应当加强对有关建设工

质量的法律、法规和强制性标准执行情况的监督检查。在履行监督检查职责时,有权采取下列措施:要求被检查的单位提供有关工程质量的文件和资料;进入被检查单位的施工现场进行检查;发现有影响工程质量的问题时,责令改正。

3)有关单位和个人对县级以上人民政府住房和城乡建设部和其他有关部门进行的监督检查应当支持与配合,不得拒绝或者阻碍建设工程质量监督检查人员依法履行义务。

4)供水、供电、供气、公安消防等部门或者单位不得明示或者暗示建设单位、施工单位购买其指定的生产供应单位的建筑材料、建筑构配件和设备。

5)建设工程发生质量事故,有关单位应当在24小时内向当地住房和城乡建设部和其他有关部门报告。对重大质量事故,事故发生地的住房和城乡建设部和其他有关部门应当按照事故类别和等级向当地人民政府和上级住房和城乡建设部和其他有关部门报告。任何单位和个人对建设工程的质量事故、质量缺陷都有权检举、控告、投诉。

6. 建设工程的竣工验收管理

竣工验收是建设工程施工和施工管理的最后环节,是把好工程质量的最后一关,意义十分重大。任何建设工程竣工后,都必须进行竣工验收。单项工程完工,进行单项工程验收;分期建设的工程,进行分期验收;全面工程竣工,进行竣工综合验收。凡未经验收或验收不合格的建设工程和开发项目,不准交付使用。

(1)建设工程竣工验收的条件 建设工程符合下列要求方可进行竣工验收:

1)完成工程设计和合同约定的各项内容。

2)施工单位在工程完工后对工程质量进行了检查,确认工程质量符合有关法律、法规和工程建设强制性标准,符合设计文件及合同要求,并提出工程竣工报告。工程竣工报告应经项目经理和施工单位有关负责人审核签字。

3)对于委托监理的工程项目,监理单位对工程进行了质量评估,具有完整的监理资料,并提出工程质量评估报告。工程质量评估报告应经总监理工程师和监理单位有关负责人审核签字。

4)勘察、设计单位对勘察、设计文件及施工过程中由设计单位签署的设计变更通知书进行了检查,并提出质量检查报告。质量检查报告应经该项目勘察、设计负责人和勘察、设计单位有关负责人审核签字。

5)有完整的技术档案和施工管理资料。

6)有工程使用的主要建筑材料,建筑构配件和设备的进场试验报告。

7)建设单位已按合同约定支付工程款。

8)有施工单位签署的工程质量保修书。

9)住房和城乡建设部对工程是否符合规划设计要求进行检查,并出具认可文件。

10)有公安消防、环保等部门出具的认可文件或者准许使用文件。

最后,住房和城乡建设部及其委托的工程质量监督机构等有关部门责令整改的问题全部整改完毕。

(2)建设工程竣工验收的程序

1)工程完工后,施工单位向建设单位提交工程竣工报告,申请工程竣工验收。实行监理的工程,工程竣工报告须经总监理工程师签署意见。

第5章 规划设计及工程建设管理

2）建设单位收到工程竣工报告后，对符合竣工验收要求的工程，组织勘察、设计、施工、监理等单位和其他有关方面的专家组成验收组，制定验收方案。

3）建设单位应当在工程竣工验收 7 个工作日前将验收的时间、地点及验收组名单书面通知负责监督该工程的工程质量监督机构。

4）建设单位组织工程竣工验收：①建设、勘察、设计、施工、监理等单位分别汇报工程合同履约情况和在工程建设各个环节执行法律、法规和工程建设强制性标准的情况。②审阅建设、勘察、设计、施工、监理单位的工程档案资料。③实地查验工程质量。④对工程勘察、设计、施工、设备安装质量和各管理环节等方面作出全面评价，形成经验收组人员签署的工程竣工验收意见。

工程竣工验收合格后，建设单位应当及时提出工程竣工验收报告。工程竣工验收报告主要包括工程概况，建设单位执行基本建设程序情况，对工程勘察、设计、施工、监理等方面的评价，工程竣工验收时间、程序，内容和组织形式，工程竣工验收意见等内容。

负责监督该工程的工程质量监督机构应当对工程竣工验收的组织形式、验收程序、执行验收标准等情况进行现场监督，发现有违反建设工程质量管理规定行为的责令改正，并将对工程竣工验收的监督情况作为工程质量监督报告的重要内容。

5.4.3 建设工程质量保修管理

房屋建筑工程质量保修是指对房屋建筑工程竣工验收后，在保修期限内出现的质量缺陷，予以修复。质量缺陷是指房屋建筑工程的质量不符合工程建设强制性标准以及合同的约定，而出现的质量方面的缺陷。为保护房屋建筑所有人和使用人的合法权益，维护公共安全和公众利益，《房屋建筑工程质量保修办法》规定：房屋建筑工程在保修范围和保修期限内出现质量缺陷，施工单位应当履行保修义务。

1. 房屋建筑工程质量保修期限

建设单位和施工单位应当在工程质量保修书中约定保修范围、保修期限和保修责任等。双方约定的保修范围、保修期限必须符合国家有关规定。在正常使用下，房屋建筑工程的最低保修期限为：

1）地基基础和主体结构工程，为设计文件规定的该工程的合理使用年限。
2）屋面防水工程，有防水要求的卫生间、房间和外墙面的防渗漏，为 5 年。
3）供热与供冷系统为 2 个采暖期、供冷期。
4）电气系统、给排水管道、设备安装为 2 年。
5）装修工程为 2 年。

其他项目的保修期限由建设单位和施工单位约定，房屋建筑工程保修期从工程竣工验收合格之日起计算。

2. 房屋建筑工程质量保修责任

1）房屋建筑工程在保修期限内出现质量缺陷，建设单位或者房屋建筑所有人应当向施工单位发出保修通知。施工单位接到保修通知后，应当到现场检查情况，在保修书约定的时间内予以保修。发生涉及结构安全或者严重影响使用功能的紧急抢修事故，施工单位接到保修通知后，应当立即到达现场抢修。

2）发生涉及结构安全的质量缺陷，建设单位或者房屋建筑所有人应当立即向当地住房和城乡建设部报告，采取安全防范措施，由原设计单位或者具有相应资质等级的设计单位提出保修方案，施工单位实施保修，原工程质量监督机构负责监督。

3）保修完后，由建设单位或者房屋建筑所有人组织验收。涉及结构安全的，应当报当地住房和城乡建设部备案。

4）施工单位不按工程质量保修书约定保修的，建设单位可以另行委托其他单位保修，由原施工单位承担相应责任。

5）保修费用由造成质量缺陷的责任方承担。

6）在保修期内，因房屋建筑工程质量缺陷造成房屋所有人、使用人或者第三方人身、财产损害的，房屋所有人、使用人或者第三方可以向建设单位提出赔偿要求。建设单位向造成房屋建筑工程质量缺陷的责任方追偿。因保修不及时造成新的人身、财产损害，由造成拖延的责任方承担赔偿责任。

房地产开发企业售出的商品房保修，还应当执行《开发经营条例》和其他有关规定。

本章小结

本章从城乡规划的基本概念、城乡规划的基本内容、房地产开发规划管理的实施、房地产开发项目工程勘察设计的概念、勘察设计单位的资质管理、勘察设计市场管理、建设工程勘察设计文件的编制与实施、房地产开发工程招投标管理、房地产开发项目建设监理管理、建设工程施工管理、房地产开发工程质量管理、建设工程质量保修管理等方面进行了阐述。房地产的开发过程中严格按照《中华人民共和国城乡规划法》的编制、审批、实施及调整等规定，实施房地产开发规划管理，勘察设计管理、招投标与建设监理管理及建设工程施工与质量管理。

复习思考题

1. 城市规划的编制分哪几个阶段？
2. 城市总体规划和详细规划的任务各是什么？
3. 简述城市规划与房地产开发的关系。
4. 城市规划的审批权限是如何规定的？
5. 城市规划的实施管理有哪几部分内容？
6. 什么是建设项目选址意见书？
7. 什么是建设用地规划许可证？怎样办理建设用地规划许可证？
8. 建设工程规划管理的主要内容是什么？
9. 在城市规划区内取得建设用地应经过哪两道程序？
10. 什么是建设工程规划许可证？
11. 建设工程规划管理程序分为哪几个步骤？

第 5 章　规划设计及工程建设管理

12. 如何对勘察设计单位进行资质管理？
13. 什么是注册建筑师制度？
14. 什么是注册结构工程师制度？
15. 建设工程项目招标范围和原则是什么？
16. 建设工程招标方式有哪几种？
17. 什么是建设监理制度？
18. 建设监理工作的"三控""两管""一协调"主要内容是什么？
19. 工程建设监理的范围是什么？
20. 建设工程监理单位的责任和义务是什么？
21. 办理施工许可证应具备哪些条件？
22. 建设工程质量管理的原则是什么？
23. 如何对建设工程质量实施监督管理？
24. 对房屋建筑工程的质量保修期限有哪些具体规定？
25. 简述工程竣工验收的条件和程序。
26. 简述房地产开发项目质量责任的主要内容。
27. 房地产项目转让的条件是什么？
28. 商品房销售的计价方式有哪些？销售面积误差如何处理？

第6章 房地产交易管理制度与政策

○ **学习目标**

1. 掌握房地产交易的内涵,房地产价格申报制度、房地产价格评估制度和房地产价格评估人员资格认证制度的基本内容

2. 掌握房地产转让的概念及有关规定,商品房预售的条件,商品房预售合同登记备案要求,商品房买卖合同示范文本的主要内容

3. 熟悉商品房预售的概念,商品房现售的条件,商品房销售代理的要求,商品房销售中禁止的行为

4. 了解房地产交易的管理机构及职能

○ **关键词**

房地产价格申报制度 房地产转让 商品房预售 房地产租赁 房地产抵押

6.1 房地产交易管理概述

6.1.1 房地产交易的概念

房地产交易行为是平等民事主体之间的民事行为，应当遵守自愿、公平、诚实信用等原则。房地产交易管理是指政府房地产管理部门及其他相关部门，采取法律的、行政的、经济的手段，对房地产交易活动进行指导和监督，是房地产市场管理的重要内容。

2008 年，建设部、国家物价局、国家工商行政管理局发布的《关于加强房地产交易市场管理的通知》中有明确规定："城镇房地产交易，包括各种所有制房屋的买卖、租赁、转让、抵押，城市土地使用权的转让以及其他在房地产流通过程中的各种经营活动,均属于房地产交易活动管理的范围,其交易活动应通过交易所进行。"《中华人民共和国城市房地产管理法》(以下简称《城市房地产管理法》)规定，房地产交易包括房地产转让、房地产抵押和房屋租赁三种形式。

6.1.2 房地产交易的基本制度

《城市房地产管理法》规定了三项房地产交易基本制度，即房地产价格申报制度、房地产价格评估制度、房地产价格评估人员资格认证制度。

1. 房地产价格申报制度

《城市房地产管理法》规定："国家实行房地产成交价格申报制度。房地产权利人转让房地产，应当向县级以上地方人民政府规定的部门如实申报成交价，不得瞒报或者作不实的申报。"2001 年 8 月，建设部令第 96 号发布的《城市房地产转让管理规定》(以下简称《转让管理规定》)中也规定："房地产转让当事人在房地产转让合同签订后 90 日内持房地产权属证书、当事人的合法证明、转让合同等有关文件向房地产所在地的房地产管理部门提出申请，并申报成交价格""房地产转让应当以申报的成交价格作为缴纳税费的依据。成交价格明显低于正常市场价格的，以评估价格作为缴纳税费的依据"。

房地产权利人转让房地产、房地产抵押权人依法申请以拍卖方式转让房地产，应当向房屋所在地县级以上地方人民政府房地产行政主管部门如实申报成交价格。这一规定改变了原来计划经济体制下，价格由国家确定或审批的管理模式，变为由交易双方自愿成交定价，实行价格申报制度。

只要交易双方按照不低于正常市场价格交纳了税费，无论其合同价格为多少，都不影响办理房地产交易和权属登记的有关手续。房地产行政主管部门发现交易双方的成交价格明显低于市场正常价格时，并不是要求交易双方当事人更改成交价格，只是通知交易双方应当按什么价格交纳有关税费。

2. 房地产价格评估制度

《城市房地产管理法》规定："国家实行房地产价格评估制度。房地产价格评估，应当遵循公正、公平、公开的原则，按照国家规定的技术标准和评估程序，以基准地价、标定地价和各类房屋的重置价格为基础，参照当地的市场价格进行评估。""基准地价、标定地价和各类房屋重置价格应当定期确定并公布,具体办法由国务院规定。"

3. 房地产价格评估人员资格认证制度

《城市房地产管理法》规定:"国家实行房地产价格评估人员资格认证制度。"《城市房地产中介服务管理规定》进一步明确:"国家实行房地产价格评估人员资格认证制度。房地产价格评估人员分为房地产估价师和房地产估价员。""房地产估价师必须是经国家统一考试、执业资格认证,取得《房地产估价师执业资格证书》,并经注册登记取得《房地产估价师注册证》的人员。未取得《房地产估价师注册证》的人员,不得以房地产估价师的名义从事房地产估价业务。"

6.1.3 房地产交易的管理机构及其职责

房地产交易的管理机构主要是指由国家设立的从事房地产交易管理的职能部门及其授权的机构,包括国务院建设行政主管部门即住建部,省级建设行政主管部门即各省、自治区建设厅和直辖市房地产管理局,各市、县房地产管理部门以及房地产管理部门授权的房地产交易管理所(房地产市场产权管理处、房地产交易中心等)。

房地产交易管理机构的主要任务是:

1) 对房地产交易、经营等活动进行指导和监督,查处违法行为,维护当事人的合法权益。
2) 办理房地产交易登记、鉴证及权属转移初审手续。
3) 协助财政、税务部门征收与房地产交易有关的税费。
4) 为房地产交易提供洽谈协议,交流信息,展示行情等各种服务。
5) 为建立房地产市场预警预报体系、为政府或其授权的部门公布各类房屋的房地产市场价格,为政府宏观决策和正确引导市场发展服务。

6.2 房地产转让管理

6.2.1 房地产转让的概述

1. 房地产转让的概念

《城市房地产管理法》规定:"房地产转让是指房地产权利人通过买卖、赠与或者其他合法方式将其房地产转让给他人的行为。"《城市房地产转让管理规定》对此概念中的其他合法方式作了进一步的细化,规定其他合法方式主要包括下列行为:

1) 以房地产作价入股、与他人成立企业法人,房地产权属发生变更的。
2) 一方提供土地使用权,另一方或者多方提供资金,合资、合作开发经营房地产,而使房地产权属发生变更的。
3) 因企业被收购、兼并或合并,房地产权属随之转移的。
4) 以房地产抵债的。
5) 法律、法规规定的其他情形。

房地产转让的实质是房地产权属发生转移。《城市房地产管理法》规定,房地产转让时,房屋所有权和该房屋所占用范围内的土地使用权同时转让。

2. 房地产转让的分类

根据转让的对象，房地产转让可分为地面上有建筑物的转让和地面上无建筑物的转让。地面上无建筑物的房地产转让，习惯上又被称为土地使用权转让。《城市房地产管理法》将原来的土地使用权转让与房屋所有权转移合并为一个整体通称为房地产转让，对于规范房地产市场行为，加强市场统一管理，具有积极的作用。

根据土地使用权的获得方式，房地产转让可分为出让方式取得土地使用权的房地产转让和划拨方式取得土地使用权的房地产转让。

根据转让的方式，房地产转让可分为有偿转让和无偿转让两种方式。有偿转让主要包括房地产买卖、房地产入股等行为，无偿转让主要包括房地产赠与、房地产继承等行为。

房地产买卖是指房地产所有权人（包括土地使用权人）将其合法拥有的房地产以一定价格转让给他人的行为。房地产赠与是指房地产所有权人（包括土地使用权人）将其合法拥有的房地产无偿赠送给他人，不要求受赠人支付任何费用或为此承担任何义务的行为。房地产买卖属于双务行为，即买卖双方均享有一定的权利，并需承担一定的义务；房地产赠与属于单务行为，受让人不需承担任何义务，正是由于这一点，在管理实践中对此要严格区分。

6.2.2 房地产转让的条件

房地产转让最主要的特征是发生权属变化，即房屋所有权与房屋所占用的土地使用权发生转移。《城市房地产管理法》及《城市房地产转让管理规定》都明确规定了房地产转让应当符合的条件，采取排除法规定了下列房地产不得转让：

1）达不到下列条件的房地产不得转让：①以出让方式取得土地使用权用于投资开发的，按照土地使用权出让合同约定进行投资开发，属于房屋建设工程的，应完成开发投资总额的25%以上。②属于成片开发的，形成工业用地或者其他建设用地条件。③应按照出让合同约定已经支付全部土地使用权出让金，并取得土地使用权证书。

2）司法机关和行政机关依法裁定、决定查封或以其他形式限制房地产权利的。司法机关和行政机关可以根据合法请求人的申请或社会公共利益的需要，依法裁定、决定限制房地产权利，如查封、限制转移等。在权利受到限制期间，房地产权利人不得转让该项房地产。

3）依法收回土地使用权的。根据国家利益或社会公共利益的需要，国家有权决定收回出让或划拨给他人使用的土地，任何单位和个人应当服从国家的决定，在国家依法做出收回土地使用权决定之后，原土地使用权人不得再行转让土地使用权。

4）共有房地产，未经其他共有人书面同意的。共有房地产是指房屋的所有权、土地使用权为两个或两个以上权利人共同拥有。共有房地产权利的行使需经全体共有人同意，不能因某一个或部分权利人的请求而转让。

5）权属有争议的。权属有争议的房地产是指有关当事人对房屋所有权和土地使用权的归属发生争议，致使该项房地产权属难以确定。转让该类房地产，可能影响交易的合法性，因此在权属争议解决之前，该项房地产不得转让。

6）未依法登记领取权属证书的。产权登记是国家依法确认房地产权属的法定手续，未履行该项法律手续，房地产权利人的权利不具有法律效力，因此也不得转让该项房地产。

7）法律、行政法规规定禁止转让的其他情况。法律、行政法规规定禁止转让的其他情形,是指上述情形之外,其他法律、行政法规规定禁止转让的其他情形。

6.2.3 房地产转让的程序

房地产转让应当按照一定的程序,经房地产管理部门办理有关手续后,方可成交。《城市房地产转让管理规定》对房地产转让的程序作了如下规定:

1) 房地产转让当事人签订书面转让合同。
2) 房地产转让当事人在房地产转让合同签订后,持房地产权属证书、当事人的合法证明、转让合同等有关文件向房地产所在地的房地产管理部门提出申请,并申报成交价格。
3) 房地产管理部门对提供的有关文件进行审查,并做出是否受理的决定。
4) 房地产管理部门不予受理的,书面告知理由。予以受理的,房地产转让当事人按照规定缴纳有关税费。
5) 房地产管理部门办理房屋权属登记手续,核发房地产权属证书。

此外,凡房地产转让或变更的,必须按照规定的程序先到房地产管理部门办理交易手续和申请转移、变更登记,然后凭变更后的房屋所有权证书向同级人民政府土地管理部门申请土地使用权变更登记。

6.2.4 房地产转让合同

房地产转让合同是指房地产转让当事人之间签订的用于明确各方权利、义务关系的协议。房地产转让时,应当签订书面转让合同。合同的内容由当事人协商拟定,一般应包括:

1) 双方当事人的姓名或者名称、住所。
2) 房地产权属证书的名称和编号。
3) 房地产坐落位置、面积、四至界限。
4) 土地宗地号、土地使用权取得的方式及年限。
5) 房地产的用途或使用性质。
6) 成交价格及支付方式。
7) 房地产交付使用的时间。
8) 违约责任。
9) 双方约定的其他事项。

6.2.5 以出让方式取得土地使用权的房地产转让

以出让方式取得土地使用权的房地产转让时,受让人所取得的土地使用权的权利、义务范围应当与转让人所原有的权利和承担的义务范围相一致。转让人的权利、义务是由土地使用权出让合同载明的,因此,该出让合同载明的权利、义务随土地使用权的转让而转移给新的受让人。以出让方式取得土地使用权,可以在不同土地使用者之间多次转让,但土地使用权出让合同约定的使用年限不变。以房地产转让方式取得出让土地使用权的权利人,其实际使用年限不是出让合同约定的年限,而是出让合同约定的年限减去原土地使用权已经使用年限后的剩余年限。例如，土地使用权出让合同约定的使用年限为 50 年，原土地使用者使用 10 年后转让，受让人的使用年限为 40 年。

以出让方式取得土地使用权的，转让房地产后，受让人改变原土地使用权出让合同约定的土地用途的，必须取得原土地出让方和市、县级人民政府城市规划行政主管部门的同意，签订土地使用权出让合同变更协议或者重新签订土地使用权出让合同，相应调整土地使用权出让金。

6.2.6 以划拨方式取得土地使用权的房地产转让

我国城市土地属于国家所有，这一点早已在法律上明确，但国有土地所有权在经济上的彻底体现，还需要一个较长的过程。以划拨方式取得土地使用权的房地产，在转让的价款或其他形式收益中，包含着土地使用权转让收益，这部分收益不应完全由转让人获得，国家应参与分配。由于所转让土地的开发投入情况比较复杂，转让主体、受让主体和转让用途情况也不相同，因此处理土地使用权收益不能简单化和"一刀切"。《城市房地产管理法》作了明确的规定，对划拨土地使用权的转让管理规定了两种不同的处理方式，一种是需办理出让手续，变划拨土地使用权为出让土地使用权，由受让方缴纳土地出让金；另一种是不改变原有土地的划拨性质，对转让方征收土地收益金。《城市房地产转让管理规定》规定以下几种情况可以不办出让手续：

1）经城市规划行政主管部门批准，转让的土地用于《城市房地产管理法》第二十三条规定的项目，即：①国家机关用地和军事用地。②城市基础设施用地和公益事业用地。③国家重点扶持的能源、交通、水利等项目用地。④法律、行政法规规定的其他用地。

2）私有住宅转让后仍用于居住的。

3）按照国务院住房制度改革有关规定出售公有住宅的。

4）同一宗土地上部分房屋转让而土地使用权不可分割转让的。

5）转让的房地产暂时难以确定土地使用权出让用途、年限和其他条件的。

6）根据城市规划土地使用权不宜出让的。

7）县级以上地方人民政府规定暂时无法或不需要采取土地使用权出让方式的其他情形。

对于暂不办理土地使用权出让手续的，应当将土地收益上缴国家或作其他处理，并在合同中注明。土地收益的征收办法，在国务院未作出新的规定之前，应当按照财政部《关于国有土地使用权有偿使用收入征收管理的暂行办法》和《关于国有土地使用权有偿使用收入若干财政问题的暂行规定》的规定，由房地产市场管理部门在办理房地产交易手续时收取土地收益金上缴国家。对于转让的房地产再转让，需要办理出让手续、补交土地出让金的，应当扣除已缴纳的土地收益。

6.2.7 已购公有住房和经济适用住房上市的有关规定

经济适用住房的土地使用权全部是划拨供给，已购公有住房的土地使用权绝大部分也是划拨供给的，原先的政策对这两类住房的上市有较严格的限制性规定。1999 年 4 月，建设部令第 69 号《已购公有住房和经济适用住房上市出售管理暂行办法》颁布实施，标志着上市限制的取消。为鼓励住房消费，国家对已购公有住房和经济适用住房的上市从营业税、土地增值税、契税、个人所得税、土地收益等方面均给予了减、免优惠政策，以及对上市条件予以放宽。各地又在此基础上出台了一些地方优惠政策，大大活跃了存量房市场。

2007年11月，建设部、发展改革委、监察部、财政部、国土资源部、人民银行、税务总局联合印发《经济适用住房管理办法》，规定：购买经济适用住房不满5年，不得直接上市交易，购房人因特殊原因确需转让经济适用住房的，由政府按照原价格并考虑折旧和物价水平等因素进行回购。购买经济适用住房满5年，购房人上市转让经济适用住房的，应按照届时同地段普通商品住房与经济适用住房差价的一定比例向政府交纳土地收益等相关价款，具体交纳比例由市、县级人民政府确定，政府可优先回购；购房人也可以按照政府所定的标准向政府交纳土地收益等相关价款后，取得完全产权。

6.3 商品房销售管理

商品房销售包括商品房预售和商品房现售

6.3.1 商品房预售管理

1．商品房预售的概念

商品房预售是指房地产开发企业将正在建设中的房屋预先出售给承购人，由承购人预付定金或房价款的行为。

由于从预售到竣工交付的时间一般较长，具有较大的风险性和投机性，涉及广大购房者的切身利益。为规范商品房预售行为，加强商品房预售管理，保障购房人的合法权益，《城市房地产管理法》明确了"商品房预售实行预售许可证制度"。建设部第131号令《城市商品房预售管理办法》对商品房预售管理的有关问题进一步作了细化。

2．商品房预售的条件

《城市商品房预售管理办法》及《关于进一步加强房地产市场监管完善商品住房预售制度有关问题的通知》（建房【2010】53号）等规范性文件，对商品住房预售管理的有关问题作了详细的规定。

1）已交付全部土地使用权出让金，取得土地使用权证书。

2）持有建设工程规划许可证和施工许可证。

3）按提供预售的商品房计算，投入开发建设的资金达到工程建设总投资的25%以上，并已经确定施工进度和竣工交付日期。

4）开发企业向城市、县级人民政府房产管理部门办理预售登记，取得《商品房预售许可证》。

3．商品房预售许可

房地产开发企业进行商品房预售，应当向房地产管理部门申请预售许可，取得《商品房预售许可证》。未取得《商品房预售许可证》的，不得进行商品房预售。开发企业进行商品房预售时，应当向求购人出示《商品房预售许可证》。

房地产开发企业申请商品房预售许可，应当向城市、县级人民政府房地产管理部门提交下列证件及资料：

1）商品房预售许可申请书。
2）开发企业的《营业执照》和资质证书。
3）土地使用权证、建设工程规划许可证、施工许可证。
4）投入开发建设的资金占工程建设总投资的比例符合规定条件的证明。
5）工程施工合同及关于施工进度的说明。
6）商品房预售方案。预售方案应当说明商品房的位置、面积、竣工交付日期等内容，并应当附商品房预售分层平面图。

4．商品房预售合同登记备案

房地产开发企业取得《商品房预售许可证》的，可以向社会预售其商品房，开发企业应当与承购人签订书面预售合同。商品房预售人应当在签约之日起 30 日内持商品房预售合同到县级以上人民政府房产管理部门和土地管理部门办理登记备案手续。

根据《国务院办公厅转发建设部等部门关于做好稳定住房价格工作意见通知》第七条规定："国务院决定，禁止商品房预购人将购买的未竣工的预售商品房再转让。"

6.3.2 商品房现售管理

1．商品房现售的概念

商品房现售是指房地产开发企业将竣工验收合格的商品房出售给买受人，并由买受人支付房价款的行为。

2．商品房现售的条件

商品房现售，必须符合以下条件：
1）出售商品房的房地产开发企业应当具有企业法人营业执照和房地产开发企业资质证书。
2）取得土地使用权证书或使用土地的批准文件。
3）持有建设工程规划许可证和施工许可证。
4）已通过竣工验收。
5）拆迁安置已经落实。
6）供水、供电、供热、燃气、通讯等配套设施设备交付使用条件，其他配套基础设施和公共设备具备交付使用条件或已确定施工进度和交付日期。
7）物业管理方案已经落实。

6.3.3 商品房销售代理

房地产销售代理是指房地产开发企业或其他房地产拥有者将物业销售业务委托专门的房地产中介服务机构代为销售的一种经营方式。

1）实行销售代理必须签订委托合同。房地产开发企业应当与受托房地产中介服务机构订立书面委托合同，委托合同应当载明委托期限、委托权限以及委托人和被委托人的权利、义务。中介机构销售商品房时，应当向商品房购买人出示商品房的有关证明文件和商品房销售委托书。

2）房地产中介服务机构的收费。受托房地产中介服务机构在代理销售商品房时，不得收取佣金以外的其他费用。

3）房地产销售人员的资格条件。房地产专业性强、涉及的法律多，因此对房地产销售人员的资格有一定的要求，必须经过专业培训取得相应的资格后，才能从事商品房销售业务。

6.3.4 商品房销售中禁止的行为

1）房地产开发企业不得在未解除商品房买卖合同前，将作为合同标的物的商品房再行销售给他人。

2）房地产开发企业不得采取返本销售或变相返本销售的方式销售商品房。

3）不符合商品房销售条件的，房地产开发企业不得销售商品房，不得向买受人收取任何预定款性质费用。

4）商品住宅必须按套销售，不得分割拆零销售。

6.3.5 商品房买卖合同

房地产开发企业应与购房者签订商品房买卖合同。1995 年，建设部和国家工商行政管理局联合颁发《商品房购销合同示范文本》。2000 年，建设部、国家工商行政管理局对《商品房购销合同示范文本》进行了修订，并更名为《商品房买卖合同示范文本》。

1. 商品房买卖合同应包括以下主要内容

1）当事人名称和姓名、住所。

2）商品房基本情况。

3）商品房的销售方式。

4）商品房价款的确定方式及总价款、付款方式、付款时间。

5）交付使用条件及日期。

6）装饰、装修标准承诺。

7）供水、供电、供热、燃气、通讯、道路、绿化等配套基础设施和公共设施的交付承诺和有关权益、责任。

8）公共配套建筑的产权归属。

9）面积差异的处理方式。

10）办理产权登记有关事宜。

11）解决争议的办法。

12）违约责任。

13）双方约定的其他事项。

房地产开发企业、房地产中介服务机构发布的商品房销售广告和宣传资料所明示的事项，当事人应当在商品房买卖合同中约定。

2. 计价方式

商品房销售可以按套（单元）计价、按套内建筑面积计价、按建筑面积计价等三种方式进行。按照我国现行的房屋权属登记的有关规定，房屋权属登记中对房屋的面积按建筑面积进行登记，但按套计价、按套内建筑面积计价并不影响用建筑面积进行产权登记。

商品房建筑面积由套内建筑面积和分摊的共有建筑面积组成，套内建筑面积部分为独立产权，分摊的共有面积部分为共有产权，买受人按照法律、法规的规定对其享有权利，承担责任。按套（单元）计价或者按套内建筑面积计价的，商品房买卖合同中应当注明建筑面积和分摊的共有建筑面积。

3．误差的处理方式

按套内建筑面积或者建筑面积计价的，当事人应当在合同中载明合同约定面积与产权登记面积发生误差的处理方式。面积误差比是产权登记面积与合同约定面积之差与合同约定面积之比，公式为：

面积误差比=（产权登记面积–合同约定面积）/合同约定面积×100%

合同未作约定的，按以下原则处理：

1）面积误差比绝对值在 3%以内（含 3%）的，据实结算房价款。

2）面积误差比绝对值超过 3%时，买受人有权退房。买受人退房的，房地产开发企业应当在买受人提出退房日期 30 日内将买受人已付房价款退还给买受人，同时支付已付房价款利息。买受人不退房的，产权登记面积大于合同约定面积时，面积误差比在 3%之内（含 3%）的房价款由买受人补足；超过 3%部分的房价款由房地产企业承担，产权归买受人。产权登记面积小于合同约定面积时，面积误差比绝对值在 3%（含 3%）以内部分的房价款由房地产开发企业返还买受人；绝对值超过 3%部分的房价款由房地产开发企业双倍返还买受人。

按建筑面积计价的，当事人应当在合同中约定套内建筑面积和分摊的共有建筑面积，并约定建筑面积不变而套内建筑面积发生误差以及建筑面积与套内建筑面积均发生误差时的处理方式。

4．中途变更规划、设计

房地产开发企业应当按照批准的规划、设计建设商品房。商品房销售后，房地产开发企业不得擅自变更规划、设计。经规划部门批准的规划变更，设计单位同意的设计变更导致商品房的结构型式、户型、空间尺寸、朝向变化，以及出现合同当事人约定的其他影响商品房质量或使用功能情形的，房地产开发企业应当在变更确立之日起 10 日内，书面通知买受人。

买受人有权在通知到达之日起 15 日内做出是否退房的书面答复。买受人在通知到达之日起 15 日内未做出书面答复的，视同接受规划、设计变更以及由此引起的房价款的变更。房地产开发企业未在规定时限内通知买受人的，买受人有权退房；买受人退房的，由房地产开发企业承担违约责任。

5．保修责任

当事人应当在合同中就保修范围、保修期限、保修责任等内容做出约定。保修期从交付之日起计算。

6.4 房屋租赁管理

6.4.1 房屋租赁的概念及分类

1．房屋租赁的概念

房屋租赁是房地产市场中一种重要的交易形式。《城市房地产管理法》规定："房屋租赁是指房屋所有权人作为出租人将其房屋出租给承租人使用,由承租人向出租人支付租金的行为。"《城市房屋租赁管理办法》(建设部第42号令)对此概念作了细化,规定:"房屋所有权人将房屋出租给承租人居住或提供给他人从事经营活动及以合作方式与他人从事经营活动的,均应遵守本办法。"

2. 房屋租赁的分类

按房屋所有权的性质不同,房屋租赁分为公有房屋的租赁和私有房屋的租赁。

按房屋的使用用途不同,房屋租赁分为住宅用房的租赁和非住宅用房的租赁。其中,非住宅用房的租赁包括办公用房和生产经营用房的租赁。

6.4.2 房屋租赁的政策

《城市房地产管理法》规定:"住宅用房的租赁,应当执行国家和房屋所在地城市人民政府规定的租赁政策。""租用房屋从事生产、经营活动的,由租赁双方协商议定租金和其他租赁条款。"

房屋租赁的有关政策主要包括:

1)公有房屋租赁,出租人必须持有《房屋所有权证》和城市人民政府规定的其他证明文件。私有房屋出租人必须持有《房屋所有权证》,承租人必须持有身份证明。

2)承租人在租赁期内死亡,租赁房屋的共同居住人要求继承原租赁关系的,出租人应当继续履行原租赁合同。

3)共有房屋出租时,在同等条件下,其他共有人有优先承租权。

4)租赁期限内,房屋所有权人转让房屋所有权,原租赁协议继续履行。

6.4.3 房屋租赁的条件

公民、法人或其他组织对享有所有权的房屋和国家授权管理和经营的房屋,可以依法出租,但有下列情形之一的房屋不得出租:

1)未依法取得《房屋所有权证》的。
2)司法机关和行政机关依法裁定、决定查封或者以其他形式限制房地产权利的。
3)共有房屋未取得共有人同意的。
4)权属有争议的。
5)属于违章建筑的。
6)不符合安全标准的。
7)房地产产权已经设定抵押,未经抵押权人同意的。
8)不符合公安、环保、卫生等主管部门有关规定的。

6.4.4 房屋租赁合同

1. 房屋租赁合同的概念及内容

租赁合同是出租人与承租人签订的,用于明确租赁双方权利义务关系的协议。租赁是一种民事法律关系，在租赁关系中出租人与承租人之间所发生的民事关系主要是通过租赁合同确定的。因此，在租赁中出租人与承租人应当对双方的权利与义务做出明确的规定，并且以文字形式形成书面记录，成为出租人与承租人关于租赁问题双方共同遵守的准则。《城市房地产管理法》规定：房屋租赁，出租人和承租人应当签订书面租赁合同，约定租赁期限、租赁用途、租赁价格、修缮责任等条款，以及双方的其他权利和义务。《城市房屋租赁管理办法》对租赁合同的内容作了进一步的规定，规定租赁合同应当具备以下条款：①当事人姓名或者名称及住所。②房屋的坐落、面积、装修及设施状况。③租赁用途。④租赁期限。⑤租金及交付方式。⑥房屋修缮责任。⑦转租的约定。⑧变更和解除合同的条件。⑨违约责任。⑩当事人约定的其他条款。在上述条款中，租赁用途、租赁期限、租金及交付方式、房屋修缮责任是《城市房地产管理法》规定的必备条款。

1）租赁用途，是指房屋租赁合同中规定的出租房屋的使用性质。承租人应当按照租赁合同规定的使用性质使用房屋，不得变更使用用途；确需变动的，应当征得出租人的同意，并重新签订租赁合同。承租人与第三者互换房屋时，应当事先征得出租人的同意，出租人应当支持承租人的合理要求。换房后，原租赁合同即行终止，新的承租人应与出租人另行签订租赁合同。

2）租赁期限。多年来，我国公有住房实行无租赁期限的租赁行为，致使公有住房一旦分配出去就难以收回来，一直不能形成良性循环。这与市场经济体制不适应。租赁行为应有明确的租赁期限，出租人有权在签订租赁合同时明确租赁期限，并在租赁期限届满后收回房屋。《中华人民共和国合同法》规定：租赁期限不得超过20年，超过20年的，超过部分无效。租赁期限届满当事人可以续订租赁合同，但约定的租赁期限自续订之日起不得超过20年。承租人有义务在租赁期限届满后返还所承租的房屋。如需继续承租原租赁的房屋，应当在租赁期满前，征得出租人的同意，并重新签订租赁合同。出租人应当按照租赁合同约定的期限将房屋交给承租人使用，并保证租赁合同期限内承租人的正常使用。出租人在租赁合同届满前需要收回房屋的，应当事先征得承租人的同意，并赔偿承租人的损失。

3）租金及交付方式。租金标准是租赁合同的核心，是引起租赁纠纷的主要原因。因此，它也是加强租赁管理的重点之一。租赁合同应当明确约定租金标准及支付方式。同时，租金标准必须符合有关法律、法规的规定。

4）房屋修缮责任。出租住宅用房的自然损坏或合同约定由出租人修缮的，由出租人负责修复。不及时修复致使房屋发生破坏性事故，造成承租人财产损失或者人身伤害的，应当由出租人承担赔偿责任。租用房屋从事生产经营活动的，修缮责任由双方当事人在租赁合同中约定。房屋修缮责任人对房屋及其设备应当及时、认真地检查、修缮，保证房屋的使用安全。房屋修缮责任人对形成租赁关系的房屋确实无力修缮的，可以与另一方当事人合修，非责任人因此付出的修缮费用，可以折抵租金或由出租人分期偿还。

2. 租赁合同的终止

租赁合同一经签订，租赁双方必须严格遵守。合法租赁合同的终止一般有两种情况：一是合同的自然终止，二是人为终止。

自然终止主要包括：

1）租赁合同到期，合同自行终止，承租人需继续租用的，应在租赁期限届满前 3 个月提出，并经出租人同意，重新签订租赁合同。

2）符合法律规定或合同约定可以解除合同条款的。

3）因不可抗力致使合同不能继续履行的。

因上述原因终止租赁合同的，使一方当事人遭受损失的，除依法可以免除责任的外，应当由责任方负责赔偿。

人为终止主要是指由于租赁双方人为的因素而使租赁合同终止，一般包括无效合同的终止和由于租赁双方在租赁过程中的人为因素而使合同终止。对于无效合同的终止，《中华人民共和国合同法》中有明确的规定，不再赘述。

由于租赁双方的原因而使合同终止的情形主要有：

1）将承租的房屋擅自转租的。

2）将承租的房屋擅自转让、转借他人或私自调换使用的。

3）将承租的房屋擅自拆改结构或改变承租房屋使用用途的。

4）无正当理由，拖欠房租 6 个月以上的。

5）公有住宅用房无正当理由闲置 6 个月以上的。

6）承租人利用承租的房屋从事非法活动的。

7）故意损坏房屋的。

8）法律、法规规定的其他可以收回的。

发生上述行为，出租人除终止租赁合同，收回房屋外，还可索赔由此造成的损失。

6.4.5 房屋租赁登记备案

《城市房地产管理法》规定"房屋出租，出租人和承租人应当签订书面租赁合同，约定租赁期限、租赁用途、租赁价格、修缮责任等条款，以及双方的其他权利和义务，并向房产管理部门登记备案。"实行房屋租赁合同登记备案可以保护租赁双方的合法权益，又可以较好地防止非法出租房屋，减少纠纷，促进社会稳定。

1．申请

签订、变更、终止租赁合同的，房屋租赁当事人应当在租赁合同签订后 30 日内，持有关部门证明文件到市、县级人民政府房地产管理部门办理登记备案手续。申请房屋租赁登记备案应当提交的证明文件包括：①书面租赁合同。②《房屋所有权证书》。③当事人的合法身份证件。④市、县级人民政府规定的其他文件。

出租共有房屋，还须提交其他共有权人同意出租的证明。出租委托代管房屋，还须提交代管人授权出租的书面证明。

2．登记备案

房屋租赁登记备案包含审查的含义。房屋租赁审查的主要内容应包括：

1）审查合同的主体是否合格，即出租人与承租人是否具备相应的条件。

2）审查租赁的客体是否允许出租，即出租的房屋是否是法律、法规允许出租的房屋。

3）审查租赁行为是否符合国家及房屋所在地人民政府规定的租赁政策。

6.4.6 房屋租金

房屋租金是承租人为取得一定期限内房屋的使用权而付给房屋所有权人的经济补偿。房屋租金可分为成本租金、商品租金、市场租金。成本租金是由折旧费、维修费、管理费、融资利息和税金五项组成的；商品租金是由成本租金加上保险费、地租和利润等八项因素构成的；市场租金是在商品租金的基础上，根据供求关系形成的。目前，我国未出售公有住房的租金标准是由人民政府根据当地政治、经济发展的需要和职工的承受能力等因素确定的，仍具有较浓的福利色彩。其他经营性的房屋和私有房屋的租金标准则由租赁双方协商议定。

《城市房地产管理法》规定"以营利为目的，房屋所有权人将以划拨方式取得土地使用权的国有土地上建成的房屋出租的，应当将租金中所含土地收益上缴国家，具体办法由国务院规定。"《城市房屋租赁管理办法》规定"土地收益的上缴办法，应当按照财政部《关于国有土地使用权有偿使用征收管理的暂行办法》和《关于国有土地使用权有偿使用收入若干财政问题的暂行规定》的规定，由市、县级人民政府房地产管理部门代收代缴。国务院颁布新的规定时，从其规定。"

6.4.7 房屋转租

房屋转租是指房屋承租人将承租的房屋再出租的行为。《城市房屋租赁管理办法》规定"承租人经出租人同意，可以依法将承租房屋转租。出租人可以从转租中获得收益。"承租人在租赁期限内，如转租所承租的房屋，在符合其他法律、法规规定的前提下，还必须征得房屋出租人的同意，在房屋出租人同意的条件下，房屋承租人可以将承租房屋的部分或全部转租给他人。房屋转租，应当订立转租合同。转租合同除符合房屋租赁合同的有关部门规定外，还必须具备出租人同意转租的证明。转租合同也必须按照有关部门规定办理登记备案手续。转租合同的终止日期不得超过原租赁合同的终止日期，但出租人与转租双方协商一致的除外。转租合同生效后，转租人享有并承担新的合同规定的出租人的权利与义务，并且应当履行原租赁合同规定的承租人的义务，但出租人与转租双方协商一致的除外。

转租期间，原租赁合同变更、解除或者终止，转租合同也随之变更、解除或者终止。

6.5 房地产抵押管理

6.5.1 房地产抵押的概念

房地产抵押是指抵押人以其合法的房地产以不转移占有的方式向抵押权人提供债务履行担保的行为。债务人不履行债务时，抵押权人有权依法以抵押的房地产拍卖所得的价款优先受偿。

抵押人是指将依法取得的房地产提供给抵押权人，作为本人或者第三人履行债务担保的公民、法人或者其他组织。抵押权人是指接受房地产抵押作为债务人履行债务担保的公民、法人或者其他组织。预购商品房贷款抵押是指购房人在支付首期规定的房价款后，由贷款金融机构代其支付其余的购房款，将所购商品房抵押给贷款银行作为偿还贷款履行担保的行为。

在建工程抵押是指抵押人为取得在建工程继续建造资金的贷款，以其合法方式取得的土地使用权连同在建工程的投入资产，以不转移占有的方式抵押给贷款银行作为偿还贷款履行担保的行为。

6.5.2 房地产作为抵押物的条件

房地产抵押的抵押物随土地使用权的取得方式不同，对抵押物要求也不同。《城市房地产管理法》规定"依法取得的房屋所有权连同该房屋占用范围内的土地使用权，可以设定抵押权。以出让方式取得的土地使用权，可以设定抵押。"从上述规定可以看出，房地产抵押中可以作为抵押物的条件包括两个基本方面：一是依法取得的房屋所有权连同该房屋占用范围内的土地使用权同时设定抵押权。对于这类抵押，无论土地使用权来源于出让还是划拨，只要房地产权属合法，即可将房地产作为统一的抵押物同时设定抵押权。二是以单纯的土地使用权抵押的，也就是在地面上尚未建成建筑物或其他地上定着物时，以取得的土地使用权设定抵押权。对于这类抵押，设定抵押的前提条件是，要求土地必须是以出让方式取得的。

《城市房地产抵押管理办法》（建设部令第98号）规定下列房地产不得设定抵押权：

（1）权属有争议的房地产。
（2）用于教育、医疗、市政等公共福利事业的房地产。
（3）列入文物保护的建筑物和有重要纪念意义的其他建筑物。
（4）已依法公告列入拆迁范围的房地产。
（5）被依法查封、扣押、监管或者以其他形式限制的房地产。
（6）依法不得抵押的其他房地产。

6.5.3 房地产抵押的一般规定

1）房地产抵押，抵押人可以将几宗房地产一并抵押，也可以将一宗房地产分割抵押。以两宗以上房地产设定同一抵押权的，视为同一抵押物，在抵押关系存续期间，其承担的共同担保义务不可分割；但抵押当事人另有约定的，从其约定。以一宗房地产分割抵押的，首次抵押后，该财产的价值大于所担保债权的余额部分可以再次抵押，但不得超出其余额部分。房地产已抵押的，再次抵押前，抵押人应将抵押事实告知抵押权人。

2）以依法取得的国有土地上的房屋抵押的，该房屋占用范围内的国有土地使用权同时抵押。以出让方式取得的国有土地使用权抵押的，应当将该国有土地上的房屋同时抵押。以在建工程已完工部分抵押的，其土地使用权随之抵押。《中华人民共和国担保法》还规定"乡（镇）、村企业的土地使用权不得单独抵押。以乡（镇）、村企业的厂房等建筑物抵押的，其占用范围内的土地使用权同时抵押。"

3）以享受国家优惠政策购买的房地产抵押的，其抵押额以房地产权利人可以处分和收益的份额为限。

4）国有企业、事业单位法人以国家授予其经营管理的房地产抵押的，应当符合国有资产管理的有关规定。

5）以集体所有制企业的房地产抵押的，必须经集体所有制企业职工（代表）大会通过，并报其上级主管机关备案。

6）以中外合资企业、合作经营企业和外商独资企业的房地产抵押的，必须经董事会通过；但企业章程另有约定的除外。

7）以股份有限公司、有限责任公司的房地产抵押的，必须经董事会或者股东大会通过；但企业章程另有约定的除外。

8）有经营期限的企业以其所有的房地产抵押的，所担保债务的履行期限不应当超过该企业的经营期限。

9）以具有土地使用年限的房地产抵押的，所担保债务的履行期限不得超过土地使用权出让合同规定的使用年限减去已经使用年限后的剩余年限。

10）以共有的房地产抵押的，抵押人应当事先征得其他共有人的书面同意。

11）预购商品房贷款抵押的，商品房开发项目必须符合房地产转让条件并取得商品房预售许可证。

12）以已出租的房地产抵押的，抵押人应当将租赁情况告知债权人，并将抵押情况告知承租人，原租赁合同继续有效。

13）企、事业单位法人分立或合并后，原抵押合同继续有效。其权利与义务由拥有抵押物的企业享有和承担。

14）订立抵押合同时，不得在合同中约定在债务履行期届满后抵押权人尚未受清偿时，抵押物的所有权转移为抵押权人所有的内容。

15）抵押当事人约定对抵押房地产保险的，由抵押人为抵押的房地产投保，保险费由抵押人负担。抵押房地产投保的，抵押人应当将保险单移送抵押权人保管。在抵押期间，抵押权人为保险赔偿的第一受益人。

16）学校、幼儿园、医院等以公益为目的的事业单位、社会团体，可以其教育设施、医疗卫生设施和其他社会公益设施以外的财产（包括房屋）为自身债务设定抵押。

17）抵押物登记记载的内容与抵押合同约定的内容不一致的，以登记记载的内容为准。

18）抵押人将已出租的房屋抵押的，抵押权实现后，租赁合同在有效期内对抵押物的受让人继续有效。

19）抵押人将已抵押的房屋出租的，抵押权实现后，租赁合同对受让人不具有约束力。抵押人将已抵押的房屋出租时，如果抵押人未书面告知承租人该房屋已抵押的，抵押人对出租抵押物造成承租人的损失承担赔偿责任；如果抵押人已书面告知承租人该房屋已抵押的，抵押权实现造成承租人的损失，由承租人自己承担。

20）抵押人死亡、依法被宣告死亡或者被宣告失踪时，其房地产合法继承人或者代管人应当继续履行原抵押合同。

6.5.4 房地产抵押合同

房地产抵押合同是抵押人与抵押权人为了保证债权债务的履行，明确双方权利与义务的协议。房地产抵押是担保债权债务履行的手段，是债权债务合同的从合同，债权债务的主合同无效，抵押这一从合同也就自然无效。房地产抵押是一种标的物价值很大的担保行为，房地产抵押人与抵押权人必须签订书面抵押合同。

房地产抵押合同一般应载明下列内容：
1）抵押人、抵押权人的名称或者个人姓名、住所。
2）主债权的种类、数额。
3）抵押房地产的处所、名称、状况、建筑面积、用地面积以及四至范围等。
4）抵押房地产的价值。
5）抵押房地产的占用管理人、占用管理方式、占用管理责任以及意外损毁、灭失的责任。
6）债务人履行债务的期限。
7）抵押权灭失的条件。
8）违约责任。
9）争议解决的方式。
10）抵押合同订立的时间与地点。
11）双方约定的其他事项。

抵押物须保险的，当事人应在合同中约定，并在保险合同中将抵押权人作为保险赔偿金的优先受偿人。抵押权人需在房地产抵押后限制抵押人出租、出借或者改变抵押物用途的，应在合同中约定。

6.5.5 房地产抵押登记

《城市房地产管理法》规定，房地产抵押应当签订书面抵押合同并办理抵押登记，《中华人民共和国担保法》规定，房地产抵押合同自登记之日起生效。房地产抵押未经登记的，抵押权人不能对抗第三人，对抵押物不具有优先受偿权。鉴于我国各地土地和房地产管理体制差别很大，有多种管理模式，法律规定以城市房地产或者乡（镇）、村企业的厂房等建筑物抵押的，其登记机关由县级以上人民政府规定。

由于抵押权是从所有权这一物权设定的他项权利——担保物权，即限制物权，其主要作用在于限制抵押人对抵押房地产的处分权利，未经抵押权人同意，抵押物不得进行转让、出租等处分，以避免担保悬空，所以登记机关只能从不动产的权属登记机关中指定，不能委托其他部门。

由于房地产转让或者变更，先申请房产变更登记后申请土地使用权变更登记是《城市房地产管理法》规定的法定程序。为了简化程序，方便当事人申办，同时也为了保证抵押登记的安全性，部分地方规定，以房、地合一的房地产抵押的，房地产管理部门为抵押登记机关；以地上无定着物的出让土地使用权抵押的，由核发土地使用权证书的土地管理部门办理抵押登记。

《城市房地产抵押管理办法》规定，房地产当事人应在抵押合同签订后的 30 日内，持下列文件到房地产所在地的房地产管理部门办理房地产抵押登记：
1）抵押当事人的身份证明或法人资格证明。
2）抵押登记申请书。
3）抵押合同。

4）《国有土地使用证》《房屋所有权证》或《房地产权证》，共有的房屋还应提交《房屋共有权证》和其他共有人同意抵押的证明。

5）可以证明抵押人有权设定抵押权的文件与证明材料。

6）可以证明抵押房地产价值的资料。

7）登记机关认为必要的其他文件。

登记机关应当对申请人的申请进行审核，审查的内容主要包括：抵押物是否符合准许进入抵押交易市场的条件；抵押物是否已经抵押；抵押人提供的房地产权利证明文件与权属档案记录内容是否相符；查对权属证书的真伪等，并由审核人签字在案。对符合登记条件的应在法定期限内核准登记并颁发他项权利证书。

6.5.6 房地产抵押的效力

抵押权为价值权而非实体权。设定抵押权后，并不转移抵押权人对抵押物的占有。抵押权成立后，房地产的所有权仍然属于抵押人，抵押人仍可以对抵押物行使占有、使用、收益、处分的权利。抵押期间，抵押人转让已办理抵押登记的房地产的，应当通知抵押权人并告知受让人转让的房地产已经抵押的情况；抵押人未通知抵押权人或者未告知受让人的，转让行为无效。转让抵押物的价款明显低于其价值的，抵押权人可以要求抵押人提供相应的担保；抵押人不提供的，不得转让抵押物。告知抵押权人同意后，抵押人转让抵押物时，转让所得的价款，应当向抵押权人提前清偿所担保的债权或者向与抵押权人约定的第三人提存。超过债权数额的部分，归抵押人所有，不足部分由债务人清偿。

房地产抵押关系存续期间，房地产抵押人应当维护抵押房地产的安全完好，抵押权人发现抵押人的行为足以使抵押物价值减少的，有权要求抵押人停止其行为。抵押物价值减少时，抵押权人有权要求抵押人恢复抵押物的价值，或者提供与减少的价值相当的担保。抵押人对抵押物价值减少无过错的，抵押权人只能在抵押人因损害而得到的赔偿范围内要求提供担保。抵押物价值未减少的部分，仍作为债权的担保。

6.5.7 房地产抵押的受偿

抵押是一种民事法律关系，抵押权人与抵押人在法律上有平等的法律地位。这就决定了抵押必须在双方自愿的原则上进行，并应符合《中华人民共和国民法通则》《中华人民共和国担保法》规定的平等、自愿、等价、有偿的一般原则。抵押合同属于经济合同，依照房地产抵押合同偿还债务是房地产抵押人的义务。房地产抵押合同一经签订，签约双方应当严格执行，债务履行期届满抵押权人未受清偿的，可以与抵押人协议折价或者以抵押物拍卖、变卖该抵押物所得的价款受偿；协议不成的，抵押权人可以向人民法院提起诉讼。同一财产向两个以上债权人抵押的，拍卖、变卖抵押物所得的价款按照抵押物登记的先后顺序清偿。

依法对抵押物拍卖的，拍卖保留价由人民法院参照评估价确定；未作评估的，参照市价确定，并应当征询当事人意见。人民法院确定保留价，第一次拍卖时，不得低于评估价格或者市价的 80%；如果出现流拍，再行拍卖时，可以酌情降低保留价，但每次降低的数额不得超过前次的 20%。抵押物折价或者拍卖、变卖后，其价款超过债权数额的部分归抵押人所有，

第6章 房地产交易管理制度与政策

不足部分由债务人清偿。抵押人未按合同规定履行偿还债务义务的，依照法律规定，房地产抵押权人有权解除抵押合同，拍卖抵押物，并用拍卖所得价款，优先得到补偿，而不使自己的权利受到侵害。

对于设定房地产抵押权的土地使用权是以划拨方式取得的，依法拍卖该房地产后，应当从拍卖所得的价款中缴纳相当于应缴纳的土地使用权出让金的款额后，抵押权人方可优先受偿。

房地产抵押合同签订后，土地上新增的房屋不属于抵押财产。需要拍卖该抵押的房地产时，可以依法将土地上新增的房屋与抵押财产一同拍卖，但对拍卖新增房屋所得，抵押权人无权优先受偿。此外，根据《最高人民法院民事执行中查封、扣押、冻结财产的规定》，对被执行人及其所扶养家属生活所必需的居住房屋，人民法院可以查封，但不得拍卖、变卖或者抵债。

抵押权因抵押物灭失而消灭，因灭失所得的赔偿金，应当作为抵押财产。

本章小结

本章的主要介绍房地产交易制度和相关政策。重点讲解对房地产转让制度和政策、商品房销售制度和政策、房屋租赁管理、房地产抵押管理等内容。

1. 房地产交易管理是指政府房地产管理部门及其他相关部门以法律的、行政的、经济的手段，对房地产交易活动行使指导、监督等管理职能。它是房地产市场管理的重要内容。房地产交易包括房地产转让、房地产抵押和房屋租赁三种形式。《城市房地产管理法》规定了三项房地产交易基本制度，即房地产价格申报制度、房地产价格评估制度、房地产价格评估人员资格认证制度。

2. 房地产转让是指房地产权利人通过买卖、赠与或者其他合法方式将其房地产转让给他人的行为。《城市房地产转让管理规定》对此概念中的其他合法方式作了进一步的细化，规定其他合法方式主要包括下列行为：

1）以房地产作价入股、与他人成立企业法人，房地产权属发生变更的。

2）一方提供土地使用权，另一方或者多方提供资金，合资、合作开发经营房地产，而使房地产权属发生变更的。

3）因企业被收购、兼并或合并，房地产权属随之转移的。

4）以房地产抵债的。

5）法律、法规规定的其他情形。

房地产转让的实质是房地产权属发生转移。《城市房地产管理法》规定，房地产转让时，房屋所有权和该房屋所占用范围内的土地使用权同时转让。

3. 商品房预售是指房地产开发企业将正在建设中的房屋预先出售给承购人，由承购人预付定金或房价款的行为。

商品房预售的条件：《城市商品房预售管理办法》及《关于进一步加强房地产市场监管完善商品住房预售制度有关问题的通知》（建房【2010】53号）等规范性文件，对商品住房预售管理的问题作了详细的规定。

1）已交付全部土地使用权出让金，取得土地使用权证书。

2）持有建设工程规划许可证和施工许可证。

3）按提供预售的商品房计算，投入开发建设的资金达到工程建设总投资的 25%以上，并已经确定施工进度和竣工交付日期。

4）开发企业向城市、县级人民政府房产管理部门办理预售登记，取得《商品房预售许可证》。

4. 房屋租赁是指房屋所有权人作为出租人将其房屋出租给承租人使用，由承租人向出租人支付租金的行为。

按房屋所有权的性质不同，房屋租赁分为公有房屋的租赁和私有房屋的租赁。

按房屋的使用用途不同，房屋租赁分为住宅用房的租赁和非住宅用房的租赁。其中，非住宅用房的租赁包括办公用房和生产经营用房的租赁。

5. 房地产抵押是指抵押人以其合法的房地产以不转移占有的方式向抵押权人提供债务履行担保的行为。债务人不履行债务时，抵押权人有权依法以抵押的房地产拍卖所得的价款优先受偿。

复习思考题

1. 房地产交易包括哪三种形式？
2. 阐述《城市房地产管理法》规定的三项房地产交易基本制度。
3. 哪种情况房地产不得转让？
4. 房地产转让应遵循哪些程序？
5. 商品房预售应具备哪些条件？
6. 房屋租赁应符合哪些条件？
7. 房地产作为抵押物应具备哪些条件？

第 7 章 房地产产权产籍管理

❂ **学习目标**

1. 熟悉房地产产权的概念，了解房地产产权关系，熟悉房地产产权类型及其权能，了解房地产产权取得方式

2. 熟悉房地产产权登记，熟悉房地产产权登记管理的内容，了解房地产产权登记管理的目的和意义、管理的原则及我国的房地产权属登记制度的特点，了解房地产产权登记发证机关、房地产权登记的种类，熟悉申请房地产产权登记的条件及当事人申请登记的时限，了解房地产产权登记程序和注销房屋产权证书的有关规定

3. 熟悉房地产产籍管理的内容，了解房地产权属档案的特点、作用，了解权属档案业务管理的内容

4. 了解房地产测绘的概念，熟悉房地产面积测算

❂ **关键词**

房地产产权　房地产产权关系　房地产产权取得方式　房地产产权登记　房地产产权登记管理　房地产产籍管理　房地产权属档案　房地产测绘　房地产面积测算

7.1 房地产产权概述

7.1.1 房地产产权的概念

1. 产权的法律概念

产权即财产权，是指存在或设定于一切客体之上或之中的完全权利。这里的权利是根据法律的规定或产权人的意志而实现的权利。即财产所有者依法对其财产所享有的占有、使用、收益、处分的权利。其中，对财产权起决定作用的是占有权，如果没有占有权，财产权就是一个空壳；其次是使用权、收益权和处分权。占有权和占有在概念上是不一样的，前者是权利，是占有的法律表现；后者是事实即对物实际控制的事实状态，不能形成权利。其他权利，如使用权、收益权和处分权的存在都要以占有权为前提。使用权是指按照物的性能和用途进行利用的权利。它可以是直接行使于所有物之上的权利，也可以以所有权和使用权相分离为条件，根据法律和合同的规定，按指定的用途使用物。收益权是在物之上获得经济利益的权利。收益权既是所有权在经济上得以实现的形式，即所有人可以根据自己的意志和利益，取得物的全部收益；也可以仅保留部分收益权利，即依法律或合同的规定实行不同的分配。同时，收益权又往往同使用权联系在一起，收益往往是因为对物的使用而产生的。收益权也可以是一个独立的权利，产权人不行使对物的使用权也可以全部或部分享有对物的收益权利。处分权是指在法律规定的范围内，处理物或财产的权利。处分权是财产权的最根本的权利，它的行使可以决定物的归属和产权的存在和消灭或转移。所以，处分权一般都属于所有人，或者说，所有人一般都保留对物的最终处分的权利。可见，产权的核心是所有权，同时也包括与所有权相联系的其他相对独立的权利。

2. 房地产产权的特征

房地产产权是财产权在房地产中的具体化，即存在于土地和房屋中的，以其所有权为核心的一系列排他性权利集合体的"权利集"。房地产产权的特征，一方面必然反映了产权的基本特征，另一方面必须体现土地和房屋的产权特征。

（1）排他性 对一种资源产权界定的完整程度是以产权的排他性来衡量的，房地产权也是如此。排他性包括使用权的排他性和拥有权的可转让性两个方面。使用权的排他性是指房地所有者在被允许的范围内，对其使用拥有的不受限制的选择权利，以保证其所有者获得稳定的经济预期。土地产权的可转让性是土地所有者所拥有的权利在法律允许的条件下是可以自由转让的，以使土地资源投入最有价值的使用，从而达到资源优化配置的目的。由此，土地产权的排他性表明：土地所有人在不违反法律或第三人权利的范围内，有自由处分权，并排除他人的一切干涉，其权利是不可侵犯的。

（2）主体的特定性 房地产产权关系需要具体地界定当事人对房地产作为财产的法律手续，进行法庭诉讼和法律监督等，因此必须采取房地产权利的人格化形式，即法人。如我国土地属于国家和农村集体经济组织所有，国家是国有土地所有权的唯一的和统一的主体；农村集体经济组织是农村集体土地所有权的主体。除国家和农村集体经济组织外，任何组织或个人都不能成为土地所有权的主体。由于土地所有权主体是特定的，自然地产生了土地所有权的不可流转性。

(3) 房地产权的法定性　房地产权作为一种法律规范，是以法律的形式来明确规定人们对房地财产享有的各种权利，对这些权利的限制及破坏、处罚等。换言之，房地产权关系实际上是房地产权主体之间或产权行为主体之间的经济关系的法律体现，必须是法律上记载和承认的（或认可的）方能成立（或行使），即必须以法律来确认及保障其实施。土地或房屋被他人非法占有时，无论转入何人或何组织控制，所有权人都可以向其主张权利。所以，房地产的产权是不受侵犯的，受国家法律保护的。

(4) 产权的可分离性　房地产权是产权主体拥有的对财产的一组权利，而不是一种权利。房地产权的内容包括所有权、使用权和他项权利等。这些产权要素是可以界定、可以分离的，因而能在不同的行为主体之间进行分配或配置，形成多种不同的产权组合形式（产权结构）。如土地所有权和土地使用权的相分离，并形成各自相对独立的产权主体，土地使用权可以依法进行有偿转让。

(5) 房地产产权必须在经济上得以实现　房地产产权不仅要以法律的认可和保障为前提，而且产权必须在经济上得以实现，方能体现产权的完整意义。如果只有产权在法律上的合法性，而不能在经济上得到实现，房地产产权只能是一个空壳。过去国家实行土地无偿使用制度、住房的低租金制度和住房福利分配的体制，无法体现房地产产权的实质性的意义。在这种制度和体制下，房地产的使用是极不合理的、低效或无效的，并造成国家资源和资产严重流失。

(6) 土地和房屋产权主体的一致性　土地是房屋的载体，也就是说房屋是附着于土地而存在的，即房依地而建。房地产就是指土地和与其相连的，并在空间上紧密结合为一体的房屋建筑物的结合体。同时，在城市，土地价值的体现往往又通过房屋的开发、建设、出售、租赁来体现。由此可见，房和地的产权主体必须是一致的。《中华人民共和国城市房地产管理法》和《城镇国有土地使用权出让和转让暂行条例》等法律、法规都明确指出："土地使用权转让时，其地上建筑物、其他附着物所有权随之转让。""土地使用者转让地上建筑物、其他附着物所有权时，其使用范围内的土地使用权随之转让。""房地产转让、抵押时，房屋的所有权和该房屋占有范围内的土地使用权同时转让、抵押。"可见，保持土地和房屋产权主体的一致性，是房地产产权确认和保障的基础。

7.1.2　房地产产权关系

房地产产权关系是指在房地产开发、经营、服务、管理和使用过程中发生的人与人之间的财产关系。房地产产权关系是人与人之间的关系，不是人与物的关系。它是人们在进行房地产开发、经营、服务，管理和使用过程中所发生的一种社会关系，一种由房地产法律规范调整而具有权利义务内容的社会关系，它不仅体现产权关系主体双方的意志，而且还要体现国家的意志。当产权关系主体双方的意志符合国家意志时，其产权关系才能得到国家法律的确认和保护，才能得以实现。因此，房地产法律规范的存在是房地产产权关系形成和存在的前提，所以说，房地产产权关系是以房地产产权为内容而依法发生的权利、义务关系。

1. 我国房地产产权关系的特点

根据房地产作为不动产和我国的国情和社会制度，房地产产权关系具有以下基本特征：
1) 房地产产权关系的确定、变更和消灭，一般要置于国家的控制之下。房地产是人类进行社会物质生产的基本条件和不可替代的生产要素，是宝贵而有限的资源或资产。它的占有、使用及其利益分配是否合理，直接关系到国家和全民的利益。所以，房地产产权关系的确立、变更和消灭，必须在国家控制下实现。国有土地使用权的出让，必须由国家垄断，土地使用权的转让、出租和抵押，也要在国家法律和政策的允许范围内，按法定程序进行。房屋的买卖、租赁必须到政府主管机关办理手续，任何单位和个人都不得私自进行房屋的买卖或租赁活动。

2）房地产产权关系的相对稳定性。为了有利于对土地和房屋的合理利用和使用，国家法律维护房地产产权的相对稳定原则，对土地使用权出让年限按其用途不同，规定为40年、50年和70年。房屋的产权关系也要维护其相对的稳定性。

3）房地产产权关系的确立一般都要采用书面形式。房地产是不动产，其位置相对固定，不能移动，也就是说，房地产不同于其他生产要素，它的位置不会随着房地产的交易，即产权的变更而移动。房地产的交易是产权的移转，不可能是实物的移转。所以，在房地产交易中，产权的确立和变更，都是以书面形式来表现这种转移的合法性。如土地使用权转让、出租、抵押和土地征用，以及房屋买卖、租赁、典当等引起房地产产权的确立、变更，都是通过办理房地产产权登记、颁发产权证书等书面形式来完成的。同时，产权关系双方还通过签订合同的方式，将产权关系双方的权利义务关系记载下来，以保护产权主体双方的利益为目的，确保房地产产权关系的确立、变更和终止的有效性和严肃性。

房地产产权关系按法律规范调整的性质可分为不对等的产权关系和对等的产权关系。不对等的产权关系一般是指国家依照法律规定在房地产产权管理中所形成的权利义务关系，它不是相互对等的，而是国家居于支配地位的自上而下地调整各种产权关系。国家可以依据国家的意志、全民的利益，用法律形式确认国有土地或公有房屋的所有权，并以强制力保证其存在不受侵犯，对侵犯公有财产的行为给予法律制裁。除此，房地产的所有权关系中，产权所有人在法律允许范围内，有权处分和设定他项权利，要求其产权在经济上得以实现。土地征用是国家为了公共利益的需要，依法把集体所有土地转为国家所有土地的一项措施。被征用的产权单位，即农村集体经济组织，必须服从国家需要，不得阻挠。由此可见，不对等的房地产产权关系一般发生在所有权的特定主体与非特定主体之间，以及国家作为产权的管理者与产权各主体之间的产权管理关系中。对等的房地产产权关系主要发生在房地产产权流转中主体双方的权利义务关系中。在房地产产权转移中，国家不是作为管理者的身份出现，而是作为产权主体的一方参与产权关系的活动。所以，在房地产产权流转过程中，国家作为产权主体的一方与另一个产权主体是处在同等地位的，即产权主体双方都有按照自己的意志作一定行为的权利和请求他人作一定行为或不作一定行为的权利。同时，当其产权受到侵害时，都有要求法律给予保护的权利。例如，房地产买卖、租赁和土地使用权的出让和转让中的产权主体双方的权利义务关系，基本上都是对等的。

2. 房地产产权关系的构成

任何法律关系都是由主体、客体和内容三个基本要素构成的，房地产产权关系也是由这三个要素构成。

（1）房地产产权关系的主体　房地产产权关系的主体是指房地产产权关系的参加者，并且在这些关系中，享有权利和承担义务的人。在房地产所有权关系中，国家是国有土地所有权的主体，农村集体经济组织是集体土地所有权的主体；国家是国有或全民所有房屋所有权的唯一主体，集体经济组织包括合作社、"三资"企业等是集体所有房屋所有权的主体。在房地产使用权关系中，双方可以是国家机关、企事业单位、经济组织、社会团体和公民，也可以是"三资"企业。可以说，房地产使用权关系主体是极其广泛的，几乎没有什么限制。房地产他项权利总是不同程度地附着于所有权或部分附着于使用权的权利。因此，房地产他项权利产权主体一般是同房地产所有权或使用权的产权主体一致的。

（2）房地产产权关系的客体　房地产产权关系的客体是指主体的权利义务所指向的对象，也是主体权利义务的载体。房地产产权是物权，房地产产权关系的客体是房地产产权主体的权利义务所指向的对象——土地和房屋。如果没有土地和房屋，房地产产权关系主体的权利义务就无法实现。当然，土地和房屋作为某一产权主体的客体，都应当由国家意志—房地产法律规范做出规定。

（3）房地产产权关系的内容　房地产产权关系的内容同一般法律关系的内容一样，是指产权主体所享有的权利和义务。这里的权利和义务是相互联系和相互依存的。

不同类型的房地产产权关系，其内容不同；同一类型的房地产产权关系，因主、客体的不同，其权利、义务的内容和范围也不会完全一样。但是，房地产产权关系的各种不同内容，都是取决于房地产所有权关系的内容，包括房地产使用权关系的内容也是由其所有权关系的内容派生出来的。由于房地产产权关系中权利和义务的内容在性质上的不同，从而决定了其权利和义务的实现也是各不相同的。作为房地产产权关系主体的一方，房地产的所有权人可以依据法律规定，以合同形式，将自己拥有的房地产使用权转让给他人，因而负有在一定期限内向对方提供土地或房屋的使用权义务，同时也享有监督和检查对方的合理使用行为，并在使用或租赁期满时将使用权收回的权利。作为房地产产权关系中主体的另一方，房地产的使用者，依法或在合同规定的范围、期限内，对一定数量的土地或房屋享有使用权；同时，有在合同规定的范围内，占有和使用土地或房屋的权利，并负有支付地租或房屋租金并保护且按规定用途合理使用的义务。

3. 房地产产权关系的产生、变更和消灭

（1）房地产产权关系的产生　房地产产权关系的产生是指由于一定的法律事实的出现，使特定的产权关系主体之间形成一定的权利、义务。例如，土地使用权出让、转让合同、房屋租赁合同的签订，行政划拨用地申请的批准等，都可以使特定主体之间形成相应的权利、义务关系。房地产产权关系的产生一般是由法律事实引起的，即必须是法律规定的，或是依法行使的事实，如产权登记、颁发产权证书和合同的公证等确权行为，使产权关系主体之间形成权利义务关系。

（2）房地产产权关系的变更　房地产产权关系的变更是指由于某种法律事实的出现，使产权关系的构成要素发生变化，包括主体变更、权利义务内容变更和客体变更等。房地产产权关系主体变更的，如国家征用土地可以使集体土地所有权主体由农村集体经济组织变为国家；房屋买卖可以使房屋所有权人发生变化，权利主体甲——卖方，变为权利主体乙——买方；土地使用权转让，可以使权利主体和义务主体发生变化等。房地产产权关系内容的变更，一般是指主体享有的权利和义务的性质或范围发生变化，如国家制度、法规政策的变化，以及合同的修改等都可以使产权主体双方的权利义务范围发生变化。房地产产权关系客体的变更，一般可以是客体的数量、质量的变化，也可以是性质、范围的变化。如乱占滥用土地，引起土地的沙化、盐渍化，导致土地使用权关系客体的质量由好变劣；土地使用缺点的消除可以使土地使用权关系客体的范围变大或变小。

(3) 房地产产权关系的消灭　房地产产权关系的消灭是指其产权关系主体间的权利和义务关系的终止。由于一定客观现象的出现，可以造成产权主体间的权利义务关系终止。如合同期满，该合同主体双方的权利义务关系随即终止；国家建设征用农民宅基地，可以使使用宅基地的农民与集体经济组织之间的宅基地使用法律关系自行消灭；城市旧城改建，可以使这地区租赁房屋的租赁关系终止；国家有关的法律和政策的规定，可以导致房地产产权关系的终止。如《中华人民共和国土地管理法》第十九条中规定：凡用地单位已经撤销或者迁移的，未经批准机关同意，连续两年未使用的，不按批准的用途使用的，都可以由土地管理部门报县级以上的人民政府批准，收回用地单位的土地使用权，注销土地使用证，随即终止了该产权关系主体之间的一切权利义务关系。

房地产产权关系的产生、变更和消灭，一般是由法律事实引起的。法律事实有的是基于人的意志活动，有的是属于自然发生的现象。它包括行政行为、当事人行为、司法行为和事件，即自然现象和社会现象。房地产产权关系的产生、变更和消灭，都不是孤立的现象，它们相互之间都存在着因果关系。如某一种房地产产权关系的产生就可能导致另一种房地产产权关系的变更和消灭；某一种房地产产权关系的变更和消灭也会伴随着另一种产权关系的产生。

4. 房地产产权关系的保护

《中华人民共和国宪法》和《中华人民共和国民法通则》都明确规定：公民的合法财产受法律保护，禁止任何组织和个人侵占、哄抢、破坏或者非法查封、扣押、冻结、没收。因此，房地产产权关系一经形成，就具有法律效力，受国家法律的保护。一般认为，法律关系保护是指国家用强制力量保证依法建立的权利义务关系能得以实现的措施。房地产产权关系保护还不同于其他法律关系保护，它不像其他法律保护那样，只有在法律规范的实施遇到障碍时才产生法律保护，而是产权关系一旦形成，就通过法律、行政和技术的各项措施来防止或避免侵权行为的发生。所以，房地产产权关系的保护是自始至终的，从产权关系形成之日起，国家就通过产权调查、登记发证，以法律文书的形式来确认产权关系，维护产权人的合法权益。房地产产权关系发生变更或消灭时，当事人必须到主管机构办理产权变更或消灭的变更登记手续，换领或注销其产权证，以保护产权变更的合法性。为此，房地产产权保护的主要措施有：

（1）对侵权行为的排除　一切妨碍产权人对土地和房屋的合理占有、使用、收益和处分的行为，或者侵犯产权人实现依法建立的权利义务关系的行为，都是侵权行为。当产权人或产权的权利义务关系主体受到侵权时，可以通过政府主管部门或司法机关请求保护。其主要措施有：确权、恢复原状、归还房屋或土地、排除妨碍和赔偿损失等。当事人对行政处罚决定不服的，可以在接到处罚决定通知之日起 15 日内向人民法院起诉。法院通过对当事人依法提起诉讼的侵权案件和监察院依法提起的公诉案件进行审判，保护房地产产权关系主体权利的行使和义务的履行。

（2）确界　确界是指对界址的确认，包括对界址拐点、界址线和埋设界桩的确认。确界是产权登记的前提条件，是防止侵权行为的重要措施。确界一要以有关法律和政策为依据，二要有相关双方法人的认可；三要进行测量，并保证其具有精确性和复原的条件；四要保持界址点、界址线的鲜明和稳定。

（3）产权登记、核发证书　产权登记是确定房地产产权的合法性，产权证书是产权合法性的凭据。为此，它是产权保护措施的最核心的内容。除此，房地产产权主体双方签订的合同或协议书，双方现场指界书等都可以作为确定产权关系的凭据。

总之，房地产产权关系是一种比较复杂的法律关系，具有综合性和多样性的特点，对其保护的措施和方法必须是多种多样的。不仅有行政的、法律的，而且还要有经济的和技术的措施。这些措施是相互配合和综合运用的。

7.1.3 房地产产权类型及其权能

房地产产权类型是指按房地产权属的一定属性划分的房地产产权类别。划分房地产产权类别是理顺房地产产权关系、有利房地产产权管理和促进房地产使用制度改革的基础性工作和前提条件。

1. 房地产产权类型体系

按一定分类标志和统一规定的原则，把房地产产权的各种类型，有规律分层次地排列组合在一起，称为房地产产权体系。在房地产产权体系中，首先按照我国房地产权属的性质分为房屋产权，其次按所有权和使用权的性质分为国家所有、集体所有或个人所有，以及同所有权性质相对应的使用权形式。房地产产权类型如图 7-1 所示。

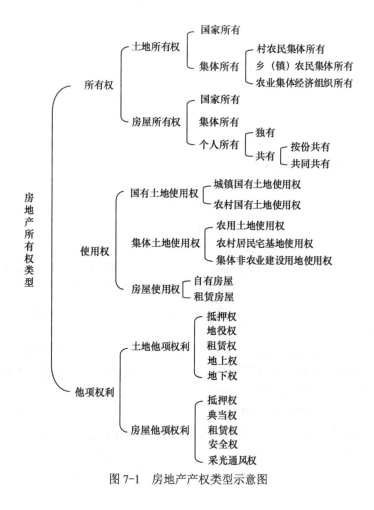

图 7-1 房地产产权类型示意图

2. 房地产所有权类型及其权能

房地产所有权是一定历史时期的所有制形式在法律上的表现。所有权和所有制之间存在着密切的关系。所有制是一定社会的生产资料归谁占有、归谁支配的基本经济制度，它构成该社会生产关系的基础和核心。所有权是由所有制形式决定的，是所有制在法律上的表现。

（1）所有权类型　房地产所有权的类型是由国家法律规定的。依照有关法律的规定，我国实行社会主义土地公有制，土地属国家和集体所有；房屋作为财产，可以依法分别属于国家所有、集体所有和个人所有。

（2）房地产所有权的权能　房地产所有权的内容是指其所有权法律关系中权利主体所享有的权利和义务。就权利而言，具体体现为房地产所有人在法律规定的范围内，对其房屋或土地享有的占有、使用、收益和处分的权能。其中，占有权通常由所有人行使，但也可以根据所有人的意志和利益分离出去，凡是根据法律的规定或所有人的意愿而占有的，是合法占有，能够形成为独立的占有权，并能排斥第三人的干涉。使用权是房地产所有人享有的一项独立权能，所有人可以在法律规定的范围内，依自己的意志使用土地和房屋。房地产所有人可以在法律规定的范围内，根据自己的意志和利益，将使用权分离出去，由非所有人享有。房地产使用权的实现，要以占有权为前提，当占有权与所有人分离以后，所有人的使用权也与所有权发生分离。但是，所有权和使用权相分离之后，并不排斥所有者要求在经济上的实现。收益权是基于行使房地产所有权而取得的经济收入的权利，是所有权在经济上实现自己的表现。收益权一般与使用权联系在一起，但收益权本身是一项独立的权能，使用权不能包括收益权。处分权是所有权人的最基本的权利，是所有权的核心。处分权一般是由所有权人行使的，也可以委托他人代管处理。房地产的处分权是有一定限制的，其行使范围不是无限的，而是受赋予其权利的法律规定限制的。

3. 房地产使用权类型及其权能

房地产使用权是指土地和房屋的使用者在法律允许范围内，对土地或房屋的占有、使用和部分收益的权利。在所有权和使用权相分离的条件下，房地产的使用权可以由非所有权人行使，并形成一项相对独立的产权。房地产使用权是国家的土地和房屋使用制度在法律上的体现，即具有使用土地和房屋的产权主体，依法律规定的程序办理其使用权的申请、登记、发证等手续，经法律确认拥有对房地产的使用权利。由于房地产使用权是根据法律或合同规定产生的，因此，使用权主体必须在法律或合同规定的范围内使用。房地产使用权是房地产所有权的一项权能，在"两权"分离的条件下，使用权主体无权决定房地产的最终处置，而只能依照法律和合同的规定转让使用权。

我国房地产使用权可以分为国有土地使用权、集体土地使用权和房屋使用权等。国有土地使用权又可分为城镇国有土地使用权和农村国有土地使用权。农村国有土地使用权主要指农、林、牧、渔场等国家依法拥有的土地使用权。

房地产使用权同样具有占有、使用、收益和处分四项权能。占有权是指使用人对房地产实行控制或支配的权利，它是产生使用权的前提和基础。使用权是指对房地产的利用和运用的权利，其使用必须依照法律和合同的规定进行。如企业使用土地是利用土地进行生产经营，因此，企业不得擅自把土地改作他用，也不得征而不用。收益权是使用人享有使用土地和房屋上利益的权利,即它是基于使用房地产而取得的经济收入。使用人占有土地和房屋取得使用权,其目的就是经营房地产,以获得一定的利益。对使用权的处分权是指使用人依照法律和合同的规定转让使用权的权利。可见,这里的处分不同于所有权人的处分,在非所有人使用权的情况下,使用人无权决定房地产的最终命运,它只能依照法律和合同的规定转让房地产使用权。

房地产使用权的各项权能要受到国家法律和所有权人意志的限制。因为房地产是社会财富,是社会生产的基本物质条件,它与人类的生产生活和环境等都有着密切的关系,因此,房地产使用者的各项权利都要受到限制。这种限制,一方面是从使用范围、使用条件、程序和使用年限等方面运用法律手段加以限制;另一方面,从既要维护国家权益、社会效益,又要使房地产使用者有利可图的原则出发制定限制政策。

4. 房地产他项权利

他项权利在民法中称为相邻权。房地产他项权利是指相互毗邻的所有权人或使用权人对各自的土地或房屋行使所有权或使用权时,因相互间应当给予方便或接受限制而形成的权利和义务。房地产他项权利的实质是对其所有权人和使用权人行使所有权和使用权的一种限制。这种限制,一方面要无损于所有人或使用人的正当合法利益,另一面也要照顾和方便对方的合理需要,对国家、集体和个人都有好处。所以,他项权利的设定和行使,不能超越国家法律所允许的范围。《中华人民共和国民法通则》第八十二条规定:"不动产相邻各方,应当按照有利生产、方便生活、团结互助、公平合理的精神,正确处理截水、排水、通行、通风、采光等方面的相邻关系。给相邻方造成妨碍或者损失的,应当停止侵害,排除妨碍,赔偿损失"。目前,我国房地产他项权利主要有:

(1)抵押权 房屋所有权及以出让方式取得的土地使用权可以设定抵押权。抵押开始,抵押权人即取得房屋或土地的抵押权,抵押人(产权人)和抵押权人(债权人)要订立抵押契约,规定还款期限及利息,到期不还清债务的,抵押权即消失。抵押人破产的,抵押权人享有以抵押物作价或从拍卖房地产价中优先得到清偿的权利。

(2)地役权 《中华人民共和国民法通则》对相邻或相隔的土地或房屋(不动产)的通行、取水和排水等权利,用相邻关系的形式作了规定。这里把这种在他人使用的土地或所有的房屋上取得通行、取水和排水的权利称为地役权。一般认为,相邻关系是通过法律规定的,不必经相邻各方约定而对房地产产权进行限制;同时,为了取得通过他人土地或院落、走道出入的权利,要向他人交纳一定的费用。

(3)租赁权 我国的房屋及经出让的国有土地使用权可以出租,承租人对所承租的房屋或土地有租赁权,这是我国的一种较为特殊的房地产他项权利。

(4)典当权(简称典权) 它是产权人将房地产以商定的典价典给承典人,承典人在典期内享有房地产的使用和管理权的行为。在典期内,承典人不收付出典价的利息,而出典人也不收房屋租金。典期满,房屋所有人,即出典人退回典价收回房产的产权。超过典期,出典人如不赎回或无力赎回,承典人享有房地产产权的权利。

除此,房地产的他项权利还有相邻采光通风权、相邻安全权、借用权、空中权、地上权和地下权等。

7.1.4 房地产产权取得方式

房地产产权取得有两种主要方式,一是原始取得;二是继受取得。它们是以是否按原所有权人的所有权和意志为依据而取得所有权来区分的。

1. 原始取得

原始取得也叫最初取得,它是指房地产所有权是根据法律的规定,不以原所有人的所有权和意志为根据,而直接取得所有权的方式。其主要包括:

(1)土地所有权原始取得 ①没收。在土地改革过程中,依法没收官僚资产阶级、地主阶级和反革命分子的土地,作为国有土地或者分配给无地和少地的农民所有。②社会主义合作化、集体化。我国农业合作化过程中,农民将自己的土地入社后转为集体所有的土地。社会主义改造是土地所有制的变革,不是对原所有人——农民土地所有权的剥夺。③无主土地。没有土地所有人或所有人不明的土地,依法收归国有。④添附。因海滩、河流的冲刷或改造形成的沙洲、滩涂等的土地,依法收归国有。

(2)房屋所有权原始取得 ①没收。与土地所有权原始取得一样,政府依法没收了官僚资本家和反革命分子的房产,以及接收原国民党政府各部门及其所属机构的房产作为公有房产。这类房产虽然原来有产权所有人,但原来的所有权依法被剥夺了,任何剥夺都是不承认被剥夺者原来的合法权益。②社会主义改造。这是指20世纪50年代对私有出租房屋的社会主义改造。这部分房屋是按国家政策规定进行房屋所有制的改革而取得的,不是对原有房屋所有权的继承。③新建。国家投资建设的、单位或个人自筹资金新建的房屋。④无主房屋。这是指房屋所有人不明或者没有所有权的房屋,依法归国家或集体组织所有。⑤公私合营、单位撤、并、转和调整的房产。

2. 继受取得

继受取得也叫传来取得,它是指房地产所有人通过某种法律行为从原所有人那儿取得的房地产所有权。它是最常见的所有权取得方式,如通过各种合同关系和继承关系取得的房地产所有权。房地产所有权继受取得的时间要依据协议或合同签订生效日期确定。房地产所有权继受取得的方式主要有:

(1)土地所有权继受取得 我国法律规定,土地不能买卖、赠与、遗赠。所以,土地所有权的继受取得方式主要是征用土地,即把集体所有土地通过国家征用转为国家所有,以及因土地被征用作建设用地而撤销了村民小组,农民迁移他地或转业,剩余土地归国家所有;通过统征、预征,把一定范围内的全部集体所有土地转为国家所有等。土地征用是有条件的。《中华人民共和国土地管理法》规定,国家建设征用土地,由用地单位向被征地单位支付土地补偿费、安置补助费等。因国家建设征用土地造成的多余劳动力,由县级以上地方人民政府土地管理部门组织被征地单位、用地单位和有关单位通过发展农副业生产和举办乡(镇)村企业等途径进行安置。土地被征用完后被撤销村民组织后的多余土地归国家所有,以及统征、预征后的地区,都是以安置被撤销村民组织的农民为前提的。这些补偿和安置措施都是以承认土地的原有的所有权人为前提的,所以,其性质属于继受取得。

(2)房屋所有权继受取得 房屋所有权的继受取得是以房屋的买卖、继承等方式为主。所以,常见的房屋的继受取得的法律事实多为民事法律行为,即根据法律或合同规定,从房屋的原所有权人那儿取得房屋所有权。房屋所有权继受取得需要有完备的法定程序和手续。

常见的房屋所有权继受取得的方式有：买卖房屋、产权交换、遗赠、赠与和继承等。

7.2 房地产权属登记管理

7.2.1 房地产权属登记

房地产权属登记是房屋所有权登记发证制度和土地使用权登记发证制度的总称，是房地产行政管理的重要的基础性工作。房屋所有权登记是指房地产行政主管部门代表政府对房屋所有权以及由上述权利产生的抵押权、典权等房屋他项权利进行登记，并依法确认房屋产权归属关系的行为。

房地产权属登记管理是用法律和行政的手段对房地产进行登记，审查确认产权，核发产权证书，办理产权的转移变更，调处产权纠纷，监督规范权利人的行为，建立准确、完整的产权档案资料等，从而建立正常的产权管理秩序，更好地保护权利人的合法权益。在产权登记有公信力的国家或地区，实质上就是以国家或政府的声誉来保证某一房地产权利的归属和可靠性，从而使这一房地产权利能够得到国家法律的保护。其中，房地产产权登记发证工作是房地产权属登记管理的首要核心内容。

7.2.2 房地产权属登记管理的内容

1. 房地产确权、发证

登记发证工作是权属登记管理的主要、经常性的工作。在全国性房地产总登记工作的基础上，主要的经常性的任务就是做好初始取得的土地使用权，新建房屋所有权，房地产权属的转让、变更、他项权利等的登记、核实、确权和发证工作，以及房地产灭失、土地使用权年限届满、他项权利终止等的注销工作。

2. 房地产测绘

房地产测绘是一项技术性工作，是根据房地产权属登记管理的需要，应用测绘技术绘制出以产权为核心、产权的单元界址为基础，以房屋及房屋所占用的平面位置、房屋状况、面积为重点的房地产图。用于房屋权属登记等房地产管理的房地产图经房地产行政管理部门审核后，纳入房地产产权档案统一管理。房地产测绘必须严格执行有关的测量技术规范。房地产的权属关系、自然状况发生变化时，应及时、准确地进行变更测量，使房地产图和房地产实际情况保持一致。

3. 房地产权属档案管理

首先，要做好现有权属档案资料的管理，要针对资料的收集、整理、鉴定、立卷、归档、制订目录、索引和保管等各个环节建立一整套制度，以便档案的科学管理和方便查阅利用。其次，是在初始档案的基础上，根据权属管理提供的权属转移、变更情况，对权属档案进行不断修正、补充和增籍、灭籍工作，以保持权属档案资料的完整、准确，使图、档、卡、册与实际情况保持一致。

除了以上三种任务外，权属登记管理工作还要为征地、拆迁房屋、落实私房政策的房产审查和处理权属纠纷提供依据。

7.2.3　房地产权属登记管理的目的和意义

1．保护房地产权利人的合法权益

建立权属登记管理制度的根本目的和出发点是保护房地产权利人的合法权益。开展产权登记管理工作，就是要及时、准确地对房地产权属进行登记、审查、确权，发放房地产产权证书。凡经房地产管理部门确认并颁发了房地产产权证的房地产，其权利人在房地产方面的权利，如房屋所有权、土地使用权、房地产租赁和抵押、公民合法继承权等，都受到国家法律的保护，任何组织或个人侵犯了房地产权利人的这些合法权益，都要承担法律责任。

2．产权登记管理是房地产管理的基础工作

房地产的发展离不开产权登记管理工作。首先，房地产开发和住宅建设，需要产权登记管理部门提供建设区域内的土地和原有房屋的各种资料，以便合理地规划建设用地，妥善安置原有住户，并依法按有关规定对拆迁的房屋给予合理补偿。其次，房屋的买卖、土地使用权的转让、房地产租赁、抵押等房地产交易活动，都涉及房地产权属和房屋的自然状况，这就要求产权登记管理部门提供该房地产的位置、权界、面积、建筑年代等准确的资料，以便对交易的房地产进行评估，征收有关税费，为房地产保险业务提供依据，办理产权过户手续，从而防止房地产交易后产生各种产权纠纷。再次，房地产服务也需要产权登记管理部门提供房地产产权性质及房地产的有关资料，以便根据不同的产权性质、地段、面积、结构、用途等具体情况，确定修缮范围和应收取的费用，保证房地产的正常管理和服务。综上所述，产权登记管理贯穿房地产开发、建设、使用的全过程。

3．产权登记管理为城市规划、建设、管理提供科学依据

要搞好城市规划、建设和管理，首先要了解城市土地的自然状况，以及房屋的布局、结构、用途等基本情况。产权登记管理工作能全面、完整、及时、准确地提供上述资料，从而使城市规划和建设更加科学化。产权登记管理资料所提供的各种信息对旧城改造、新区建设、市政工程、道路交通、环保、绿化等城市建设和管理都是不可缺少的科学依据。

7.2.4　房地产权属登记管理的原则

1．房屋所有权与该房屋所占用的土地使用权实行权利主体一致的原则

房地产是一个有机的不可分割的统一体，因此，房屋所有权人和该房屋占用的土地使用权人，必须同属一人（包括法人和自然人）。除法律、法规另有规定的以外，在办理产权登记时，如发现房屋所有权人与该房屋所占用的土地使用权人不属同一人时，应查明原因。一时查不清的，暂不予办理登记。

2．房地产产权登记的属地管理原则

房地产是坐落在一定的自然地域上的不可移动的资产，因此，房地产权属登记管理必须坚持属地管理原则，即只能由市（县）房地产管理部门负责所辖区范围内的房地产权属管理

第7章 房地产产权产籍管理

工作；房地产权利人也只能到房屋所在地的市（县）房地产管理部门办理产权登记。

7.2.5 我国的房地产权属登记制度的特点

1. 房地产权属登记为房地产权利动态登记

当事人对房地产权利的取得、变更、丧失均须依法登记，不经登记，不发生法律效力，不能对抗第三人。经省、自治区、直辖市人民政府确定，县级以上地方人民政府由一个部门统一负责房产管理和土地管理工作，可以制作、颁发统一的房地产权证书，依照《中华人民共和国城市房地产管理法》第六十一条的规定，将房屋的所有权和该房屋占用范围内的土地使用权的确认和变更，分别载入房地产权证书。其过程是动态管理过程。

2. 房地产权属登记采取实质性审查

房地产权属登记时，登记机关对登记申请人提出的登记申请，不仅要审查形式要件，而且还必须对申请登记的权利的权源证明是否有效进行严格审查，并要进行实地勘验，形式要件与实地勘验结果一致，方予以登记。

3. 房地产权属登记具有公信力

依法登记的房地产权利受国家法律保护，产权证书是权利人依法拥有房产权利的唯一合法凭证。房地产权利一经登记机关在登记簿上注册登记，该权利对抗善意第三人在法律上有绝对效力。

4. 房地产产权登记实行强制登记制度

以出让或者划拨方式取得土地使用权，应当向县级以上地方人民政府土地管理部门申请登记，经县级以上地方人民政府土地管理部门核实，由同级人民政府颁发土地使用权证书。

在依法取得的房地产开发用地上建成房屋的，应当凭土地使用权证书向县级以上地方人民政府房产管理部门申请登记，由县级以上地方人民政府房产管理部门核实并颁发房屋所有权证书。

房地产转让或者变更时，应当向县级以上地方人民政府房产管理部门申请房产变更登记，并凭变更后的房屋所有权证书向同级人民政府土地管理部门申请土地使用权变更登记，经同级人民政府土地管理部门核实，由同级人民政府更换或者更改土地使用权证书。若不登记，房地产权利便得不到法律保护，且要承担相应的法律责任。

5. 颁发权利证书

房地产权属登记机关对产权申请人登记的权利，按程序登记完毕后，还要给权利人颁发产权证书。产权证书为权利人权利之凭证，由权利人持有和保管。

7.2.6 房地产产权登记发证机关

《中华人民共和国城市房地产管理法》规定："由县级以上人民政府房产管理部门核实并颁发房屋所有权证书"。《城市私有房屋管理条例》规定："城市私有房屋所有人，须到房屋所在地房管机关办理所有权登记手续，经审查核实后，领取房屋所有权证书"。国务院1994年颁发的《关于深化城镇住房制度改革的决定》中规定："职工购买住房，都要到房产管理部门办理住房过户和产权转移登记手续，同时要办理相应的土地使用权变更登记手续，并领取统一制定的产权证书"。2000年，国务院法制办对建设部《关于请求解释<城市房地产管理法>中房产管理部门的函》的复函中明确，核发房屋所有权证书的部门，是指县级以上人民政府行使房产行政管理职能的部门。2015年6月29日，国土资源部发布《不动产登记暂行条例实施细则》，对各类权利登记又进行了明确规定。2019年8月26日，第十三届全国人大常委会第十二次会议表决通过关于修改土地管理法、城市房地产管理法的决定。依据上述法律、法规的规定，房地产行政主管部门是法定的房屋所有权登记发证机关，其他部门办理的房屋所有权登记和发放的房屋所有权证书，不具有法律效力，不受国家法律的保护。

作为国家一级的管理机构，国务院内部的分工是：住房和城乡建设部负责全国房屋所有权的确权、登记、发证管理工作，国土资源部负责全国土地使用权的确权、登记、发证管理工作。省级地方的房地产产权发证管理工作机构的分工及其职权由各省、自治区、直辖市人民政府根据具体情况确定。市、县级房地产登记发证的管理机构分工及工作程序分两种情况：①在房、地分管体制下的情况。《城市房地产管理法》对工作程序作了如下规定："以出让或者划拨方式取得土地使用权，应当向县级以上地方人民政府土地管理部门申请登记，经县级以上地方人民政府土地管理部门核实，由同级人民政府颁发土地使用权证书。""在依法取得的房地产开发用地上建成房屋的，应当凭土地使用权证书向县级以上地方人民政府房产管理部门申请登记，由县级以上人民政府房产管理部门核实并颁发房屋所有权证书。""房地产转让或者变更时，应当向县级以上地方人民政府房产管理部门申请房产变更登记，并凭变更后的房屋所有权证书向同级人民政府土地管理部门申请土地使用权变更登记，经同级人民政府土地管理部门核实，由同级人民政府更换或者更改土地使用权证书。""法律另有规定的，依照有关法律的规定办理。"②在房、地统管体制下的情况。《城市房地产管理法》规定："经省、自治区、直辖市人民政府规定，县级以上地方人民政府由一个部门统一负责房产管理和土地管理工作的，可以制作颁发统一的房地产权证书"。房、地实行统一管理的有安徽、广东、北京、上海、重庆等省、市。

目前全国房地产产权登记管理体制，大体有以下三种模式：

1）按土地出让前后划分权限的管理模式，即土地管理部门负责土地出让和出让前的工作，土地出让以后的一切管理工作由房地产管理部门负责。这种模式，即房地产管理局负责城区土地出让后的土地地政、地籍管理，并统一发房屋所有权证和土地使用权证。这种模式实行由房地产管理部门"一家发两证"的做法。

2）城、乡划分权限的管理模式，即城市范围内土地的出让、转让、出租、抵押以及土地使用权和房屋所有权的登记发证管理工作均由市房地产管理局负责，农村地区的土地管理由土地管理局负责。这种模式在产权登记发证方面实行由房地产管理局"一家发两证"的做法。

3）实行"房地合一"的管理模式，即市政府把房地产管理局和土地管理局合署办公，实行"一套人马，两块牌子"的体制，作为城乡房地产的主管部门。在产权登记发证方面实行只发一个"房地产证"的做法。

7.2.7 房地产权属登记的种类

房地产权属登记分为总登记、土地使用权初始登记、房屋所有权初始登记、转移登记、变更登记、他项权利登记、注销登记七种。

1. 总登记

总登记也叫静态登记，是在一定行政区域和一定时间内进行的房屋权属登记。进行总登记是因为没有建立完整的产籍或原有的产籍因其他原因散失、混乱，必须全面清理房屋产权、整理产籍，建立新的产权管理秩序。

总登记应由县级以上人民政府在规定的登记期限开始之日 30 日前发布公告，公告应当载明以下有关事项：总登记的区域、申请的期限（注明起止日期）、申请人应当提交的有关证件（告知登记人应携带的证件和有关文件）、受理登记的地点（可以是登记机关所在地或登记机关设立的登记点）、其他应当公告的事项（如登记费用、不登记的责任等）。

2. 土地使用权初始登记

以出让或划拨方式取得土地使用权的，权利人应申请办理土地使用权初始登记。办理土地使用权初始登记，申请人应提交批准用地或土地使用合同等证明文件。

3. 房屋所有权初始登记

房屋所有权初始登记是指新建房屋申请人，或原有但未进行过登记的房屋申请人就原始取得所有权而进行的登记。在依法取得的房地产开发用地上新建成的房屋和集体土地转化为国有土地上的房屋，权利人应当自事实发生之日起 30 日内向登记机关申请办理房屋所有权初始登记。在开发用地上新建成的房屋登记，权利人应向登记机关提交建设用地规划许可证、建设工程规划许可证及土地使用权证书等证明文件；集体土地转化为国有土地上的房屋，权利人应向登记机关提交用地证明等有关文件。房地产开发公司出售商品房应在销售前到登记机关办理备案登记手续。

4. 转移登记

转移登记是指房屋因买卖、赠与、交换、继承、划拨、转让、分割、合并、裁决等原因致使其权属发生转移而进行的登记。权利人应当自事实发生之日起 90 日内申请转移登记。申请转移登记，权利人应提交原房地产产权证书以及与房地产转移相关的合同、协议、证明等文件。

5. 变更登记

变更登记是指房地产权利人因法定名称改变，或者房屋状况发生变化而进行的登记。如权利人法定名称变更或者房地产现状、用途变更，房屋门牌号码的改变，路名的更改，房屋的翻建、改建或添建而使房屋面积增加或减少，部分房屋拆除时，房地产权利人均应自事实发生之日起 30 天内申请变更登记，由房地产权利人提交房地产产权证书以及相关的证明文件办理。

6. 他项权利登记

他项权利登记是指为设定抵押、典权等他项权利而进行的登记。申请他项权利登记，权利人应提交的证明文件有：①以地上无房屋（包括建筑物、构筑物及在建工程）的国有土地作为抵押物的，应提交国有土地使用权证，土地使用权出让、抵押合同及相关协议和证明文件。②以房屋及其占用土地作为抵押物的，除应提交前款所列证明文件外，还应提交房屋产权证书。

7. 注销登记

注销登记是指房屋权利因房屋或土地灭失、土地使用年限届满、他项权利终止、权利主体灭失等而进行的登记。以下几种情况均应申请注销登记：①房屋灭失，所有权的要素之一客体灭失，房屋所有权不复存在。②土地使用权年限届满，房屋所有权人未按《城市房地产管理法》的规定申请续期，或虽申请续期而未获批准的，土地使用权由国家无偿收回。按房屋所有权和该房屋占用范围内土地使用权权利主体一致的原则，原所有人的房屋所有权也不复存在。③他项权利终止。抵押权是因主债权的消灭，如债的履行以及房屋灭失或抵押权的行使而使抵押权归于消灭。典权是因典期届满、出典人回赎或转典为卖以及房屋灭失而使典权归于消灭。

房地产权利丧失时，原权利人应申请注销登记。申请注销登记，申请人应提交房地产产权证书、相关的合同、协议文件。无权利承受人或不能确定承受人的，由登记机关代为注销登记。

7.2.8 申请房地产权属登记的条件及当事人申请登记的时限

1. 权属登记应同时具备四项条件

1）申请人或代理人具有申请资格。

2）有明确具体的申请请求。

3）申请登记的房地产产权来源清楚、合法，证件齐全，没有纠纷，且不属于被限制转移或被查封以及违章建筑的房屋。

4）属受理登记的登记机关管辖。

2. 申请登记的时限

1）总登记：申请人应在地方人民政府公告的期限内申请。

2）初始登记：新建的房屋，申请人须在房屋竣工后 3 个月内向登记机关提出申请；集体土地上的房屋因土地所有权变为国家土地，申请人须自这一事实发生之日起 30 日内申请。

3）转移登记：应在事实发生之日起 90 日内提出申请。

4）变更、注销登记和他项权利登记：都应在事实发生之日起 30 日内提出申请。

7.2.9 房地产权属登记程序

房地产权属登记按受理登记申请、产权审核、公告、核准登记并颁发房屋产权证书等程序进行。

1. 受理登记申请

受理登记申请是申请人向房屋所在地的登记机关提出书面申请，填写统一的登记申请表，提交有关证件。如其手续完备，登记机关则受理登记。房屋所有权登记申请必须由房屋所有权人提出，房屋他项权利登记应由房屋所有人和他项权利人共同申请。

申请人填写登记申请表时，权利人必须使用法定名称。权利人为法人或其他组织的，应由其法定代表人申请；权利人为自然人的，应使用与其身份证件相一致的姓名。对委托代理申请登记的，应收取委托书并查验代理人的身份证件，不能由其他人持申请人的身份证件申请登记。

工作人员在查验各类证件、证明和申请表后，接受申请人的登记申请，并校核收取的各类书证，向申请人出具收件收据。

登记机关自受理登记申请之日起 7 日内应当决定是否予以登记，对暂缓登记、不予登记

第7章 房地产产权产籍管理

的，应当书面通知权利人（申请人）。

2．权属审核

权属审核是房地产产权登记机关对受理的申请进行权属审核，主要是审核查阅产籍资料、申请人提交的各种证件、核实房屋现状及权属来源等。权属审核一般采用"三审定案"，即初审、复审和终审的方法。随着我国权属登记制度的日益完善，对一部分房屋权属的确定，可以视情况采用更为简捷的方法。例如，已经由房地产开发企业申请备案登记的房屋，房屋及其分层分户的状况已十分明确，权属转移手续也较为规范。这样就可以采用初审和终审的方法，省去复审过程。对于商品房甚至可以采用直接登记当即发证的方法，收件后随即终审审批并打印产权证书。

（1）初审　初审是对申请人提交的证件、证明以及此房屋状况等进行核实，并初步确定权利人主张产权的依据是否充分、是否合法，初审工作要到现场查勘，并着重对申请事项的真实性负责。

现场勘丈：现场勘丈和房地产测绘不同，除了对房屋坐落位置、面积进行核实外，还要核对权属经界、墙界情况，对邻户的证明也要予以一一核定，其中包括签字、印章的真实性。对有租户或共有的房产，如果属于房屋买卖以后的转移登记，还要查核有无优先购买权问题。

（2）复审　复审人员依据初审中已确定的事实，按照法律、法规及有关规定，并充分利用登记机关现存的各项资料及测绘图件，反复核对，以确保权属审核的准确性。复审人对登记件负责全面审查，着重对登记所适用的法律、法规要求负责。

3．公告

公告是对可能有产权异议的申请，采用布告、报纸等形式公开征询异议，以便确认产权。公告并不是房屋产权登记的必经程序，登记机关认为有必要进行时才进行公告。但房屋产权证书遗失的，权利人应当及时登报声明作废，并向登记机关申请补发。登记机关应进行补发公告，经6个月无异议者，方可予以补发房屋产权证书。

4．核准登记、颁发房屋产权证书

（1）核准登记　经初审、复审、公告后的登记件，应进行终审，经终审批准后，该项登记即告成立，终审批准之日即是核准登记之日。

终审一般由直接负责权属登记工作的机构，如产权管理处的领导或领导指定的专人进行。终审是最后的审查，终审人员应对登记的全过程负责，对有疑问的问题，应及时向有关人员指出；对复杂的问题，也可采用会审的办法，以确保确权无误。

（2）产权证书的制作　经终审核准后，可以制作产权证书。房屋产权证书应当按住房和城乡建设部《关于制作颁发全国统一房屋产权证书的通知》的规定制作和填写。无论是使用计算机缮证还是手工缮证，在缮证后都要由专人进行核对，核对各项应填写项目是否完整、准确，附图与登记是否一致，相关的房屋所有权证、房屋他项权证和共有权保持证的记载是否完全一致。核对人员要在审批表核对人栏内签字以示负责。核对无误的产权证书就可编造清册，并在产权证书上加盖填发单位印章。

（3）产权证书的颁发　向权利人核发产权证书是权属登记程序的最后一项，具体流程如下：

1）通知权利人领取产权证书。一般可采用寄发统一的领证通知书的办法，告知权利人在规定时间携带收件收据、身份证件以及应缴纳的各项费用到指定地点领取。

2）收取登记费用。登记费用一般包括登记费、勘丈费和权证工本费。

3）发证。发证时应当请权利人自己检查一下产权证书上所载明的各登记事项是否准确。房屋产权证书应当发给权利人或权利人所委托的代理人。房屋他项权登记时房屋所有权证应发还给房屋所有权人，他项权证应发给他项权利人。发证时，领证人、发证人都应在审批表相应的栏目内签字并注明发证日期。发证完毕后，将收回的收件收据及全部登记文件及时整理，装入资料袋，及时办理移交手续，交由产籍部门管理。

登记机关受理登记申请后，凡权属清楚、产权来源资料齐全的，应在规定的时间内核准登记，并颁发房屋产权证书。初始登记、转移登记、变更登记、他项权利登记时间为30日，注销登记时间为15日。

7.2.10 几种特殊情况下的权属登记

1. 房改售房权属登记

为保证住房制度改革的顺利实施，保障产权人的合法权益，规范房改中公有住房出售后的权属登记发证工作，住房和城乡建设部对房改售房权属登记发证有专项规定。

职工以成本价购买的住房，产权归个人所有，经登记核实后，发给《房屋所有权证》，产别为"私产"，注记："房改出售的成本价房，总价款××元"。职工以标准价购买住房，拥有部分产权，经登记核实后，也发给《房屋所有权证》，产别为"私产（部分产权）"，注记："房改出售的标准价房，总价款××元，售房单位××××，产权比例为××（个人）；××（单位）。"上述两款的"总价款"是指实际售价与购得建筑面积的乘积，不是指按规定折扣后的实际付款额。以成本价或标准价购买的住房，产权来源为"房改售房"。

数人出资购房并要求核发《房屋共有权证》的，经登记核实后，可发给权利人《房屋共有权证》，并根据投资比例，注记每人所占份额。

对于集资建房、合作建房、单位补贴、解困房等，原则上应以建房时所订立的协议（或合同）中所规定的产权划分条款为准。产权划分条款订立不明确的，应由当事人再行协商，补签协议予以明确，按补签协议划分产权。以后，各类建房协议（或合同）凡涉及产权划分的，都应明确规定房屋建成后的产权分配。

2. 商品房的登记

房地产开发企业在获得开发地块并建成房屋后，应按《城市房地产管理法》第六十条的规定："凭土地使用权证书向县级以上地方人民政府房产管理部门申请登记，由县级以上地方人民政府房产管理部门核实并颁发房屋所有权证书"。这样规定，可以使商品房的管理更为规范，也更有利于维护消费者的合法权益。在实际工作中，由于开发企业将房屋建成时，已有一部分或者大部分已经预售，余下的房屋也将陆续出售，很多地方都采用备案的方法。与一般的初始登记的区别在于，在按正常的登记手续登记后不立即给开发企业发统一的产权证书，而是将每一处的房屋状况分为若干个单位（如按套）分别记录在案或输入计算机，然后允许购买商品房的客户凭购房合同和发票直接办理房产交易和转移登记手续。

3. 分割出售房屋的登记

以前，一些房地产开发企业将房屋以 $1m^2$ 为单位进行销售，实为融资。由于这种房屋所有权的客体不明确，没有明确的位置和权属界址，房屋所有权无法确认。住房和城乡建设部发出通知，要求各地登记机关不得为"$1m^2$单位"出售的房屋办理权属登记手续。

4．在建工程和预售商品房抵押登记

住房和城乡建设部《城市房地产抵押管理办法》中分别规定了在建工程抵押和预购商品房贷款抵押。在建工程抵押时，当事人应按《城市房地产抵押管理办法》第二十八条的规定，在抵押合同中载明有关内容，登记机关在办理登记时，要按这一内容进行审核。在建工程竣工时，如抵押权仍未消灭，抵押人在申请领取房屋产权证书时，当事人应重新办理房产抵押登记。

预售商品房抵押也称为房屋期权抵押，购房者在签订购房合同时，双方只是产生了债的关系，购房者获得的仅仅是债权，尚不是房屋所有权。登记机关受理预售商品房抵押登记时，要审核出售房屋一方是否获得商品房预售许可证，在房屋竣工交付使用时，对已办理预售商品房抵押登记的，应在领取房屋所有权证时同时办理房屋抵押登记。

7.2.11 注销房屋权属证书

在房地产产权登记管理工作中，发现有下列情形者，登记机关将注销房屋权属证书：①申报不实。②涂改房权属证书。③房屋权利灭失，而权利人未在规定期限内办理房屋产权注销登记。④因登记机关的工作人员工作失误造成房屋产权登记不实的。

注销房屋产权证书，登记机关应当作出书面决定，送达当事人，并收回原发放的房屋产权证书或者公告原房屋产权证书作废。

另外，人民法院或者仲裁机构生效的法律文书确定房地产管理部门应当注销房屋产权证书的、原登记证明文件被有权机关依法撤销的和其他依法应当注销的，房地产管理部门应当按照规定程序注销房屋产权证书。

7.3 房地产权属档案管理

7.3.1 房地产产籍管理的内容

房地产权属档案是城市房地产行政管理部门在房地产权属登记、调查、测绘、权属转移、变更等房地产权属管理工作中直接形成的有保存价值的文字、图表、声像等不同形式的历史记录，是城市房地产权属登记管理工作的真实记录和重要依据，是城市建设档案的组成部分。房地产权属档案资料是由房地产平面图、房地产有关证明和文件、房地产卡片、房地产权属账簿（表、簿册）四个方面组成。

1．房地产平面图

房地产平面图是一种反映房屋、土地现状的专业图。房地产平面图是由测绘专业人士按国家规定的房产测量规范、标准和程序，勘测和绘制出反映城市房屋和土地的分布、占有、使用等方面情况的专用性图样。房地产平面图包括房屋及其所占用的土地使用权权属界定位置图、房产分幅平面图、房产分丘平面图和房屋分层分户平面图。

2. 房地产有关证明和文件

房地产有关证明和文件是城市房地产行政管理部门在房地产权属登记、调查、测绘、权属转移、变更等房地产产权管理工作中直接形成的有保存价值的文字、图表、声像等不同形式的历史记录，是城市房地产产权登记管理工作的真实记录和重要依据，是城市建设档案的组成部分。这些证明和文件主要记录和反映房地产权利人的房屋所有权、土地使用权状况的历史演变和房地产权属纠纷的处理结果及其过程等方面的情况，是审查和确定房地产权属的重要依据。以下证明和文件材料属于房地产产权档案的归档范围。

1）房地产权利人，房地产权属登记确权，房地产权属转移及变更、设定他项权利等有关的证明和文件：①房地产权利人（自然人或法人）的身份（资格）证明、法人代理人的身份证明、授权委托书等。②建设工程规划许可证，建设用地规划许可证，土地使用权证书或者土地来源证明，房屋拆迁批件及补偿安置协议书，联建或者统建合同，翻、改、扩建及固定资产投资批准文房屋竣工验收有关材料等。③房地产买卖合同书，房产继承书，房产赠与书，房产析产协议书，房产交换协议书，房地产调拨凭证，有关房产转移的上级批件，有关房产的判决、裁决、仲裁文书及公证文书等。④设定房地产他项权利的有关合同、文件等。

2）房屋及其所占用的土地使用权权属界定位置图、房地产分幅平面图、分丘平面图、分层分户平面图等。

3）房地产产权登记工作中形成的各种文件材料，包括房产登记申请书、收件收据存根、权属变更登记表、房地产状况登记表、房地产勘测调查表、墙界表、房屋面积计算表、房地产登记审批表、房屋灭籍申请表、房地产税费收据存根等。

4）反映和记载房地产权属状况的信息资料，包括统计报表、摄影片、照片、录音带、录像带、缩微胶片、计算机软盘、光盘等。

5）其他有关房地产权属的文件资料，包括房地产权属冻结文件，房屋权属代管文件，历史形成的各种房地产权证、契证、账、册、表、卡等。

3. 房地产卡片

房地产卡片是对房地产权利人的情况，房屋所有权、土地使用权状况以及产权来源等情况扼要摘录而制作的一种卡片。它按房地产产籍地号（丘号）顺序，以一处房屋坐落中的每幢房屋为单位而填制。

4. 房地产登记簿册

房地产登记簿册是房地产权属登记、发证中根据工作需要而分类编制的各种表册的总称。房地产产籍资料的各项内容应该是一致的，并应及时进行异动管理。

7.3.2 房地产权属档案的特点

1. 专业性

1）权属档案产生于房地产专业部门，权属档案是权属管理活动中形成的历史记录。权属管理是依照一定法规进行的，是任何其他部门不能替代的。因此，房地产部门是产生权属档案的专业部门。

2）权属档案是专业性材料。房地产产权管理工作特别是权属登记工作，面广量大，政策性强，形成的档案材料专业性强。权属档案在内容和形式上与一般公文有明显的区别：内容上反映房地权属状况和房地位置和面积大小，文件名称采用房地产专业术语多；形式上，结构规范，多为表格式、填写式。

3）权属档案有自己专业管理方法。房地产管理部门在长期档案管理过程中，积累了经验，在档案管理中形成了以图、档、卡为主要内容的权属档案。图是指房地产平面图，包括分丘图、分层分户图，反映权属范围，形象直观；档是指产权文字档案，反映产权的来龙去脉，详尽细致，真实可靠；卡是指房地产卡片包括录入电脑的房地产情况表，它概括了档案的内容，弥补了图的不足，反映产权简洁明白，三位一体，以地号（丘号）为中心，各有侧重，相辅相成。这种权属档案，很适合产权管理的需要。

2. 动态性

权属档案的动态性是权属档案最显著的特点。权属档案形成后，房地产权属和房地情况并不是固定不变的，随着产权人的变化，房屋的损坏倒塌，城市建设的发展，房地产市场的活跃，房屋的买卖、交换、继承、赠与、分析等权属转移不断发生，房屋的拆除、翻改、扩建日趋频繁，土地分割、合并等房地变更又不可避免，因而房地产权属处于不断转移和变更之中，具有极强的动态性。目前，权属档案因产权变更引起异动的每年约有20%，动态周期又极不确定，长则几年、几十年，短则几天、几周、几个月，而产权管理要求图、档、卡、册与现状始终保持一致，反映实况。随着产权人的变化，房屋现状的变更，权属档案体系中的图、档、卡、册必须作相应更改，档案目录甚至于档案材料要作动态注记，档案必须补充新材料，以确保档案的真实性、系统性和完整性。产权的动态性，使权属档案成为"活"档案。

3. 真实性

权属档案是产权沿革的历史记录，这种记录必须与实际相符，记载的产权人、产权范围必须清楚，能在产权审核和排解产权纠纷中起凭证和参考作用。真实性是权属档案的生命，也是发挥档案的现实效用的基础和前提。一个城市的房地产管理部门是代表人民政府发放产权证件的，是一项非常严肃的工作，绝不允许因档案记录的不真实而造成错发产权证件，使政府的声誉带来不良影响，使得权利人的利益受到损害。

4. 完整性

权属档案的完整性体现在两个方面：一是房地结合，二是图档结合。

（1）房地结合　房屋权属登记应当遵循房屋的所有权和该房屋占用范围内的土地使用权权利主体一致的原则。就城市而言，房地是密不可分的，地面上一般都有建筑物，没有房屋就没有城市，房屋总是建在土地上，房主取得了土地使用权，一般也拥有房屋所有权；反之，有了房产所有权，也应同时拥有土地使用权。房产所有权发生转移，土地使用权要与之相一致，同时也要发生转移。因此，作为权属管理记录的房地产档案也应紧密结合，要确保土地和房地产档案的完整，不能人为地割裂房地产档案之间的有机联系。

（2）图档结合　房地产平面图上注记丘号（地号），这种丘号可当作为查找档案的索引。平面图上标志产权范围，一目了然。平面图上的产权界线和房屋墙界线结合起来判断，能反映墙的归属，防止产权纠纷。如果离开档案，则纯粹是毫无意义的几何线条，失去了它的产权含义。反之，档案离开图，产权范围则不明。只有图档结合，才能把产权真正反映清楚。

5．价值性

房地产属于不动产，价值高，在单位和个人的财产构成中占有重要地位。因此，权属档案属于财产档案。权属档案的有无，保管的好坏，记载得是否准确、全面，将关系到产权人的经济利益。

6．法律性

由记载房屋所有权归属的凭证材料组成的权属档案，具有法律效力，是房地产管理部门和人民法院确认房屋产权、处理房地产纠纷的重要依据。

鉴于上述特点，特别是权属档案的专业性和动态性，表明权属档案应由房地产管理部门统一管理并单独进行保管。权属档案不宜与文书档案、会计档案等其他门类档案相混淆。

7.3.3 权属档案的作用

权属档案是在房地产权属管理过程中形成的，是为权属管理服务的，然而它的服务范围远远超过权属管理范围，扩大到整个城市的建设和管理之中。权属档案的凭证和参考作用，主要表现在以下几个方面。

1．登记发证

依据权属档案审查确认产权是土地使用权和房屋所有权登记发证工作中的一个中心环节。事实证明，房地产产籍部门提供的大量权属档案，提高了发证的准确率，同时可为登记发证机构节省可观的人力、财力、物力。

2．交易评估

房地产交易实质是权利的转让。产权清楚是交易的前提。然而，社会上出现的伪造、涂改、谎报遗失重复申领房屋所有权证和房地产抵押贷款欺骗等行为，扰乱了正常交易秩序。房地产市场的管理者必须充分利用权属档案，揭穿欺诈行为，维护正常秩序。为了公平、公正、科学地做好房地产估价工作，也必须利用房地产档案记录的不同时间、不同地点、不同类型的房屋交易价格建立数据库。这个数据库是利用市场比较法评估房地产价格不可缺少的工具。

3．制定政策

房地产权属档案管理采用新技术、新设备，实现管理现代化。房地产权属档案管理机构与城市建设档案管理机构密切联系，加强信息沟通，逐步实现档案信息共享。为制定房地产政策、发展规划提供了依据，同时也为确定城市房屋拆迁安置面积提供了参考数据。

4．落实政策

落实政策，必须历史有事实，档案有记载，政策有依据，产权才能落实。

5. 司法仲裁

房屋拆建、买卖、继承的发生，不可避免会引起一些纠纷，要排解产权纠纷，房地产仲裁部门、司法部门都要查阅权属档案。

6. 规划建设

房地产权属档察记录了每一幢房屋的原始信息，如房屋的产别、结构、层次、建成年份、实际用途、建筑面积等。这些信息经处理就可以获得整个城市房地产基本情况，包括产权占有、分区分布情况，还可以测算出整个城市人均居住面积。这些信息是城市规划和建设不可缺少的依据。

7. 旧城改造

为美化市容、建设城市、改善人民居住条件，必然进行旧城改造。拆除旧房和建造新房，必然涉及产权。弄清拆迁范围内房地产情况是拆迁的前提。及时提供房地产档案，可以加快拆迁进度。

8. 史迹考证

权属档案记载了房地产沿革情况，一旦发现史迹，需要考察产权情况，必须查阅权属档案。

9. 编史修志

全国各地编写的房地志，引用了大量房地产档案史料。各地房地产档案中保存的明清以来历代房地产契纸，不仅为编史修志提供了丰富的材料，同时也为进一步研究各地几百年以来房地产发展史提供了宝贵的资料。

10. 房地征税

权属档案记载了每户每处房地产的面积、价值，可作为税务部门开征房地税的计税依据。

7.3.4 权属档案业务管理的内容

权属档案业务管理一般指权属档案馆（室）的业务工作，其内容包括权属档案的收集、整理、鉴定、保管、统计、利用等六项工作，通常称为权属档案工作六个业务环节，也可以将"检索""编研"从"利用"中分离出来，将"异动管理"从"整理"中分离出来，成为九个业务环节。

1. 收集

通过房地产总登记，全面收集各种权属证书及有关证件；通过日常办理的正常的转移变更登记和房产交易业务，收集房地产转移、变更等方面的情况；通过与基层房地产管理经营部门的业务联系，收集房地产经营管理部门的直管公房的增减变动情况；通过与城建、规划、拆迁、司法等有关部门和自管单位建立的工作制度并经常的联系，收集有关产籍的文书、资料，及时掌握整个房地产增减变动情况。

2. 整理

收集起来的权属档案，数量大、内容复杂，不便于保管和利用，需要分门别类，系统化。权属档案整理工作是指将档案由零乱到系统的过程，是权属档案工作的基础。

3. 鉴定

随着时间推移，权属档案数量日益增多，有些权属档案失去保存价值，需要对档案进行去粗取精的鉴别工作，这就形成了权属档案的鉴定工作。

4. 保管

由于自然和社会的因素都能使权属档案遭到破坏，为了更长远的利用权属档案，需要延长权属档案的寿命，保证权属档案的完整安全，这就形成了权属档案的保管工作。

5. 检索

权属档案是按照一定方法整理和保管的，而利用权属档案，则有特定的目的和要求。这就需要编制检索工具，从各种途径揭示权属档案的内容和成分，供利用者利用，这就形成权属档案检索工作。

6. 编研

为了保护权属档案的原件和满足更多的利用者利用权属档案，需对权属档案史料进行编辑研究，这就形成了权属档案的编研工作。

7. 统计

为了科学管理权属档案，需要了解权属档案和权属档案工作的情况，必须对权属档案和权属档案工作状况进行数量的统计、分析、研究，这就形成了权属档案的统计工作。

8. 异动管理

为了动态管理权属档案，产权转移变更后，必须对权属档案进行异动整理和统计，建立与实际一致的档案，这就形成了权属档案的异动管理工作。

9. 利用

保存权属档案的目的，是为各项工作提供利用。为了满足利用者的需求，采取各种形式和方法，向利用者介绍权属档案馆（室）库藏，提供利用。这就形成了权属档案利用工作。

权属档案工作业务的九个环节，担负着不同任务，相互制约，相互促进，是一个有机整体。从基本作用来看，收集、整理、鉴定、保管、检索、编研、统计、异动管理等环节，实际上为利用工作创造条件，是基础工作。因此，业务工作内容也可以划分为两个方面，基础工作和利用工作。

7.4 房地产测绘

7.4.1 房地产测绘概述

1. 房地产测绘的概念

（1）房地产测绘的定义　房地产测绘是指运用测绘仪器，测绘技术和测绘手段，来测定房地产的位置、界址、占地范围和面积数量等，为房地产权利人和管理部门提供信息服务的一项专业技术活动。

（2）房地产测绘的种类　房地产测绘包括房地产基础测绘和房地产项目测绘两种。

房地产基础测绘是指在一个城市或一个地域内，大范围、整体地建立房地产的平面控制网，形成房地产的基础图样—房地产分幅平面图的测绘活动。

房地产项目测绘是指因房地产开发、经营、交易和房地产权属管理等的需要，测量、绘制房地产分丘平面图和房地产分层分户平面图，形成图、表、卡、册、簿、数据等信息的测绘活动。

（3）房地产测绘成果　房地产测绘成果是指在房地产测绘过程中形成的数据、图、表、卡、册等信息和资料，主要包括：房产簿册、房产数据和房产图集。

取得相应资质的房地产测绘机构可根据委托方的要求提供全部或部分服务，并对其提交的测绘成果的准确性负责。

（4）房地产测量的基本内容　房地产测量的基本内容包括：房地产平面控制测量、房地产调查、房地产要素测量、房地产图绘制、房地产面积测算、房地产变更测量、房地产成果资料的检查与验收。

2．房地产测绘的作用

（1）为房地产开发、经营以及交易提供基本信息服务　房地产测绘成果是房地产商品量的量度依据，为房地产开发、经营企业实施房地产开发经营决策、销售、核算，提供了数量方面的参考依据，也为房地产消费者选择、购置房地产提供了必要的信息。当买卖双方以合同形式约定以产权登记面积作为销售面积且销售价格按单位面积售价来核定时，房地产面积就与房地产价值挂上了钩。

（2）为房地产管理提供信息服务　其一，在制定相关政策时，房地产管理部门需要掌握区域内房地产的整体情况，如房屋总量、房屋地域分布、行业分布情况、房屋利用状况等基础资料。其二，为了实施房地产权属登记发证管理，房地产管理部门需要掌握各个产权单位的具体位置、界址、占地范围和房屋面积等信息。其三，房地产测绘还可以为城市建设、司法机关判案、仲裁、税收、保险等部门提供基础资料和相关信息。

7.4.2　房地产面积测算

1．房地产面积测算的意义和内容

（1）房地产面积测算的意义　房屋及其用地的面积是房地产产权产籍管理、核发权属证书的重要信息，也是房地产开发商进行经营决策、房地产权利人维护合法权益的必不可少的资料；同时也是房地产税费的征收、城镇规划和建设的重要依据。房地产面积测算是一项技术性强、精确度要求高的工作，关系到国家、开发商、消费者和权利人的切身利益，是整个房地产测绘中非常重要的组成部分。

（2）房地产面积测算的内容　房地产面积测算包括房屋面积测算和用地面积测算。房屋面积测算包括房屋建筑面积、房屋使用面积和共有建筑面积的测算。用地面积测算包括房屋占地面积的测算、丘面积的测算、各项地类面积测算和共用土地面积的测算、分摊。

2．房地产面积测算的一般规定和方法

（1）房地产面积测算的一般规定

1）房地产面积的测算均指水平投影面积的测算。

2）各类面积的测算，必须独立测算两次，其较差应在规定的限差以内，取中数作为最后结果。

3）边长以 m 为单位，取至 0.01m；面积以 m^2 为单位，取至 $0.01m^2$。

4）量距应使用经鉴定合格的卷尺或其他能达到相应精度的仪器或工具。

5）楼层高度是指上下两层楼面或楼面与地面之间的垂直距离。

(2) 房地产面积测算的方法　面积测算的方法有很多，根据面积测算数据资料的来源，可分为解析法和图解法两大类。房地产面积的测算主要采用解析法；房屋面积一般采用几何图形法量算；用地面积大多采用界址点坐标法测算，也可以用图解法测算。

1）解析法测算面积。解析法测算面积是根据实地测量的数据，例如边长、角度或坐标等通过计算公式求得面积值。解析法测算面积的方法主要包括界址点坐标解析测算面积和几何图形法量算面积。

2）图解法测算面积。图解法测算面积是根据已有的房地产图，采用各种不同的测量仪器量算出面积，包括求积仪法、称重法、模片法、光电面积量算仪法等。

3．土地面积测算

(1) 土地面积测算的意义　土地面积测算是土地利用现状调查的重要组成部分，是取得土地数据资料的关键步骤。通过面积量算，为各级行政单位、各土地权属单位量算出土地总面积和各类土地面积。因此，量算工作是准确掌握土地资源数据的重要技术手段。

(2) 丘的测量要求　丘是指地表上一块有界空间的地块。丘有独立丘和组合丘之分，一个地块只属于一个产权单元时称为独立丘；一个地块属于几个产权单位时称为组合丘。一般以一个单位、一个门牌号或一处院落的房屋用地单元划分为独立丘，当用地单元的权属混杂和面积过小时，则划为组合丘。丘的权属界线是界址点的连线，按照《房产测量规范》的规定，界址点分为三级，精度要求按《房产测量规范》执行。

(3) 不计入用地面积的范围

1）无明确使用权属的冷巷、巷道或间距地。

2）市政管辖的马路、街道、巷道等公共用地。

3）公共使用的河滩、水沟、排水沟。

4）已征用、划拨或属于原房地产证记载范围，经规划部门核定需要作市政建设的用地。

5）其他按规定不计入宗地的面积。

4．房屋面积的测算一般规定

(1) 房屋建筑面积的定义　房屋建筑面积是指房屋外墙（柱）勒脚以上各层的外围水平投影面积，包括阳台、挑廊、地下室、室外楼梯等，且具备上盖，结构牢固，层高在 2.20m 以上（含 2.20m）的永久性建筑。房屋共有建筑面积是指权主共同占有或共同使用的建筑面积。

(2) 房屋使用面积和房屋产权面积　房屋使用面积是指房屋户内全部可供使用的空间面积，按房屋内墙面水平投影计算。房屋产权面积是指产权主依法拥有房屋所有权的房屋建筑面积。房屋产权面积由直辖市、市、县房地产行政主管部门登记确权认定。

(3) 计算建筑面积的有关规定

1）计算全部建筑面积的范围。建筑物的建筑面积应按自然层外墙结构外围水平面积之和计算。

第7章 房地产产权产籍管理

① 结构层高在2.20m及以上的，应计算全面积。

② 建筑物内设有局部楼层时，对于局部楼层的二层及以上楼层，有围护结构的应按其围护结构外围水平面积计算，无围护结构的应按其结构底板水平面积计算，且结构层高在2.20m及以上的，应计算全面积。

③ 对于形成建筑空间的坡屋顶，结构净高在2.10m及以上的部位应计算全面积。

④ 对于场馆看台下的建筑空间，结构净高在2.10m及以上的部位应计算全面积。

⑤ 地下室、半地下室应按其结构外围水平面积计算。结构层高在2.20m及以上的，应计算全面积。

⑥ 建筑物架空层及坡地建筑物吊脚架空层，应按其顶板水平投影计算建筑面积。结构层高在2.20m及以上的，应计算全面积。

⑦ 建筑物的门厅、大厅应按一层计算建筑面积，门厅、大厅内设置的走廊应按走廊结构底板水平投影面积计算建筑面积。结构层高在2.20m及以上的，应计算全面积。

⑧ 对于建筑物间的架空走廊，有顶盖和围护设施的，应按其围护结构外围水平面积计算全面积。

⑨ 对于立体书库、立体仓库、立体车库，有围护结构的，应按其围护结构外围水平面积计算建筑面积；无围护结构、有围护设施的，应按其结构底板水平投影面积计算建筑面积。无结构层的应按一层计算，有结构层的应按其结构层面积分别计算。结构层高在2.20m及以上的，应计算全面积。

⑩ 有围护结构的舞台灯光控制室，应按其围护结构外围水平面积计算。结构层高在2.20m及以上的，应计算全面积。

⑪ 有围护结构的舞台灯光控制室，应按其围护结构外围水平面积计算。结构层高在2.20m及以上的，应计算全面积。

⑫ 附属在建筑物外墙的落地橱窗，应按其围护结构外围水平面积计算。结构层高在2.20m及以上的，应计算全面积。

⑬ 门斗应按其围护结构外围水平面积计算建筑面积，且结构层高在2.20m及以上的，应计算全面积。

⑭ 设在建筑物顶部的、有围护结构的楼梯间、水箱间、电梯机房等，结构层高在2.20m及以上的应计算全面积。

⑮ 围护结构不垂直于水平面的楼层，应按其底板面的外墙外围水平面积计算。结构净高在2.10m及以上的部位，应计算全面积。

⑯ 建筑物的室内楼梯、电梯井、提物井、管道井、通风排气竖井、烟道，应并入建筑物的自然层计算建筑面积。有顶盖的采光井应按一层计算面积，且结构净高在2.10m及以上的，应计算全面积。

⑰ 在主体结构内的阳台，应按其结构外围水平面积计算全面积。

⑱ 对于建筑物内的设备层、管道层、避难层等有结构层的楼层，结构层高在2.20m及以上的，应计算全面积。

2）计算一半建筑面积的范围。

① 结构层高在2.20m以下的，应计算1/2面积。

② 建筑物内设有局部楼层时，对于局部楼层的二层及以上楼层，有围护结构的应按其围

护结构外围水平面积计算，无围护结构的应按其结构底板水平面积计算，结构层高在 2.20m 以下的，应计算 1/2 面积。

③ 对于形成建筑空间的坡屋顶，结构净高在 1.20m 及以上至 2.10m 以下的部位应计算 1/2 面积。

④ 对于场馆看台下的建筑空间，结构净高在 1.20m 及以上至 2.10m 以下的部位应计算 1/2 面积。室内单独设置的有围护设施的悬挑看台，应按看台结构底板水平投影面积计算建筑面积。有顶盖无围护结构的场馆看台应按其顶盖水平投影面积的 1/2 计算面积。

⑤ 地下室、半地下室应按其结构外围水平面积计算。结构层高在 2.20m 以下的，应计算 1/2 面积。

⑥ 出入口外墙外侧坡道有顶盖的部位，应按其外墙结构外围水平面积的 1/2 计算面积。

⑦ 建筑物架空层及坡地建筑物吊脚架空层，应按其顶板水平投影计算建筑面积。结构层高在 2.20m 以下的，应计算 1/2 面积。

⑧ 建筑物的门厅、大厅应按一层计算建筑面积，门厅、大厅内设置的走廊应按走廊结构底板水平投影面积计算建筑面积。结构层高在 2.20m 以下的，应计算 1/2 面积。

⑨ 对于建筑物间的架空走廊，无围护结构、有围护设施的，应按其结构底板水平投影面积计算 1/2 面积。

⑩ 对于立体书库、立体仓库、立体车库，有围护结构的，应按其围护结构外围水平面积计算建筑面积；无围护结构、有围护设施的，应按其结构底板水平投影面积计算建筑面积。无结构层的应按一层计算，有结构层的应按其结构层面积分别计算。结构层高在 2.20m 以下的，应计算 1/2 面积。

⑪ 有围护结构的舞台灯光控制室，应按其围护结构外围水平面积计算。结构层高在 2.20m 以下的，应计算 1/2 面积。

⑫ 附属在建筑物外墙的落地橱窗，应按其围护结构外围水平面积计算。结构层高在 2.20m 以下的，应计算 1/2 面积。

⑬ 窗台与室内楼地面高差在 0.45m 以下且结构净高在 2.10m 及以上的凸（飘）窗，应按其围护结构外围水平面积计算 1/2 面积。

⑭ 有围护设施的室外走廊（挑廊），应按其结构底板水平投影面积计算 1/2 面积；有围护设施（或柱）的檐廊，应按其围护设施（或柱）外围水平面积计算 1/2 面积。

⑮ 门斗应按其围护结构外围水平面积计算建筑面积，结构层高在 2.20m 以下的，应计算 1/2 面积。

⑯ 门廊应按其顶板的水平投影面积的 1/2 计算建筑面积；有柱雨篷应按其结构板水平投影面积的 1/2 计算建筑面积；无柱雨篷的结构外边线至外墙结构外边线的宽度在 2.10m 及以上的，应按雨篷结构板的水平投影面积的 1/2 计算建筑面积。

⑰ 设在建筑物顶部的、有围护结构的楼梯间、水箱间、电梯机房等，结构层高在 2.20m 以下的，应计算 1/2 面积。

⑱ 围护结构不垂直于水平面的楼层，应按其底板面的外墙外围水平面积计算。结构净高在 1.20m 及以上至 2.10m 以下的部位，应计算 1/2 面积。

⑲ 建筑物的室内楼梯、电梯井、提物井、管道井、通风排气竖井、烟道，应并入建筑物的自然层计算建筑面积。结构净高在 2.10m 以下的，应计算 1/2 面积。

第7章 房地产产权产籍管理

⑳ 室外楼梯应并入所依附建筑物自然层，并应按其水平投影面积的 1/2 计算建筑面积。

㉑ 在主体结构外的阳台，应按其结构底板水平投影面积计算 1/2 面积。

㉒ 有顶盖无围护结构的车棚、货棚、站台、加油站、收费站等，应按其顶盖水平投影面积的 1/2 计算建筑面积。

㉓ 对于建筑物内的设备层、管道层、避难层等有结构层的楼层，结构层高在 2.20m 以下的，应计算 1/2 面积。

3）不计算房屋面积的范围。

① 与建筑物内不相连通的建筑部件。

② 骑楼、过街楼底层的开放公共空间和建筑物通道。

③ 舞台及后台悬挂幕布和布景的天桥、挑台等。

④ 露台、露天游泳池、花架、屋顶的水箱及装饰性结构构件。

⑤ 建筑物内的操作平台、上料平台、安装箱和罐体的平台。

⑥ 勒脚、附墙柱、垛、台阶、墙面抹灰、装饰面、镶贴块料面层、装饰性幕墙，主体结构外的空调室外机搁板（箱）、构件、配件，挑出宽度在 2.10m 以下的无柱雨篷和顶盖高度达到或超过两个楼层的无柱雨篷。

⑦ 窗台与室内地面高差在 0.45m 以下且结构净高在 2.10m 以下的凸（飘）窗，窗台与室内地面高差在 0.45m 及以上的凸（飘）窗；室外爬梯、室外专用消防钢楼梯。

⑧ 无围护结构的观光电梯。

⑨ 建筑物以外的地下人防通道，独立的烟囱、烟道、地沟、油（水）罐、气柜、水塔、贮油（水）池、贮仓、栈桥等构筑物。

⑩ 对于形成建筑空间的坡屋顶，结构净高在 1.20m 以下的部位不应计算建筑面积。

⑪ 对于场馆看台下的建筑空间，结构净高在 1.20m 以下的部位不应计算建筑面积。

⑫ 围护结构不垂直于水平面的楼层，应按其底板面的外墙外围水平面积计算。结构净高在 1.20m 以下的部位，不应计算建筑面积。

（4）成套房屋建筑面积的测算　成套房屋的建筑面积由套内建筑面积及共有建筑面积的分摊组成。套内建筑面积由套内房屋的使用面积、套内墙体面积、套内阳台建筑面积三部分组成。

套内房屋的使用面积为套内使用空间的面积，以水平投影面积按以下规定计算：①套内房屋使用面积为套内卧室、起居室、过厅、过道、厨房、卫生间、厕所、贮藏室、壁柜等空间面积的总和。②套内楼梯按自然层数的面积总和计入使用面积。③不包括在结构面积内的套内烟囱、通风道、管道井均计入使用面积。④内墙面装饰厚度计入使用面积。

套内墙体面积是套内使用空间周围的维护或承重墙体或其他承重支撑体所占的面积，其中各套之间的分隔墙和套与公共建筑空间的分隔墙以及外墙（包括山墙）等共有墙，均按水平投影面积的一半计入套内墙体面积。套内自有墙体按水平投影面积全部计入套内墙体面积。

套内阳台建筑面积按阳台外围与房屋外墙之间的水平投影面积计算，其中封闭的阳台按其外围水平投影面积的全部计算建筑面积，未封闭的阳台按水平投影面积的一半计算建筑面积。

5. 共有建筑面积的分摊

（1）共有建筑面积的分类

1）不应分摊的共有建筑面积包括：独立使用的地下室、车棚、车库；作为人防工程的地下室、避难室（层）；用作公共休憩、绿化等场所的架空层；为建筑造型而建、但无实用功能的建筑面积，建在栋内或栋外与本栋相连，为多栋服务的设备、管理用房，以及建在栋外不相连，为本栋或多栋服务的设备、管理用房均作为不应分摊的共有建筑面积。

2）应分摊的共有建筑面积有两大类：第一类，作为公共使用的电梯井、管道井、垃圾道、变电室、设备间、公共门厅、过道、地下室、值班警卫用房等以及为整栋服务的公共用房和管理用房的建筑面积。第二类，单元与共有建筑之间的墙体水平投影面积的一半，以及外墙（包括山墙）水平投影面积的一半。

根据房屋共有建筑面积的不同使用功能，应分摊的共有建筑面积可分为三大类：

① 幢共有建筑面积：指为整幢（包括住宅功能、写字楼功能、商场功能等）服务的共有建筑面积，如为整幢服务的配电房、水泵房等。

② 功能共有建筑面积：指为某一建筑功能（如住宅、写字楼、商场等）服务的共有建筑面积，如为某一建筑功能服务的专用电梯、楼楼梯间、大堂等。

③ 本层共有建筑面积：指为本层服务的共有建筑面积，如本层共有走廊等。

（2）共有建筑面积分摊的原则

1）产权双方有合法的权属分割文件或协议的，按其文件或协议规定计算分摊。

2）无权属分割文件或协议的，根据房屋共有建筑面积的不同使用功能，按相关建筑面积比例进行计算分摊。

（3）共有建筑面积分摊的计算公式　按相关建筑面积比例进行分摊，计算各单元应分摊的面积，按下式计算：

$$\delta S_i = k \cdot S_i$$

$$k = \sum \delta S_i / \sum S_i$$

式中　δS_i——各单元参加分摊所得的建筑面积（m^2）；

　　　k——面积的分摊系数；

　　　$\sum \delta S_i$——需要分摊的分摊面积之和（m^2）；

　　　$\sum S_i$——参加分摊的各单元建筑面积之和（m^2）。

（4）共有建筑面积分摊的方法

1）住宅楼：住宅楼以幢（梯）为单元，按各套内建筑面积比例分摊共有建筑面积。

2）商住楼：将幢应分摊的共有建筑面积，根据住宅、商业不同使用功能，按建筑面积比例分摊成住宅和商业两部分。

① 住宅部分：将幢摊分给住宅的共有建筑面积，作为住宅共有建筑面积的一部分，再加上住宅本身的共有建筑面积，按住宅各套的建筑面积比例分摊。

② 商业部分：先将幢摊分给商业的共有建筑面积，加上商业本身的共有建筑面积，按商业各层套内建筑面积比例分摊至各层，作为各层共有建筑的一部分，加至相应各层本层共有建筑面积内，得到各层总的共有建筑面积，然后，再根据各层各套内建筑面积分摊其相应各层总的共有建筑面积。

第7章 房地产产权产籍管理

3）综合楼：多功能综合楼共有建筑面积按各自的功能，参照商住楼的分摊方法进行分摊。

本章小结

本章主要介绍了房地产产权的概念，房地产权属登记管理的内容，申请房地产权属登记的条件及当事人申请登记的时限，房地产产籍管理的内容。介绍了房地产产权关系，房地产产权类型及其权能。介绍了房地产权属登记管理的目的和意义、管理的原则，我国的房地产权属登记制度的特点，房地产权属登记发证机关、房地产权属登记的种类，房地产产权登记程序和注销房屋产权证书的有关规定。介绍了房地产权属档案的特点、作用，权属档案业务管理的内容。在了解房地产测绘的概念的基础上，能够测算房地产面积。这是房地产行政管理的一项重要工作。

复习思考题

1. 房地产权属登记包括哪几种？
2. 哪些情况应申请房屋注销登记？
3. 简述房屋权属登记的程序。
4. 简述房屋权属档案管理的内容。
5. 房地产面积测算的方法有哪几种？
6. 简述房屋建筑面积和房屋产权面积的关系。

第8章 房地产中介服务管理

★ 学习目标
1. 掌握房地产中介服务管理的概念、特点及行业管理内容
2. 掌握房地产估价师执业资格制度
3. 掌握房地产经纪人执业资格制度

★ 关键词
房地产中介 房地产中介服务管理 房地产估价师 房地产经纪人

8.1 房地产中介服务的行业管理

中介是市场经济的产物,中介服务行业是市场发展到一定程度出现的一种特殊行业。在国外,"中介机构"或"中介机构管理"一般称为"专门职业"或"专门职业管理"。凡需要专业知识或技能,并涉及社会公众需求及利益的职业,均属于专门职业的范畴,也就是中介服务的范畴。

我国房地产中介服务是伴随着我国房地产市场快速发展而产生、发展的。由于房地产具有价值量大、位置固定、使用期长和办理交易复杂等特点,相关当事人在房地产交易活动过程中需要专门的知识和可靠的信息相助,房地产中介服务行业则应运而生。随着我国房地产市场发展,房地产中介服务活动日益成为房地产活动中最活跃的环节,特别是《城市房地产管理法》颁布实施后,房地产中介服务行业的法律地位得到确认。房地产中介服务对促进我国房地产市场的快速健康发展,以及房地产交易市场、资本市场等要素市场体系的发育和发展起到不可替代的作用。

8.1.1 房地产中介服务的概念及特点

1. 房地产中介服务的概念

房地产中介服务是指具有专业执业资格的人员在房地产投资、开发、销售、交易等各个环节中,为当事人提供专业服务的经营活动,是房地产咨询、房地产价格评估、房地产经纪等活动的总称。房地产咨询是指为从事房地产活动的当事人提供法律、法规、政策、信息、技术等方面服务的经营活动。房地产价格评估是指对房地产进行测算,评定其经济价值和价格的经营活动。房地产经纪是指为委托人提供房地产信息和居间代理业务的经营活动。

2. 房地产中介服务的特点

(1) 人员特定 从事房地产中介服务人员必须是具有特定资格的专业人员,并不是所有的人都可以从事房地产中介服务活动或提供房地产中介服务,这些特定资格的专业人员都是有一定的学历和专业经历,并通过了专业资格考试,掌握了一定的专业技能。他们凭借自身了解市场、熟悉各类物业特点的优势,在中介活动过程中,为从事房地产活动的当事人提供专业的、快捷的服务,可使客户大大地节约流通时间和费用,同时,也刺激了房地产商品的生产和流通。如从事房地产价格评估业务的人员必须是取得房地产估价师执业资格并经注册取得《房地产估价师注册证书》的人员,未取得房地产估价师或房地产估价员资格的人员不能从事房地产价格评估活动;从事房地产经纪活动的人员必须是取得房地产经纪人执业资格的人员,仅取得房地产经纪人协理资格的人员不能独立从事房地产经纪业务。

(2) 委托服务 房地产中介服务是受当事人委托进行的,并在当事人委托的范围内从事房地产中介服务活动,提供当事人所要求的服务。如在房地产买卖过程中,房地产经纪人利用自身掌握的房地产专业知识和信息,为交易双方相互传递信息,代办相关事务。由房地产经纪人代理房地产交易,按照规定的程序去办理各种手续,不仅给交易双方带来方便,而且也起了规范交易行为的作用,使房地产交易在一定的规则下有秩序地进行。

(3)服务有偿 房地产中介服务是一种服务性的经营活动,委托人应按照一定的标准向房地产中介服务机构支付相应的报酬、佣金。

8.1.2 房地产中介服务的行业管理内容

房地产中介服务是房地产经营活动中一个重要的组成部分。为规范房地产中介服务管理,保障当事人的合法权益,依照《城市房地产管理法》的有关规定,1996年1月,住房和城乡建设部发布了第50号令《城市房地产中介服务管理规定》;2001年,建设部对《城市房地产中介服务管理规定》进行了修改,并于2001年8月15日以建设部令第97号重新发布。《城市房地产中介服务管理规定》对房地产中介服务机构管理、中介服务人员资质管理、中介业务活动管理等内容做出了明确规定。

房地产行政主管部门作为房地产中介服务的行业主管部门,主要从中介服务机构管理、中介业务活动管理、中介服务人员管理三个方面对房地产中介服务实施行业监督管理,使房地产中介服务行业真正成为与社会主义市场经济相适应的经济组织。

1. 中介服务机构管理

对中介服务机构的管理主要从市场准入抓起,采取资质认证、资质分级、资质年检与日常监督相结合的管理措施。从事房地产中介服务业务的都应设立相应的房地产中介服务机构,房地产中介服务机构是自主经营、自担风险、自我约束、自我发展、平等竞争的经济组织,必须独立、客观、公正地执业。房地产中介服务机构应当由具有专业执业资质的人员发起设立,机构主要有以下组成方式:①合伙制,由2名以上(含2名)具有专业执业资质的人员合伙发起设立,合伙人按照协议约定或法律规定,以各自的财产承担法律责任,对中介服务机构的债务承担无限连带责任。②有限责任制,由3名以上(含3名)具有专业执业资质的人员共同出资发起设立,出资人以其出资额为限承担法律责任,中介服务机构以其全部财产对其债务承担责任。房地产价格评估机构的法定代表人必须具有注册房地产估价师资质。

(1)设立房地产中介服务机构的条件 有自己的名称、组织机构;有固定的服务场所;有规定数量的财产和经费;有足够数量的专业人员。从事房地产咨询业务的,具有房地产及相关专业中等以上学历、初级以上专业技术职称人数须占总人数的50%以上;从事房地产评估业务的,须有规定数量的房地产估价师;从事房地产经纪业务的,须有规定数量的房地产经纪人。

设立房地产中介服务机构的,应当向当地工商行政管理部门申请设立登记。房地产中介服务机构在领取营业执照后的一个月内,应当到登记机关所在地的县级以上房地产行政主管部门备案。

(2)房地产价格评估机构的资质管理 为加强对房地产价格评估机构的管理,规范房地产价格评估行为,对房地产价格评估机构实行资质等级管理。

房地产价格评估机构按照专业人员状况、经营业绩和注册资本分为一级资质、二级资质、三级资质。新成立的房地产价格评估机构,其资质等级核定为三级资质,设1年的暂定期。房地产价格评估机构资质等级要求见表8-1。

表 8-1 房地产价格评估机构资质等级要求

项　目	一级资质	二级资质	三级资质
时间要求	连续 6 年以上	连续 4 年以上	
注册资本	有限责任制 200 万元 合伙制 120 万元	有限责任制 100 万元 合伙制 60 万元	有限责任制 50 万元 合伙制 30 万元
股东合伙人要求	有限责任制 3 人 合伙制 2 人	有限责任制 3 人 合伙制 2 人	有限责任制 2 人 合伙制 2 人
专职估价师人数	15 人	8 人	3 人
业绩要求	前三年平均每年完成建筑面积 50 万 m^2 以上或土地面积 25 万 m^2 以上	前三年平均每年完成建筑面积 30 万 m^2 以上或土地面积 15 万 m^2 以上	在暂定期内完成建筑面积 8 万 m^2 以上或土地面积 3 万 m^2 以上

（3）房地产价格评估机构资质申报材料

1）房地产估价机构资质等级申请表（一式两份，加盖申报机构公章）。

2）房地产估价原资质证书正本复印件、副本原件。

3）营业执照正、副本复印件（加盖申报机构公章）。

4）出资证明复印件（加盖申报机构公章）。

5）法定代表人或执行合伙人的任职文件复印件（加盖申报机构公章）。

6）专职注册房地产估价师证明。

7）固定经营服务场所证明。

8）经工商行政管理部门备案的公司章程和合伙人协议复印件（加盖申报机构公章）及有关估价质量管理、估价档案管理、财务管理等企业内部管理制度文件、申报机构信用档案信息。

9）随机抽查的在申请核定资质等级之日前 3 年内申报机构所完成的 1 份房地产估价报告复印件（一式两份，加盖申报机构公章）。

2．中介业务活动管理

中介业务活动管理主要包括承办业务管理、中介服务行为的管理及财务管理。房地产中介服务人员承办业务，应当由其所在房地产中介服务机构与委托人签订书面合同。中介服务人员不得以个人名义承揽业务，也不得个人与委托人签订委托合同。房地产中介服务合同应主要包括以下事项：当事人姓名或名称、住所；中介服务项目名称、内容、要求和标准；合同履行期限；收费金额和支付方式、时间；违约责任和纠纷解决方式；当事人约定的其他内容。

在承办业务时，中介服务人员若与委托人、相关当事人有利害关系时，中介服务人员应当实行回避制度并主动告知委托人及所在中介服务机构，委托人也有权要求其回避。

3．中介服务人员的行为管理

房地产中介服务人员承办业务，由其所在中介机构统一受理并与委托人签订书面合同。房地产中介服务人员执行业务可以根据需要查阅委托人的有关资料和文件，查看业务现场和设施，委托人应当提供必要的协作。对委托人提供的资料、文件，中介服务机构和中介服务人员有为委托人保密的义务，未经委托人同意不得转借相关资料、文件。由于房地产中介服务人员失误给当事人造成经济损失的，由所在中介服务机构承担赔偿责任，所在机构可以对

第8章 房地产中介服务管理

有关人员追偿。

在中介服务活动中，中介服务人员不允许有下列行为：①索取、收受委托合同以外的酬金或其他财物，或者利用工作之便，牟取其他不正当的利益。②允许他人以自己的名义从事房地产中介服务。③同时在两个或两个以上中介服务机构执行业务。④与一方当事人串通损害另一方当事人利益。⑤法律、法规禁止的其他行为。如有违反的，县级以上房地产行政主管部门可收回其资质证书或者公告资质证书作废，并可处以1万元以上、3万元以下的罚款。

4．中介服务人员的资质管理

目前，我国已经初步建立了与房地产市场发展相适应的房地产中介服务人员资质认证制度。房地产行政主管部门通过实施中介服务人员资质认证制度对房地产中介服务人员进行管理，主要是通过系统的培训与考核、资质认证与执业注册、继续教育与续期注册等方式，确保从业人员达到从业所要求的水准，并实现有效的监督管理，即针对房地产中介服务的不同内容、性质、特点和要求，以法定形式明确规定从事中介服务人员必须具备的各项条件。只有具备法定条件，才有资格从事相应的中介服务活动，不具备法定条件的人员则不能从事相应的中介服务活动。对从事房地产咨询、房地产价格评估、房地产经纪活动的人员主要有以下要求：

（1）房地产咨询人员　从事房地产咨询业务的人员，必须是具有房地产及相关专业中等以上学历，有与房地产咨询业务相关的初级以上专业技术职称并取得考试合格证书的专业技术人员。房地产咨询人员的具体考试、注册及继续教育工作，由省、自治区建设行政主管部门和直辖市房地产管理部门负责进行。

（2）房地产价格评估人员　对房地产价格评估人员，国家实行房地产价格评估人员资质认证制度，房地产价格评估人员包括房地产估价师和房地产评估员。房地产估价师必须是通过国家统一考试和执业资质认证，取得《房地产估价师执业资质证书》，并经注册登记取得《房地产估价师注册证书》的人员。未取得《房地产估价师注册证书》的人员，不得以房地产估价师的名义从事房地产估价业务和签署具有法律效力的房地产估价报告书。

房地产估价师执业资质考试由国务院建设行政主管部门和人事主管部门共同负责，注册管理工作由住房和城乡建设部负责，继续教育培训工作由中国房地产估价师学会负责。

房地产评估员必须是通过考试取得《房地产评估人员岗位合格证书》的人员。房地产评估员的考试、认证管理工作，由省、自治区建设行政主管部门和直辖市房地产行政主管部门负责。

（3）房地产经纪人员　房地产经纪人员职业资质包括房地产经纪人执业资质和房地产经纪人协理从业资质。凡从事房地产经纪活动的人员，必须取得房地产经纪人员相应职业资质证书并经注册生效。取得房地产经纪人执业资质是进入房地产经纪活动关键岗位和发起设立房地产经纪机构的必备条件。取得房地产经纪人协理从业资质，是从事房地产经纪活动的基本条件。未取得职业资质证书的人员，一律不得从事房地产经纪活动。全国房地产经纪人员职业资质制度的政策制定、组织协调、资质考试、注册登记和监督管理工作，由人力资源和社会保障部、住房和城乡建设部共同负责。

对未取得房地产中介资质擅自从事房地产中介业务的，县级以上房地产行政主管部门责令其停止房地产中介业务，并可处以1万元以上、3万元以下的罚款；对伪造、涂改、转让《房地产估价师执业资质证书》《房地产估价师注册证书》《房地产估价人员岗位合格证书》

《房地产经纪人执业资质证书》的，县级以上房地产行政主管部门对资质证书或者公告资质证书收回并作废，并可处以 1 万元以上、3 万元以下的罚款。此外，对房地产中介人员违犯法律规定应受到的刑事处罚也做出了具体的规定。《中华人民共和国刑法》第二百二十九条规定："承担资产评估、验资、验证、会计、审计、法律服务等职责的中介组织的人员故意提供虚假证明文件，情节严重的，处五年以下的有期徒刑或者拘役，并处罚金；中介服务人员，索取他人财物或者非法收受他人财物的，处五年以上十年以下的有期徒刑，并处罚金；严重不负责任，出具的证明文件有重大失实，造成严重后果的，处两年以下有期徒刑或者拘役，并处或者单处罚金"。

5．财务的管理

房地产中介服务实行有偿服务。房地产中介服务机构为企事业单位、社会团体和其他社会组织、公民及外国当事人提供有关房地产开发投资、经营管理、消费等方面中介服务的应向委托人收取中介服务费。房地产中介服务机构在接受委托书时应主动向当事人介绍有关中介服务的价格及服务的内容，出示收费标准。中介服务费必须由中介服务机构统一收取，并给缴费人开具发票。在房地产中介服务活动中严禁只收费不服务、多收费少服务。

8.1.3 房地产中介服务收费

为规范房地产中介服务收费，维护房地产中介服务当事人的合法权益，1995 年，国家计委、建设部联合下发的《关于房地产中介服务收费的通知》将房地产中介服务收费分为三类：

1．房地产咨询收费

按照服务形式，房地产咨询收费分为口头咨询费和书面咨询费。口头咨询费按照咨询服务所需时间结合咨询人员专业技术等级由双方协商议定双方标准。书面咨询按照咨询报告的技术难点、工作繁简结合标的额的大小计收。国家指导性参考价格为普通咨询报告，每份收费 300～1 000 元；技术难度大、情况复杂、耗用人员和时间较多的咨询报告，可适当提高收费标准，但一般不超过咨询标的的 0.5%。

2．房地产评估收费

房地产评估采用差额定律累进计费，即按房地产价格总额大小划分费用率档次，分档计算各档次的收费，各档收费额累计之和为收费总额。以房产为主、一般宗地地价、城镇基准地价房地产评估收费标准见表 8-2～表 8-4。

表 8-2 以房产为主的房地产评估收费标准

档 次	房地产价格总额/万元	累计收费率（%）
1	≤100	5
2	101～1 000	2.5
3	1 001～2 000	1.5
4	2 001～5 000	0.8
5	5 001～8 000	0.4
6	8 001～10 000	0.2
7	>10 000	0.1

表 8-3 一般宗地地价房地产评估收费标准

档 次	土地价格总额/万元	累计收费率（%）
1	≤100	4
2	101～200	3
3	201～1 000	2
4	1 001～2 000	1.5
5	2 001～5 000	0.8
6	5 001～10 000	0.4
7	>10 000	0.1

表 8-4 城镇基准地价房地产评估收费标准

档 次	城镇面积/km²	收费标准/万元
1	≤5	4～8
2	5～20（含 20）	8～12
3	20～50（含 50）	12～20
4	>50	20～40

3．房地产经纪收费

根据代理项目的不同，房地产经纪费实行不同的收费标准：房屋租赁代理收费，无论成交的租赁期限长短，均按半月至一月成交租金额标准，由双方协商一次性收取。房屋买卖代理收费，按成交价格总额的 0.5%～2.5%计收。实行独家代理的，由双方协商，但最高不超过成交价格的 3%。

上述的房地产价格评估、房地产经纪收费为国家制定的最高限标准。各地可根据当地实际情况，由省、自治区、直辖市价格部门会同房地产、土地管理部门制定当地具体执行的相应的收费标准，对经济特区的收费标准可适当规定高一些，但最高不超过上述标准的 30%。

8.2 房地产估价师执业资质制度

房地产估价是伴随房地产交易而出现的，有房地产交易就有房地产估价。随着房地产市场的发展，房地产估价的业务范围越来越广泛，无论是房地产买卖、租赁、交换、抵押、课税、入股、保险、征用、拆迁补偿，分割财产、司法诉讼，还是企业的合资、合作、租赁经营、股份制改组、破产清算、结业清算都需要房地产估价。房地产估价的对象可以是土地、房屋，也可以是在建工程。房地产估价业务必须由专业机构中的估价师和估价员完成。

房地产估价师是指经全国统一考试，取得《房地产估价师执业资格证书》，并经注册登记取得《房地产估价师注册证》后，从事房地产估价活动的人员。

1988 年，我国开始实行房地产估价从业人员持证上岗制度，颁发房地产估价员资质证。1993～1994 年，建设部、人力资源和社会保障部共同组织认定了两批共 346 名房地产估价师。1995 年，《城市房地产管理法》颁布实施后，"房地产价格评估人员资质认证制度"成为一项法定制度。从 1995 年开始，在全国实行统一的房地产估价师执业资质考试，具有中国特色的房地产估价师执业资质制度基本形成。

8.2.1 房地产估价师执业资格考试

1. 考试组织与考试内容

房地产估价师执业资格考试实行全国统一组织、统一大纲、统一命题、统一考试的制度。住房和城乡建设部负责组织考试大纲的拟定、培训教材的编写和命题工作,由房地产估价师学会负责具体工作的实施。房地产估价师执业资格考试分为基础理论和估价实务两部分,重点考察估价人员对基础理论知识及相关知识的掌握程度、评估技术与技巧的熟练程度、综合而灵活地应用基础理论和评估技术解决实际问题的能力。

房地产估价师执业资格考试科目与内容为:

《房地产基本制度与政策》主要包括房地产管理制度与法规,其中以《物权法》《城市房地产管理法》《城乡规划法》《土地管理法》《国有土地上房屋征收与补偿条例》《城市房地产抵押管理办法》《房地产估价机构管理办法》《注册房地产估价师管理办法》等法律、法规为重点。此外,还包括房地产估价人员应当掌握的经济、金融、保险、证券、统计、财务、建筑等相关学科的知识。

《房地产开发经营与管理》主要包括房地产投资分析、房地产市场分析、房地产开发等方面知识。

《房地产估价理论与方法》主要包括房地产估价的基本理论、房地产估价的基本方法及其应用。

《房地产估价案例与分析》主要包括不同估价目的和不同类型房地产估价的特点与估价基本技术路线,通过对不同估价目的和不同类型房地产估价案例的分析,考察其实际工作能力与业务水平。

2. 执业资格考试报名条件

凡中华人民共和国公民,遵纪守法并具备规定条件的,都可申请参加房地产估价师执业资格考试,条件是:①取得房地产估价相关学科(包括房地产经营、房地产经济、土地管理、城市规划等,下同)中等专业学历,具有8年以上相关专业工作经历,其中从事房地产估价实务满5年。②取得房地产估价相关学科大专学历,具有6年以上相关专业工作经历,其中从事房地产估价实务满4年。③取得房地产估价相关学科学士学位,具有4年以上相关专业工作经历,其中从事房地产估价实务满3年。④取得房地产估价相关学科硕士学位或第二学位、研究生班毕业,从事房地产价实务满2年。⑤取得房地产估价相关学科博士学位者。⑥不具备上述规定学历,但通过国家统一组织的经济专业初级资格或审计、会计、统计专业助理级资格考试并取得相应资质,具有10年以上相关专业工作经历,其中从事房地产估价实务满6年,成绩特别突出者。

报考房地产估价师需提供的证明文件有:①房地产估价师执业资格考试报名申请表。②学历证明。③实践经历证明。

房地产估价师执业资质考试结束,成绩评定后,由住房和城乡建设部、人力资源和社会保障部联合公告合格人员名单;由人力资源和社会保障部或其授权的部门颁发统一印制的《房地产估价师执业资格证书》。

8.2.2 房地产估价师的注册及继续教育

为了加强对房地产估价师的续期管理，不断提高房地产价格房地产估价师的水平，建设部对 1998 年制定的《房地产估价师注册管理办法》进行了修改，于 2001 年 8 月 15 日以建设部令第 100 号重新发布。该办法对房地产估价师的初始注册、变更注册、延续注册、注销注册、执业、权利与义务等做了明确规定。

1. 注册管理机构

建设部或其授权的部门为房地产估价师的注册管理机构。省、自治区人民政府建设行政主管部门，直辖市人民政府房地产行政主管部门为本行政区域内房地产估价师注册管理初审机构。

房地产估价师注册由本人提出申请，经聘用单位送省级房地产行政主管部门初审后，统一报住房和城乡建设部或其授权的部门注册。准予注册的，住房和城乡建设部发布注册公告。由住房和城乡建设部或其授权的部门核发《房地产估价师注册证》。

2. 房地产估价师注册

房地产估价师注册分为初始注册、变更注册、延续注册和注销注册和撤销注册。

（1）初始注册　房地产估价师执业资质考试合格人员，受聘在房地产管理部门认定的具有房地产估价资质的机构内从事房地产价格评估工作即具备了注册资质。

房地产估价师执业资质考试合格人员在取得《房地产估价师执业资质证书》后 3 个月内，应向房地产估价师注册管理机构申请注册。申请注册时，需提供以下材料：①初始注册申请表。②《房地产估价师执业资质证书》和身份证复印件。③与聘用单位签订的劳动合同复印件。④聘用单位委托人才服务中心托管人事档案的证明和社会保险缴纳凭证复印件。取得执业资格超过 3 年申请初始注册的，还要提供达到继续教育合格标准的证明材料。

（2）变更注册　房地产估价师因工作单位变更等原因，间断在原注册时所在的房地产价格评估机构执业后，如被其他房地产价格评估机构聘用，需办理注册变更手续。办理变更注册的程序是：①申请人向聘用单位提交申请报告。②聘用单位审核同意签字盖章后，连同申请人与原注册时所在单位已办理解聘手续的证明材料，一并上报注册初审机构。③注册初审机构审核认定原注册时所在单位已解聘该注册房地产估价师的情况属实，且该估价师符合注册条件的，应准予注册变更，并在其《房地产估价师注册证》上加盖注册变更专用章。④注册初审机构自准予注册变更之日起 30 日内，报注册管理机构登记备案。未经登记备案或者不符合注册变更规定的，其注册变更无效。

（3）延续注册及继续教育　该办法规定，房地产估价师申请续期注册的必须在注册有效期内参加中国房地产估价师学会或者其指定机构组织的一定学时的估价业务培训，取得继续教育合格证明后方可申请延续注册。房地产估价师执业资质注册有效期为 3 年，有效期满前 3 个月，房地产估价师应持《房地产估价师注册证》，到原注册管理机构申请重新办理注册手续。申请延续注册应提交以下材料：①延续注册申请表。②与聘用单位签订的劳动合同复印件。③申请人在注册有效期内取得继续教育合格证明材料。

房地产估价师原注册时所在单位与变更后的所在单位不在同一省、自治区、直辖市的，应当先行办理与原注册时所在单位的解聘手续，并向原受理其注册的注册初审机构申请办理撤销注册手续。撤销注册申请被批准后，方可办理注册变更手续。

(4) 注销注册和撤销注册　房地产估价师有下列情况之一者，由注册机构注销其注册，收回《房地产估价师注册证》：①房地产估价机构资质有效期届满未延续的。②房地产估价机构依法终止的。③房地产估价机构资质被撤销、撤回、吊销。④法律、法规规定的应当注销房地产估价机构资质的其他情形。

房地产估价师有下列情况之一者，由注册机构撤销其注册，收回《房地产估价师注册证书》：①本人未申请续期注册的。②有效期满未获准续期注册的。③完全丧失民事行为能力的。④受刑事处罚的。⑤死亡或者失踪的。⑥脱离房地产估价师工作岗位连续时间达两年以上（含两年）的。⑦按照有关规定，应当撤销注册的其他情形。

8.2.3　房地产估价师的权利和义务

房地产估价师必须在取得房地产估价资质的房地产估价机构执业，由房地产估价机构统一接受委托。

房地产估价师享有的权利：①使用房地产估价师名称。②执行房地产估价及其相关业务。③在房地产估价报告书上签字。④对其估价结果进行解释和辩护。

房地产估价师应当履行的义务：①遵守法律、法规、行业管理规定和职业道德规范。②遵守房地产评估技术规范和规程。③保证估价结果的客观公正。④不准许他人以自己的名义执行房地产估价师业务。⑤不得同时受聘于两个或者两个以上房地产价格评估机构执行业务。⑥保守在执业中知悉的单位和个人的商业秘密。⑦与委托人有利害关系时，应当主动回避。⑧接受职业继续教育，不断提高业务水平。

房地产估价师要严格要求自己，不断提高职业道德水准，在社会和公众面前保持和维护自己以及房地产估价师的行业形象和声誉。

对以不正当手段取得《房地产估价师注册证》的人，由注册机构收回其注册证书或者公告其注册证书作废；对负有直接责任的主管人员和其他直接责任人员，依法给予行政处分。

未经注册擅自以房地产估价师名义从事估价业务的，由县级以上人民政府房地产行政主管部门责令其停止违法活动，并可处以违法所得3倍以下但不超过3万元的罚款；造成损失的，应当承担赔偿责任。

房地产估价师在估价中如有故意提高或者降低评估价值额，给当事人造成直接经济损失；利用执行业务之便，索贿、受贿或者谋取除委托评估合同约定收取的费用外的其他利益；准许他人以自己的名义执行房地产估价师业务；同时在两个或者两个以上房地产价格评估机构执行业务；以个人名义承接房地产估价业务，并收取费用等不法或违规行为者，由县级以上人民政府房地产行政主管部门责令其停止违法活动，并可处以违法所得3倍以下但不超过3万元的罚款；没有违法所得的，可处以1万元以下的罚款。

8.3　房地产经纪人职业资质制度

房地产经纪人员与房地产估价师同属于房地产中介服务人员。房地产经纪活动是房地市场不可或缺的重要组成部分。发达国家的房地产市场，80%以上的房地产交易是由房地产经纪人促成的。房地产经纪人通过经纪活动一方面传播房地产信息，促成交易，节约流通时间和费用，刺激房地产商品的生产和流通；另一方面为交易双方代办事务，为当事人提供便利并保障使房地产交易在一定的规则下规范、有序地进行。为加强房地产经纪行业管理，住房和城乡建设部、人力资源和社会保障部从建立市场准入制度，从加强对经纪人执业资质考试、认证和经纪机构资质的管理入手，制定了《房地产经纪人员职业资格制度暂行规定》和《房地产经纪人执业资格考试实施办法》，以加强对房地产经纪行为的管理，提高我国房地产经纪人的业务水平和职业道德修养，规范房地产经纪行为，维护消费者权益，使我国房地产经纪行业逐步走上规范有序、公开统一的健康发展轨道。

8.3.1 房地产经纪人员资格考试

房地产经纪人员资格考试分为房地产经纪人执业资格考试和房地产经纪人协理从业资格考试。

1. 考试组织与考试内容

1）房地产经纪人执业资格考试实行全国统一大纲、统一命题、统一组织的考试制度。原则上每年举办一次。住房和城乡建设部负责组织编制房地产经纪人执业资格考试大纲，编写考试教材，组织命题，组织或授权组织房地产经纪人执业资格考试的考前培训等有关工作。人力资源和社会保障部负责审定房地产经纪人执业资格考试科目、考试大纲和考试试题，组织实施考务工作，会同住房和城乡建设部对房地产经纪人执业资格考试进行检查、监督、指导和确定合格标准。

房地产经纪人执业资格考试分为基础理论和经纪实务两部分，重点考察房地产经纪人对基础理论知识及相关知识的掌握程度、评估技术与技巧的熟练程度、综合而灵活地应用基础理论和评估技术解决实际问题的能力。

房地产经纪人员资格考试科目与内容为：

《房地产基本制度与政策》主要包括房地产管理制度与法规，其中以《城市房地产管理法》《城乡规划法》《土地管理法》《国有土地上房屋征收与补偿条例》《城市房地产抵押管理办法》《城市房地产中介服务管理规定》等法律、法规、部门规章为重点。

《房地产经纪概论》主要包括房地产经纪业和房地产经纪人的管理，房地产经纪人职业道德，房地产经纪业务分类及管理，国外房地产经纪介绍等。

《房地产经纪实务》主要内容包括房地产市场营销环境分析、房地产市场调查和预测、房地产市场营销组合策略、房地产代理、居间业务的知识及运用所学知识对房地产经纪案例进行分析等，主要考察其实际工作能力与业务水平。

房地产经纪人执业资格考试原则上每年举行一次，考试时间定于每年的第三季度。考试成绩实行两年为一个周期的滚动管理。参加全部4个科目考试的人员必须在连续两个考试年度内通过应试科目，免试部分科目的人员必须在一个考试年度内通过应试科目。

2）房地产经纪人协理从业资格实行全国统一大纲，各省、自治区、直辖市命题并组织考试的制度，住房和城乡建设部负责拟定房地产经纪人协理从业资格考试大纲，人力资源和社会保障部负责审定考试大纲。

各省、自治区、直辖市人事厅（局）、房地产管理局，按照国家确定的考试大纲和有关规定，在本地区组织实施房地产经纪人协理从业资格考试。

2. 资质考试报名条件

（1）房地产经纪人执业资格考试报名条件　凡中华人民共和国公民，遵守国家法律、法规，已取得房地产经纪人协理资格并具备以下条件之一者，可以申请参加房地产经纪人执业资格考试：①取得大专学历，工作满6年，其中从事房地产经纪业务工作满3年。②取得大学本科学历，工作满4年，其中从事房地产经纪业务工作满2年。③取得双学士学位或研究生班毕业，工作满3年，其中从事房地产经纪业务工作满1年。④取得硕士学位，工作满2年，从事房地产经纪业务工作满1年。⑤取得博士学位，从事房地产经纪业务工作满1年。

凡已经取得房地产估价师执业资格者，报名参加房地产经纪人执业资格考试可免试《房地产基本制度与政策》科目。

房地产经纪人执业资格考试合格者，由各省、自治区、直辖市人力资源和社会保障部门颁发人力资源和社会保障部统一印制，人力资源和社会保障部、住房和城乡建设部共同盖章的《房地产经纪人执业资格证》，该证书全国范围有效。

（2）房地产经纪人协理资格考试报名条件　凡中华人民共和国公民，遵守国家法律、法规，具有高中以上学历，愿意从事房地产经纪活动的人员，均可申请参加房地产经纪人协理从业资格考试。房地产经纪人协理从业资格考试合格，由各省、自治区、直辖市人力资源和社会保障部门颁发人力资源和社会保障部、住房和城乡建设部统一格式的《房地产经纪人协理从业资格证》，该证书在所在行政区域内有效。

8.3.2　房地产经纪人注册

1）中国房地产估价师与房地产经纪人学会为房地产经纪人执业资质的注册管理机构，住房与城乡建设部负责监督。房地产经纪人执业资质注册由本人提出申请，经聘用的房地产经纪机构送省、自治区、直辖市房地产管理部门初审。申请注册的人员必须同时具备以下条件：①取得《房地产经纪人执业资质证书》。②无犯罪记录。③身体健康，能坚持在注册房地产经纪人岗位上工作。④经所在经纪机构考核合格。

初审合格后，由该省、自治区、直辖市房地产管理部门统一报住房和城乡建设部或其授权的部门注册。准予注册的申请人，由住房和城乡建设部或其授权的注册管理机构核发《房地产经纪人注册证书》。房地产经纪人执业资质注册有效期一般为3年，有效期满前3个月，持证者应到原注册管理机构办理再次注册手续。再次注册者，除符合上述四项规定外，还须提供接受继续教育和参加业务培训的证明，在注册有效期内，变更执业机构者，应当及时办理变更手续。

对于已经注册的房地产经纪人，如发现其有下列情况之一者，由原注册机构注销注册：①不具有完全民事行为能力。②受刑事处罚。③脱离房地产经纪工作岗位连续2年（含2年）以上。④同时在2个及以上房地产经纪机构进行房地产经纪活动。⑤严重违反职业道德和经纪行业管理规定。

2）各省级房地产管理部门或其授权的机构负责房地产经纪人协理从业资质注册登记管理工作。每年度房地产经纪人协理从业资质注册登记情况应报住房和城乡建设部备案。

8.3.3 房地产经纪人员技术能力与职责

凡从事房地产经纪活动的人员，必须取得房地产经纪人员相应职业资质证书并经注册生效。未取得职业资质证书的人员，一律不得从事房地产经纪活动。取得房地产经纪人执业资质是进入房地产经纪活动关键岗位和发起设立房地产经纪机构的必备条件，取得房地产经纪人协理从业资质是从事房地产经纪活动的基本条件。

1．房地产经纪人员职业技术能力

房地产经纪人应具备的职业技术能力包括：①具有一定的房地产经济理论和相关经济理论水平，并具有丰富的房地产专业知识。②能够熟练掌握和运用与房地产经纪业务相关的法律、法规和行业管理的各项规定。③熟悉房地产市场的流通环节，具有熟练的实务操作的技术和技能。④具有丰富的房地产经纪实践经验和一定资历，熟悉市场行情变化，有较强的创新和开拓能力，能创立和提高企业的品牌。⑤有一定的外语水平。

房地产经纪人协理应具备的职业技术能力包括：①了解房地产的法律、法规及有关行业管理的规定。②具有一定的房地产专业知识。③掌握一定的房地产流通的程序和实务操作技术及技能。

2．房地产经纪人员的权利和义务

房地产经纪人享有的权利：①依法发起设立房地产经纪机构。②加入房地产经纪机构，承担房地产经纪机构关键岗位。③指导房地产经纪人协理进行各种经营业务。④经所在机构授权订立房地产经纪合同等重要文件。⑤要求委托人提供与交易有关的资料。⑥有权拒绝执行委托人发出的违法指令。⑦执行房地产经纪业务并获得合理佣金。

房地产经纪人协理享有的权利：①有权加入房地产经纪机构。②协助房地产经纪人处理房地产经纪有关事务并获得合理的报酬。

房地产经纪人、房地产经纪人协理都必须履行以下义务：①遵守法律、法规、行业管理规定和职业道德规范。②不得同时受聘于两个或者两个以上房地产经纪机构执行业务。③接受职业继续教育，不断提高业务水平。④向委托人披露相关信息，充分保障委托人的权益，完成委托业务。⑤为委托人保守商业秘密。

8.4 房地产中介服务行业自律管理

8.4.1 房地产中介服务人员的职业道德

随着我国房地产市场快速发展，房地产中介服务也随之得到迅猛发展。房地产中介服务在社会生产、生活领域发挥越来越重要的作用。目前，我国各类房地产中介服务机构超过 2 万家，提供中介、代理、咨询服务的专职、兼职房地产中介服务人员约有几十万人。随着我国加入 WTO，房地产中介服务机构和中介服务人员的数量将继续增长。

房地产中介属于服务性市场行为，对房地产中介服务人员提出职业道德的要求是规范房地产中介服务的要求。房地产中介服务范围涉及面广，因此，房地产中介服务人员除应具备扎实的房地产专业知识，较全面的金融知识，通晓有关的法律、法规外，对房地产中介服务人员职业道德要求也很高。

我国房地产中介服务行业尚处在发育阶段，房地产中介服务人员更要从维护行业发展、维护行业信誉、维护自身利益的角度出发，在加强业务技能学习，树立现代市场营销观念的同时，不断提高个人职业道德品质修养，做到遵纪守法、诚实待客、严格守信、爱岗敬业，自觉维护职业形象，唯有如此，才能促进房地产中介服务的健康发展。

8.4.2 房地产经纪业的行业自律管理

1. 建立和发展房地产经纪行业协会，开展行业自律是房地产经纪行业自律管理的必由之路

房地产经纪行业协会建设是对我国经济管理体制的一项重要改革。《中共中央关于建立社会主义市场经济体制若干问题的决定》确立了行业协会的地位，指出行业协会是市场体系中的重要组成部分。建立和发展房地产经纪行业协会，开展行业自律是建立社会主义市场经济体制的内在要求，有利于促进政府机构改革，转变政府职能有效发挥政府的宏观调控作用。使政府由直接管理转变为间接管理，由微观管理转变为宏观调控管理，由部门管理转变为行业管理，并通过行业协会来指导和调节房地产经纪市场，加强房地产经纪行业管理。

房地产经纪行业协会是房地产经纪企业、房地产经纪人开展行业自律的社会组织，是房地产经纪行业管理体系的重要组成部分。建设和发展自律性的行业协会可以为房地产经纪企业及其从业人员提供国内外各种信息，协调同行业关系，引导行业的发展方向，以及开展管理咨询等多种服务。房地产经纪行业协会可以向政府反映行业内存在的问题，维护行业内企业、从业人员的合法权益；同时又可以把政府有关行业的发展规划、政策等信息适时传导给行业内企业、人员。通过行业协会自律，还可以提高房地产经纪服务水平和企业人员素质，增强企业竞争能力。通过行业自律管理，政府以房地产经纪行业协会为依托，对房地产经纪市场主体的各种活动进行调节，有利于形成全国统一开放的房地产经纪市场体系，加强市场制度和法规建设，促进和保护公平竞争，规范市场交易秩序，维护和保障房地产交易安全。

2. 正确认识房地产经纪行业协会的地位与作用

（1）房地产经纪行业协会的地位　从管理系统论角度来说，房地产经纪行业管理是一个大系统。在房地产经纪行业管理系统中，政府管理部门是行业管理的宏观决策层，房地产经纪行业协会是中间协调层，房地产经纪企业则是微观运行层。为适应社会主义市场经济的需要，作为中间协调层的房地产经纪行业协会是不可缺的。房地产经纪行业协会充分发挥其媒介功能、调节功能、服务功能、监督和保护功能，使其在行业自律管理中处于主体地位。

如图 8-1 所示，房地产经纪从业人员和房地产经纪机构属于微观运行层。房地产经纪机构中的从业人员，一方面要自我约束自己的行为、不断提高自身素质；另一方面房地产经纪机构的内部管理制度也约束着房地产经纪人员的行为。作为中间协调层的房地产经纪行业协会是由房地产经纪专业人员或专业机构组成的，是连接政府和房地产经纪机构及其从业人员的桥梁和纽带，是中间环节。政府行政管理部门主要包括房地产行政主管部门，以及工商税务物价等行政管理部门，其管理措施的实施渠道既可以直接针对房地产经纪机构或从业人员，也可以通过房地产经纪行业协会进行管理。社会监督则包括

第8章 房地产中介服务管理

新闻媒体监督和社会大众监督等多种渠道。社会监督的对象不仅是房地产经纪机构、从业人员、房地产经纪行业协会,而且还包括政府管理部门。由于政府是代表社会大众行使管理职能的。因此,政府管理和社会监督的目标是一致的,两者一起构成了房地产经纪行业的宏观决策层次。

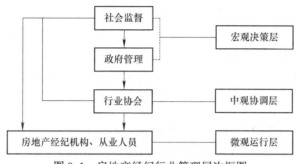

图 8-1 房地产经纪行业管理层次框图

(2)房地产经纪行业协会的作用

① 行业管理的主体。政府实行政企分开,通过房地产经纪行业协会实现行业管理,使行业协会成为政府宏观管理的有力助手和参谋,发挥其行业管理的主体作用。通过行业协会管理房地产经纪行业及其活动可以使政府集中力量管好其应该管的事,如完善行政管理规章、严格行业督察等。实行行业管理还可以提高宏观经济运行效率,有利于国内外同行间的业务联系,熟悉行业内经济、技术和经营管理状况,为政府制定行业政策提供科学依据和意见,并能直接组织贯彻实施国家的宏观调控措施,推动行业协调发展,达到提高宏观决策效果的目的。

② 行业整体的中介。行业协会作为市场的中介组织,是市场体系中不可缺少的重要组成部分,是政府调控与市场调节的中介层与衔接点。房地产经纪行业协会的中介作用主要有:①在政府与房地产经纪企业从业人员之间确立中介环节,把国家宏观经济调控目标政策取向传导给企业,使政府摆脱大量的具体微观事务,提高政府的管理层次,发挥其宏观指导作用;房地产经纪企业通过行业协会集中向政府反映需要解决的重大问题、意见和要求。②通过房地产经纪行业协会健全宏观决策的社会参与机制,加强信息的聚集与反馈,提高政府决策的民主性和科学性。③房产经纪行业协会遵循市场规则,采取协调方式维护市场竞争秩序,以促进行业公平竞争。

3. 信息管理中心

房地产经纪行业协会根据其自身具有的行业代表性和与行业内企业、政府机构联系的广泛性,可以建立房地产信息交流网络沟通信息交流渠道,为房地产经纪企业从业人员和客户服务,同时也可以为政府宏观决策行业管理决策服务。房地产经纪信息是房地产市场中的重要资源。在网络信息化社会,开发和利用好信息资源是提高房地产市场运作效率,促进房地产经纪业健康发展的关键。目前,由于房地产经纪企业为了谋求自身利益最大化,相互之间封锁信息,从而形成"信息壁垒";企业间各自为战,分别获取各自所需信息,也会增加信息成本。行业协会可以将房地产经纪企业有机联系起来,实现信息资源共享,降低信息获取成本,进而可以降低交易费用,最终促进房地产经纪行业的发展。

4. 行业自律监督

房地产经纪行业协会具有"自律性"管理的特殊功能,协会拥有专业人才优势和良好的组织网络，可以通过统一制定行业的技术标准、服务质量标准、服务收费指导标准、管理标准、职业道德规范和继续教育规范来指导房地产经纪企业，开展行业自律规范房地产经纪企业经纪人的行为，将整个房地产经纪行业纳入健康有序的轨道，进而提高行业的整体素质。

5．经验交流与培训中心

房地产经纪行业协会可以通过大量调查研究，组织会员企业交流与推广先进技术应用以及先进的管理经验，推动全行业整体经营水平和经济效益的提高；还可以通过协会对本行业会员企业提供多层次、多渠道、多方面的咨询和信息服务，组织开展各种国际交流与合作。协会根据房地产经纪行业的经营管理特点，针对行业普遍存在的问题，组织实用性的专业技术培训、岗位培训等，开展房地产经纪人的继续教育，规范房地产经纪人的行为，提高他们的道德素质和业务素质。

8.4.3 我国房地产经纪行业协会的建设

1．房地产经纪行业协会现阶段存在的问题

目前，我国房地产行业的行业协会仍处于建立和完善阶段。已建立的全国性房地产自律性组织主要包括房地产业协会、房地产估价师学会、土地估价师学会和部分省市的房地产经纪人协会。随着我国政府机构改革不断深化，原来一些政府部门的职能开始由行业协会担任。但从总体上说，目前已建立的房地产行业协会无论是在工作范围、服务功能和服务手段上，还是在其自身建设上仍然存在不少问题。

（1）行业协会的地位问题　我国目前成立的几个房地产行业协会主要是以社会团体形式出现的，在实际运行中则又表现为政府的附属机构，在整个房地产中介行业管理中还没有能够起到行业自律的作用。行业协会是联系政府与企业的桥梁，但由于政府机构改革尚未到位，企业对政府的依附关系并没有完全解决，所以行业协会作为民间组织的独立地位也就未得到有效确立。其作为社会性经济组织对行业管理的巨大作用也未能得到充分发挥。同时，行业协会的"官办"色彩，使其难以真正反映民间企业的要求和愿望，而倾向于执行国家的方针、政策，使行业协会作为政府和企业间的桥梁纽带作用发生了偏移。

（2）行业协会的职能问题　由于行业协会与政府行政部门混在一起，在实际工作中两个组织机构责权不清，所以行业协会的独立运行机制尚未形成。这既减弱了行业协会对房地产企业的吸引力，又无法避免主管部门的不合理干预。

（3）行业协会的体制问题　行业协会应当是跨部门、跨地区、跨所有制的行业组织。但目前行业管理还没有完全跳出部门管理的框架同真正意义上的行业管理仍有相当距离。

2．组建房地产经纪行业协会的思路

建立房地产经纪行业协会，应与我国社会主义市场经济体制相适应，能发挥行业管理主体地位的作用。全国性行业协会要面向全国房地产经纪行业，不能受部门、地区和所有制的限制，要真正体现"双向"服务的基本特征，有助于政府与房地产经纪企业、从业人员之间的关系调整，有利于我国政府机构朝着"小政府大服务"的方向改革，充分发挥市场在资源配置中的基础性作用。

组建房地产经纪行业协会要充分按照民间性、中介性、公正性、民主性和协调性的要求，切实遵循平等自愿，为房地产经纪人、企业服务，官助民办。改革与行业协会同步发展的原则，真正使其成为具有权威性、科学性、指导性和服务性的新型群众性专业组织。

因此，在分析我国房地产同业自律性组织现状及存在问题的基础上，借鉴发达国家和地区的经验，建立我国房地产经纪行业协会应遵循以下思路：

1）设立房地产经纪行业协会，应与政府彻底"脱钩"，明确其政府与企业间的桥梁地位，通过法律规章设立行业管理制度框架，在这个制度框架内，行业协会充分发挥其专业优势，界定自己的业务规范，并建立起自己的道德约束机制。组建房地产经纪行业协会应由房地产经纪行业内企业协商提出，尊重大多数企业的意见，并以房地产经纪行业的主导企业为主体，不能把一些行政性单位摆在协会的主体地位，防止产生新的"行政垄断"现象。

2）房地产经纪行业协会要明确协会章程，对协会名称、宗旨、任务、会员资质以及入会手续、会员的权利义务、组织机构、协会领导者的产生和任期、会费的缴纳及经费的管理和会址等方面的内容有明确规定。

3）建立有效管理机制。房地产经纪行业协会从组建之初就要注重不断加强自身建设，建立适应社会主义市场经济需要，符合本身特点的管理模式和适合房地产经纪行业运作的激励机制；建立与国际同行业接轨的工作标准和严格、完善的培训考核制度；特别是要依据市场规则和房地产经纪行业的历史现状及发展，建立完善的自律性运行机制，注重职业道德培养。

4）房地产经纪行业协会同政府行政部门有原则区别。不能套用政府机构来设置行业协会机构和配备领导人员。在充分体现行业特点、行业协会特点和会员参与特点的基础上，设置房地产经纪行业协会领导机构。行业协会的领导人的产生，要通过全体会员单位的充分酝酿，民主商定，应由协会会员代表大会民主选举。领导人采取任期制，任期由协会章程具体规定。

5）加快政府职能的转变。在行业管理中，政府与房地产经纪行业协会的关系应注意以下几点：①行业协会是独立于政府之外的社团法人，不是政府附属物。②不能由政府包办，要由政府协办。③政府不能过多干预行业协会具体事务，要指导和支持行业协会依法活动。④政府可以依法监督，但不能直接控制行业协会。

6）在处理行业协会与房地产经纪从业人员的关系上，应规定房地产经纪从业人员既是地方协会的会员，也是全国性行业协会的会员，目的是保证行业协会管理的有效性。房地产经纪行业是向社会提供房地产经纪服务的行业，需要统一的职业道德规范、继续教育规范等，以确保房地产经纪行业的健康发展。

本章小结

本章详细介绍了房地产中介的概念和特点，房地产估价和房地产经纪行业管理的制度和政策及行业自律管理的内容。重点阐述了房地产估价师执业资质制度与房地产经纪人职业资质制度，并在房地产中介服务行业自律管理中着重讲解了房地产经纪行业的自律管理与协会建设。

房地产中介服务对促进我国房地产市场的快速健康发展，以及房地产交易市场、资本市场等要素市场体系的发育和发展起到不可替代的作用，房地产中介服务是房地产咨询、房地产价格评估、房地产经纪等活动的总称。

房地产行政主管部门作为房地产中介服务的行业主管部门，主要从中介服务机构管理、中介业务活动管理、中介服务人员管理三个方面对房地产中介服务实施行业监督管理，使房地产中介服务行业真正成为与社会主义市场经济相适应的经济组织。

为加强房地产经纪行业管理，住房和城乡建设部、人力资源和社会保障部从建立市场准入制度，从加强对房地产估价师与经纪人执业资质考试、认证和经纪机构资质的管理入手，提高我国房地产估价师与经纪人的业务水平和职业道德修养，规范估价与经纪行为，维护消费者权益，使我国房地产估价与经纪行业逐步走上规范有序、公开统一的健康发展轨道。房地产估价师执业资质制度主要包括执业资质考试、注册及继续教育、权利与义务；房地产经纪人职业资质制度主要包括考试、注册、技术能力与职责。

房地产经纪业的行业自律管理包括5个方面：①建立和发展房地产经纪行业协会，开展行业自律是房地产经纪行业自律管理的必由之路。②正确认识房地产经纪行业协会的地位与作用。③信息管理中心。④行业自律监督。⑤经验交流与培训中心。

现阶段我国房地产经纪行业协会在行业协会的地位、行业协会的职能、行业协会的体制方面仍存在问题，因此建立房地产经纪行业协会，应与我国社会主义市场经济体制相适应，使其能发挥行业管理主体地位的作用。同时组建房地产经纪行业协会要充分按照民间性、中介性、公正性、民主性和协调性的要求，切实遵循平等自愿，为房地产经纪人、企业服务，官助民办。改革与行业协会同步发展的原则，真正使其成为具有权威性、科学性、指导性和服务性的新型群众性专业组织。

复习思考题

1. 什么是房地产中介服务？房地产中介服务包括哪些内容？
2. 房地产中介服务有哪些特点？
3. 房地产中介服务机构有哪几种组成形式？各有什么要求？
4. 设立房地产中介服务机构须具备哪些条件？
5. 申请房地产估价机构资质需提交哪些材料？
6. 报考房地产估价师需要提交哪些材料？
7. 房地产估价师注册分为哪几类？各有什么要求？
8. 房地产估价师有哪些权利和义务？
9. 房地产经纪人员包括哪些人员？
10. 房地产经纪人员应具备哪些职业能力？
11. 房地产中介服务行业自律包括几个方面？

第 9 章 物业管理政策与制度

⭐ **学习目标**

1. 掌握物业与物业管理的基本概念,正确理解物业管理的原则和特点
2. 了解物业管理服务的内容及实施程序
3. 掌握物业管理制度与政策相关内容,建立适应社会主义市场经济的物业管理服务体系

⭐ **关键词**

物业管理　物业管理服务　物业管理制度与政策　物业管理服务体系

9.1 物业管理概述

9.1.1 物业与物业管理的概念

"物业"一词是由英语"Real Estate"或"Real Property"而来，含义为"财产、资产、拥有物、房地产"等，这是一个广义的范畴。从物业管理的角度来说，物业是指各类房屋及其附属的设备、设施和相关场地。各类房屋可以是建筑群，如住宅小区、工业区等，也可以是单体建筑，如一幢高层或多层住宅楼、写字楼、商业大厦、宾馆、停车场等。另外，物业也是单元房地产的称谓，如一个住宅单元。同一宗物业，往往分属一个或多个产权所有者。附属的设备、设施和相关场地是指与上述建筑物相配套或为建筑物的使用者服务的室内外各类设备、市政公用设施和与之相邻的场地、庭院、干道等。

物业管理是指业主即物业产权人通过选聘物业服务企业，同接受委托的物业服务企业签订委托合同，并按照物业服务合同约定，对房屋及配套的设施设备和相关场地进行维修、养护、管理以及维护相关区域内的环境卫生和秩序的活动。

我国的物业管理，在发展初期带有从房管部门对公房的管理转向对不同产权人行使管理权的痕迹，因而"管理"特征往往被特别强调。物业管理的产生，其基本动因是业主对物业服务的需求，从本质上说是业主的服务需求与物业服务企业提供服务的结合，业主与物业服务企业的关系是被服务人与服务提供人的关系。物业服务企业是服务者不是管理者。可以说，物业管理本质是服务，是业主行使财产权、选聘物业服务企业为其提供服务，叫"物业管理"只是约定俗成。物业管理的目的是为了保证和发挥物业的使用功能，使其保值增值，并为物业所有人和使用人创造和保持整洁、文明、安全舒适的生活和工作环境，最终实现社会、经济、环境三个效益的统一和同步增长，提高城市的现代文明程度。

9.1.2 物业管理的性质

物业管理的性质是"服务"，是寓服务于管理之中的一种市场经营活动，属于第三产业。社会化、专业化、市场化是物业管理的三个基本特性。

物业管理社会化有两个基本含义，一是物业的所有权人要选聘物业服务企业；二是物业服务企业要寻找可以代管的物业。物业的所有权、使用权与物业的经营管理权相分离，是物业管理社会化的必要前提，现代化大生产的社会专业分工则是实现物业管理社会化的必要条件。

物业管理的专业化是指由专业物业服务企业通过合同或契约的签订，按照产权人和使用人的要求去实施专业化管理。因此，物业服务企业必须具备一定的专业资质并达到一定的专业水平。

市场化是物业管理的最主要的特点。在市场经济条件下，物业管理的属性是经营，所提供的商品是劳务。物业服务企业是按照现代企业制度组建并运作，向业主和使用人提供劳务和服务，业主和使用人购买并消费这种服务。这种通过市场竞争机制和商品经营的方式所实现的商业行为就是市场化。

9.1.3 物业管理的基本内容

社会化、专业化、市场化的物业管理实质是一种综合的经营性管理服务，它融管理、经营、服务于一体，在服务中完善经营与管理，三者相互联系、相互促进。物业管理涉及的领域相当广泛，其基本内容按服务的性质和提供的方式可分为常规性的公共服务、针对性的专项服务和委托性的特约服务三大类。

1. 常规性的公共服务

这是指物业管理中公共性的管理和服务工作，是物业服务企业面向所有住用人提供的最基本的管理和服务，目的是确保物业的完好与正常使用，维持正常的工作生活秩序和良好的环境。公共性服务管理工作，物业的所有住用人每天都能享受到，其具体内容和要求在物业管理委托合同中应明确规定。因此，物业服务企业有义务按时、按质提供这类服务，住用人在享受这些服务时也不需要事先再提出或作出某种约定。

公共服务主要有以下 8 项：①物业共用部位的维护与管理。②物业共用设备设施及其运行的维护和管理。③环境卫生、绿化管理服务。④物业管理区域内公共秩序、消防、交通等协助管理事项的服务。⑤物业装饰装修管理服务，包括房屋装修的申请与批准及对装修的设计、安全等各项管理工作。⑥机动车和非机动车的停放管理。⑦物业档案资料的管理。⑧代收代缴收费服务。

2. 针对性的专项服务

针对性的专项服务是物业服务企业面向广大住用人，为满足其中一些住户、群体和单位的一定需要而提供的各项服务工作。其特点是物业服务企业事先设立服务项目，并将服务内容与质量、收费标准公布，当住用人需要这种服务时，可自行选择。专项服务实质上是一种代理业务，为住用人提供工作、生活的方便。专项服务是物业服务企业开展多种经营的主渠道。

专项服务的内容主要有日常生活、商业服务、文教卫体、社会福利及各类中介服务五大类。其中，各类中介服务是指物业服务企业受业主委托，开展代办各类保险，代理市场营销、租赁，进行房地产评估及其他中介代理工作。需要注意的是，有些中介代理工作需要具有相应的资质或委托具有相应资质条件的机构和人员进行。

3. 委托性的特约服务

特约服务是为满足物业产权人、使用人的个别需求受其委托而提供的服务，通常指在物业管理委托合同中未要求、物业服务企业在专项服务中也未设立，而物业产权人、使用人又提出该方面的需求时，物业服务企业应在可能的情况下尽量满足其需求，提供特约服务。特约服务实际上是专项服务的补充和完善。当有较多的住用人有某种需求时，物业服务企业可将此项特约服务纳入专项服务。

上述三大类管理与服务工作是物业管理的基本内容。物业服务企业在实施物业管理时，第一大类是最基本的工作，是必须做好的。同时根据自身的能力和住用人的需求，确定第二、第三大类中的具体服务项目与内容，采取灵活多样的经营机制和服务方式，以人为核心做好物业管理的各项管理与服务工作，并不断拓展其广度和深度。

9.1.4 物业管理的主要环节

物业管理是房地产开发的延续和完善，是一个复杂的、完整的系统工程。为保证物业管理有条不紊地顺利启动和正常进行，从规划设计开始到管理工作的全面运作，有若干环节不容忽视。根据物业管理在房地产开发、建设和使用过程中不同时期的地位、作用、特点及工作内容，按先后顺序分 4 个阶段介绍物业管理工作的主要环节：物业管理的策划阶段、物业管理的前期准备阶段、物业管理的启动阶段、物业管理的日常运作阶段。

1. 物业管理的策划阶段

物业管理策划阶段的工作包括物业管理的早期介入、制定物业管理方案、制定临时管理规约及有关制度、选聘物业服务企业四个基本环节。

（1）物业管理的早期介入　物业管理的早期介入是指物业服务企业在接管物业以前的各个阶段（项目决策、可行性研究、规划设计、施工建设等阶段）就参与介入，从物业管理运作的角度对物业的环境布局、功能规划、配套设施、管线布置、施工质量、竣工验收等多方面提供有益的建设性意见，协助开发商把好规划设计关、建设配套关、工程质量关和使用功能关，以确保物业的设计和建造质量，为物业投入使用后的物业管理创造条件。物业管理的早期介入是避免日后物业管理混乱的前提与基础。

（2）制定物业管理方案　房地产开发项目确定后，开发企业就应尽早制定物业管理方案，也可聘请物业服务企业代为制定。制定物业管理方案，首先是根据物业类型、功能，规划物业管理消费水平，确定物业管理的档次。其次，确定相应的管理服务标准。然后，进行年度物业管理费用收支预算，确定各项管理服务的收费标准和成本支出，进行费用的分摊，建立完善的能有效控制管理费用收支的财务制度。

（3）制定临时管理规约及有关制度　建设单位应当在销售物业前，制定临时管理规约，对有关物业的使用、维护、管理，业主的共同利益，业主应当履行的义务，违反规约应当承担的责任等事项依法作出约定。建设单位制定的临时管理规约，不得侵害物业买受人的合法权益。

建设单位应当在物业销售前，将临时管理规约向物业买受人明示，并予以说明。建设单位还应制定物业共用部位和共用设施设备的使用、公共秩序和环境卫生的维护等方面的规章制度。

（4）选聘物业服务企业　在物业管理方案制定并经审批之后，即应根据方案确定的物业管理档次着手进行物业服务企业的选聘或组建工作。首次选聘物业服务企业由房地产开发企业在开发项目全面竣工交付使用前进行。如有条件，房地产开发企业也可自行组建物业服务企业。

上述 4 个环节均由房地产开发企业来主持。这 4 个环节是物业管理全面启动和运作的必要先决条件，房地产开发企业对此应给予足够的重视。

2. 物业管理的前期准备阶段

物业管理的前期准备工作包括物业服务企业内部机构的设置与拟定人员编制，物业管理人员的选聘与培训，物业管理制度的制定三个基本环节。

(1) 物业服务企业内部机构的设置与拟定人员编制　企业内部机构及岗位要依据所管物业的规模和特点灵活设置，其设置原则是使企业的人力、物力、财力资源得到优化高效的配置，建立一个以最少人力资源而能达到最高运营管理效率的组织。

(2) 物业管理人员的选聘与培训　从事物业管理的人员需要崇尚敬业精神，要求各岗位工种人员达到一定的水平，对其上岗资质须进行确认，电梯、锅炉、配电等特殊工种应取得政府主管部门的资质认定方可上岗。

(3) 物业管理制度的制定　管理制度是物业管理顺利运行的保证。管理制度的制定应依据国家法律、法规、政策的规定和物业管理行政主管部门推荐的示范文本，结合本物业的实际情况，制定一些必要的、适用的制度和管理细则。

3. 物业管理的启动阶段

物业管理的全面正式启动以物业的接管验收为标志，从物业的接管验收开始到业主委员会的正式成立，包括物业的接管验收、用户入住、档案资料的建立、首次业主大会的召开和业主委员会的正式成立四个基本环节。

(1) 物业的接管验收　物业的接管验收包括新建物业的接管验收和原有物业的接管验收。新建物业的接管验收是在政府有关部门和开发建设单位对施工单位竣工验收的基础上进行的再验收。接管验收一旦完成，即由开发商或建设单位向物业服务企业办理物业管理的交接手续之后，就标志着物业正式进入实施物业管理阶段。原有物业的接管验收通常发生在产权人将原有物业委托给物业服务企业管理之间；或发生在原有物业改聘物业服务企业，在新老物业服务企业之间。在这两种情况下，原有物业接管验收的完成也就标志着新的物业管理工作全面开始。

物业的接管验收是直接关系到物业管理工作能否正常顺利开展的重要一环。在接管验收的过程中，物业服务企业要充分发挥自己的作用，对验收中发现的问题应准确记录在案，明确管理、维修责任，并注意审查接收的图样资料档案。

(2) 用户入住　用户入住是指住宅小区的居民入住，或商贸楼宇中业主和租户的迁入，这是物业服务企业与服务对象的首次接触，是物业管理十分重要的环节。新用户入住时，首先要签订前期物业管理服务协议。物业服务企业向用户发放《用户须知》或《用户手册》以及《装修管理规章》等，还要通过各种宣传手段和方法，使用户了解物业管理的有关规定，主动配合物业服务企业日后的管理工作。

(3) 档案资料的建立　档案资料包括业主或租住户的资料和物业的资料。业主或租住户入住以后，应及时建立他们的档案资料，例如业主的姓名、家庭人员情况、工作单位、联系电话或地址、收缴管理费情况、物业的使用或维修养护情况等。物业档案资料是对前期建设开发成果的记录，是以后实施物业管理时工程维修、配套、改造必不可少的依据，是更换物业服务企业时必须移交的内容之一。档案资料要尽可能完整地归集从规划设计到工程竣工、从地下到楼顶、从主体到配套、从建筑物到环境的全部工程技术维修资料，尤其是隐蔽工程的技术资料，经整理后按照资料本身的内在规律和联系进行科学的分类与归档。档案资料可按建筑物分类，如设计图、施工图、竣工图、设备图等；也可按系统项目分类，如配电系统、给水排水系统、消防系统、空调系统等。

(4) 首次业主大会的召开和业主委员会的成立　当物业销售和用户入住达到一定比例

（如50%）时，同一个物业管理区域内的业主，应当在物业所在地的区、县政府房管部门的指导下成立业主大会，审议和通过业主委员会章程和管理规约，决定有关业主共同利益的事项，并选举产生业主委员会。业主在首次业主大会会议上的投票权，可根据由省、自治区、直辖市制定的具体办法，按照各业主拥有物业的建筑面积、住宅套数等因素确定。至此，物业管理工作就从全面启动转向日常运作。

只有一个业主或者业主人数较少且经全体业主一致同意，决定不成立业主大会的，由业主共同履行业主大会、业主委员会职责。

4．物业管理的日常运作阶段

物业管理的日常运作是物业管理最主要的工作内容，包括日常的综合服务与管理、系统的协调两个基本环节。

（1）日常的综合服务与管理　日常的综合服务与管理是指用户入住后，物业服务企业在实施物业管理中所做的各项工作。例如，房屋修缮管理、房屋设备管理、环境卫生管理、绿化管理、治安管理、消防管理、车辆道路管理以及为改善居住与工作环境而进行的配套设施及公共环境的进一步完善等各项服务工作。

（2）系统的协调　物业管理社会化、专业化、市场化的特征，决定了其具有特定的复杂的系统内部、外部环境条件。系统内部环境条件主要是物业服务企业与业主、业主大会、业主委员会的相互关系的协调；系统外部环境条件是与相关部门及单位相互关系的协调，例如，供水、供电、居委会、通讯、环卫、房管、城管等有关部门，涉及面相当广泛。

5．物业服务基本制度

1）业主大会制度：确立了业主大会和业主委员会并存，业主大会决策，业主委员会执行的制度。

2）管理规约制度：对全体业主具有约束力。

3）物业服务招投标制度：业主通过招标投标的方式选聘具有相应资质的物业服务企业。

4）物业承接验收制度：物业服务企业承接物业时，应对物业共用部位、共用设施设备进行查验，与建设单位或业主委员会办理承接验收手续，同时获得移交的资料。

5）物业服务企业资质管理制度：物业服务企业必须具有资质。

6）物业管理专业人员职业资格制度。

7）住宅专项维修资金制度：用于物业保修期满后，物业共用部位、共用设施设备的维修和更新改造。

9.2　物业管理的实施

9.2.1　物业管理的实施原则

物业管理实施原则是业主的自治自律与物业服务企业统一专业化管理相结合。这种结合是通过物业管理的市场竞争来实现的。国家提倡业主通过公开、公平、公正的市场竞争机制选择物业服务企业。业主作为物业管理的委托人，采用招标方式，将所拥有物业的物业管理服务委托给中标的物业服务企业来实施；物业服务企业通过投标竞争，选择物业。政府则通过一系列法律、法规、政策和规定营造物业管理的市场氛围和环境,指导、规范、监督物业服务企业和业主委员会的组建、运作,协调相互关系,界定双方的权利、义务和共同的行为准则。

9.2.2 业主、业主大会及业主委员会

1. 业主及其权利、义务

(1) 业主在物业管理中的地位　业主是所拥有物业的主人,是物业管理市场的需求主体。在物业管理中,业主又是物业服务企业所提供的物业管理服务的对象。

业主分三个层次:单个业主;全体业主,即业主大会或业主代表大会;业主委员会。

(2) 业主的基本权利、义务　单个业主在物业管理活动中最基本的权利就是依法享有所拥有物业的各项权利和参与物业管理,要求物业服务企业依据物业管理委托合同提供相应的管理与服务。具体地说,业主享有下列权利:①按照物业服务合同的约定,接受物业服务企业提供的服务。②提议召开业主大会会议,并就物业管理的有关事项提出建议。③提出制定和修改管理规约、业主大会议事规则的建议。④参加业主大会会议,行使投票权。⑤选举业主委员会委员,并享有被选举权。⑥监督业主委员会的工作。⑦监督物业服务企业履行物业服务合同。⑧对物业共用部位、共用设施设备和相关场地使用情况享有知情权和监督权。⑨监督物业共用部位、共用设施设备专项维修资金的管理和使用。⑩法律、法规规定的其他权利。

单个业主的权利是由法律和管理规约及物业管理委托合同来保障和维护的,须通过业主大会和业主委员会来实现。

业主在物业管理活动中,应当履行下列义务:①遵守管理规约、业主大会议事规则。②遵守物业管理区域内物业共用部位和共用设施设备的使用、公共秩序和环境卫生的维护等方面的规章制度。③执行业主大会的决定和业主大会授权业主委员会作出的决定。④按照国家有关规定交纳专项维修资金。⑤按时交纳物业服务费用。⑥法律、法规规定的其他义务。

(3) 非业主使用人及其权利、义务　非业主使用人(通常简称为使用人)是指不拥有物业的所有权,但通过某种形式(如签订租赁合同)而获得物业使用权,并实际使用物业的人。由于非业主使用人首先与业主发生关系(如租赁关系),非业主使用人的基本权利、义务受到租赁合同的一定限制,即在租赁合同中,要明确阐明业主赋予非业主使用人哪些权利、义务。同时,非业主使用人作为物业的实际使用人,也是物业管理服务的对象,也应享有物业管理委托合同约定的相应的权利、义务。非业主使用人和业主在权利上的最大区别是非业主使用人没有对物业的最终处置权,例如物业的买卖。

2. 业主大会

业主大会是决定物业重大管理事项的业主自治管理组织。业主大会由物业管理区域内(考虑物业的共用设施设备、建筑物规模、社区建设等因素而划分的区域)全体业主组成,业主人数较多的,也可以组成业主代表大会,它代表和维护物业管理区域内全体业主在物业管理活动中的合法权益。

业主大会的职责是:①制定、修改管理规约和业主大会议事规则。②选举、更换业主委员会委员,监督业主委员会的工作。③选聘、解聘物业服务企业。④决定专项维修资金使用、

续筹方案,并监督实施。⑤制定、修改物业管理区域内物业共用部位和共用设施设备的使用、公共秩序和环境卫生的维护等方面的规章制度。⑥法律、法规或者业主大会议事规则规定的其他有关物业管理的职责。

业主大会议事规则是就业主大会的议事方式、表决程序、业主投票权确定办法、业主委员会的组成和委员任期等事项作出的约定性文件。管理规约则是对有关物业的使用、维护、管理,业主的共同利益,业主应当履行的义务,违反公约应当承担的责任等事项依法作出的约定。管理规约对全体业主具有约束力。

业主大会会议可以采用集体讨论的形式,也可以采用书面征求意见的形式;但应当有物业管理区域内持有 1/2 以上有投票权的业主参加。业主可以委托代理人参加业主大会会议。业主大会作出决定,必须经与会 1/2 以上有投票权的业主通过,但如果业主大会作出的是制定和修改管理规约、业主大会议事规则、选聘和解聘物业服务企业、专项维修资金使用和续筹方案的决定,必须经物业管理区域内 2/3 以上有投票权的业主通过。业主大会的决定对物业管理区域内的全体业主具有约束力。

业主大会会议分为定期会议和临时会议。业主大会定期会议按照业主大会议事规则的规定召开。经20%以上的业主提议,业主委员会就应组织召开业主大会临时会议。如要召开业主大会会议,应于会议召开 15 日前通知全体业主,并同时告知相关的居民委员会。业主委员会应当做好业主大会会议记录。

3. 业主委员会

业主委员会是业主大会的执行机构,履行下列职责:①召集业主大会会议,报告物业管理的实施情况。②代表业主与业主大会选聘的物业服务企业签订物业服务合同。③及时了解业主、物业使用人的意见和建议,监督和协助物业服务企业履行物业服务合同。④监督管理规约的实施。⑤业主大会赋予的其他职责。

业主委员会开展活动所需费用,经业主大会审核通过后,由全体业主分担。

业主委员会委员应当由热心公益事业、责任心强、具有一定组织能力的业主担任。业主委员会主任、副主任在业主委员会委员中推选产生。业主委员会自选举产生之日起 30 日内,向物业所在地的区、县人民政府房地产行政主管部门备案。

无论是业主大会还是业主委员会都要依法履行职责,不得作出与物业管理无关的决定,不得从事与物业管理无关的活动。住宅小区的业主大会、业主委员会作出的决定,应当告知相关的居民委员会,并认真听取居民委员会的建议。如果业主大会、业主委员会作出的决定违反了法律、法规,物业所在地的区、县人民政府房管部门要责令限期改正或者撤销其决定,并通告全体业主。

在物业管理区域内,业主大会、业主委员会应积极配合相关居民委员会依法履行自治管理职责,支持居民委员会开展工作,并接受其指导和监督。业主大会、业主委员会还要配合公安机关,与居民委员会相互协作,共同做好维护物业管理区域内的社会治安等相关工作。

4. 管理规约

管理规约是一种公共契约,属于协议、合约的性质。它是由全体业主承诺共同订立的,对全体业主(也包括非业主使用人)有共同约束力的有关业主在物业使用、维修和管理等方面权利义务的行为守则。

第9章 物业管理政策与制度

管理规约是物业管理中的一个重要的基础性文件。它一般是由业主委员会依据政府制定的示范文本，结合物业的实际情况进行修改补充，经业主大会讨论通过生效。在第一次业主大会召开之前，最初的管理规约可由物业服务企业依据政府制定的示范文本代为拟定，提交第一次业主大会讨论通过，并经业主签字后生效，以后根据实际情况进行的修订则只需业主大会讨论通过即生效。

业主大会、业主委员会作出的各项决定，不得与法律、法规、政策相抵触。

9.2.3 前期物业管理

建设单位在销售物业前，可制定业主临时公约，对有关物业的使用、维护、管理，业主的共同利益，业主应当履行的义务，违反公约须承担的责任等事项依法作出约定。

建设单位制定的业主临时公约，不得侵害物业买受人的合法权益，不得擅自处分业主依法享有的物业共用部位、共用设施设备的所有权或者使用权。建设单位在物业销售前必须将业主临时公约向物业买受人明示，并予以说明。同时，买受人在与建设单位签订物业买卖合同时，应对遵守业主临时公约予以书面承诺。

国家提倡建设单位按照房地产开发与物业管理相分离的原则，通过招投标的方式选聘具有相应资质的物业服务企业。原则上，一个物业管理区域只能由一个物业服务企业实施物业管理。住宅物业的建设单位，应当通过招投标的方式选聘具有相应资质的物业服务企业；假使投标人少于3个或者住宅规模较小，经县级政府房管部门批准，可采用协议方式选聘具有相应资质的物业服务企业。建设单位选聘物业服务企业，应与物管企业签订书面前期物业服务合同。建设单位与物业买受人签订的买卖合同应包含前期物业服务合同约定的内容。前期物业服务合同可以约定期限；但是，期限未满，而业主委员会与物业服务企业签订的物业服务合同生效的，前期物业服务合同即自行终止。

物业服务企业承接物业时，应当对物业共用部位、共用设施设备进行查验。在办理物业承接验收手续时，建设单位要将下列资料移交给物业服务企业：①竣工总平面图，单体建筑、结构、设备竣工图，配套设施、地下管网工程竣工图等竣工验收资料。②设施设备的安装、使用和维护保养等技术资料。③物业质量保修文件和物业使用说明文件。④物业管理所必需的其他资料。物业服务企业在前期物业服务合同终止时将上述资料移交给业主委员会。

建设单位应按照规定在物业管理区域内配置必要的物业管理用房，且按照国家规定的保修期限和保修范围，承担物业的保修责任。物业管理用房的所有权依法属于业主；未经业主大会同意，物业服务企业不得改变物业管理用房的用途。

9.2.4 物业管理招投标

物业管理招投标包括物业管理招标和物业管理投标两部分，实质是一种市场双向选择行为。通过招投标，物业管理供需主体在平等互利的基础上建立起一种新型的劳务商品关系。物业管理招标有公开招标、邀请招标、议标三种方式。

1）公开招标又称为无限竞争性公开招标，由招标方通过报刊、电视、广播等各种媒体向社会公开发布招标公告，凡符合投标基本条件的物业服务企业均可申请投标。公开招标的优点是招标方有较大的选择范围,可在众多的投标单位之间选择最优者;其缺点是由于竞标单位较多,工作量大,时间长,增加了招标成本。公开招标一般适用于规模较大的物业,尤其是收益性物业。

2)邀请招标又称为有限竞争性选择招标。由招标单位向预先选择的有承担能力的若干物业服务企业发出招标邀请函,邀请其参与竞标。这种方式的优点是可保证投标企业有相关的资质条件和足够的经验,信誉可靠;缺点是有一定局限性,可能漏掉一些有较强竞争力的物业服务企业参与竞标。邀请招标是目前广泛采用的招标方式。

3)议标又称为谈判招标或指定招标,由招标单位直接选择一家或几家物业服务企业,协商谈判,达成协议。对物业管理合同到期后原物业服务企业的再次聘用通常采用议标方式。

9.2.5 物业管理服务

业主委员会应与业主大会选聘的物业服务企业订立书面的物业服务合同。该服务合同对物业管理事项、服务质量、服务费用、双方的权利义务、专项维修资金的管理与使用、物业管理用房、合同期限、违约责任等内容作出约定。这样,物业服务企业就可按照物业服务合同的约定,提供相应的服务。为了保证服务管理的质量,从事物业管理的人员必须取得职业资质证书。物业服务企业未能履行物业服务合同的约定,导致业主人身、财产安全受到损害的,应当依法承担相应的法律责任。

物业服务企业在承接物业时,要与业主委员会办理物业验收手续。届时,业主委员会向物业服务企业移交在前期物业服务合同终止时,由原物业服务企业(或建设单位)按照相关法规规定移交给业主委员会的资料。

物业服务企业可以将物业管理区域内的专项服务业务委托给专业性服务企业,但不得将该区域内的全部物业管理一并委托给他人。

物业服务企业可按国家有关规定雇请保安人员,保安人员在维护物业管理区域内的公共秩序时,应当履行职责,不得侵害公民的合法权益。物业服务企业要协助做好物业管理区域内的安全防范工作。发生安全事故时,物业服务企业在采取应急措施的同时,应当及时向有关行政管理部门报告,协助做好救助工作。对物业管理区域内违反有关治安、环保、物业装饰装修和使用等方面法律、法规规定的行为,物业服务企业应积极进行制止,并及时向有关行政管理部门报告。有关行政管理部门在接到物业服务企业报告后,应当依法对违法行为予以制止或者依法处理。

物业服务合同终止时,业主大会选聘了新的物业服务企业的,物业服务企业之间应当做好交接工作。原物业服务企业须将物业管理用房规定的有关资料交还给业主委员会。

9.2.6 物业的使用与维护

在物业管理区域内,当业主需要装饰装修房屋时,应事先告知物业服务企业。物业服务企业要将房屋装饰装修中的禁止行为和注意事项告知业主。利用物业共用部位、共用设施设备进行经营的,必须在征得相关业主、业主大会、物业服务企业的同意后,按照规定办理有关手续。业主所得收益主要用于补充专项维修资金,也可以按照业主大会的决定使用。物业

第 9 章 物业管理政策与制度

管理区域内按照规划建设的公共建筑和共用设施,是不能改变用途的。如果业主在法律规定的范围内,确需改变公共建筑和共用设施用途的,要先依法办理有关手续,然后告知物业服务企业;物业服务企业因管理需要,确需改变公共建筑和共用设施用途的,要在提请业主大会讨论决定同意后,由业主依法办理有关手续。无论是业主还是物业服务企业都不得擅自占用、挖掘物业管理区域内的道路、场地,损害业主的共同利益。但若因维修物业或维护公共利益的需要,业主确需临时占用、挖掘道路、场地的,应预先征得业主委员会和物业服务企业的同意;如是物业服务企业确需临时占用、挖掘道路、场地的,应当征得业主委员会的同意。临时占用、挖掘的道路、场地,都要在约定期限内恢复原状。供水、供电、供气、供热、通信、有线电视等单位,应当依法承担物业管理区域内相关管线和设施设备维修、养护的责任。如果这些单位因维修、养护等需要,临时占用、挖掘道路、场地的,也应及时恢复原状。

住宅物业、住宅小区内的非住宅物业或者与单幢住宅楼结构相连的非住宅物业的业主,应当按照国家有关规定交纳专项维修资金。专项维修资金属于业主所有,专项用于物业保修期满后物业共用部位、共用设施设备的维修和更新、改造,不得挪作他用。专项维修资金收取、使用、管理的办法由国务院建设行政主管部门会同国务院财政部门制定。

物业存在安全隐患,危及公共利益及他人合法权益时,责任人要及时维修养护,有关业主也应给予配合。如有个别责任人不履行维修养护义务的,经业主大会同意,可以由物业服务企业维修养护,费用由责任人承担。

9.3 物业管理经费来源及其测算

9.3.1 物业管理经费的来源

为推动和规范物业管理的发展,国家和政府先后制定了一系列有关政策,建立了多渠道、多层次的物业管理经费筹集机制。当前总体上看,物业管理经费的来源主要有以下五个方面。

1. 定期收取物业管理服务费

经物价部门批准,物业服务企业定期向物业管理区域内的业主和使用人收取一定数量的物业管理服务费。

物业管理服务费是指物业管理单位接受物业产权人、使用人委托对小区内的房屋建筑及其设备、公用设施、绿化、卫生、交通、治安和环境容貌等项目开展日常维护、修缮、整治服务及提供其他与居民生活相关的服务收取的费用。

在物业管理经费的筹集中,物业管理服务收费应是物业管理经费长期稳定的主要来源。制定合理的收费标准、确保稳定的资金来源是每一个从事物业管理的物业服务企业必须面对的一个非常重要的问题。

2. 物业共用部位共用设施设备住宅专项维修资金

物业共用部位共用设施设备住宅专项维修资金的筹集使用与管理在 9.3.5 叙述。

3. 物业服务企业开展多种经营的收入和利润

在不向政府要钱、不增加居民的经济负担的情况下,物业服务企业可根据自身的情况,积极开办多种经济实体,开展多种经营,创造经济效益。这些经济实体既为物业业主和使用人服务，也向社会承接业务，用多种经营取得的部分利润，弥补管理经费的不足，实现以业养业的目的。物业服务企业开展多种经营的收入和利润，从性质上讲属于物业服务企业的收入和经营利润。同时，其收入和利润事先也无法准确地测算和预计，因此，这种收入和利润并不属于物业管理经费稳定的来源。

4. 政府多方面的扶持

考虑到目前我国的实际情况，广大居民的收入水平和低租金的住房政策，普通住宅物业管理经费完全由住户负担尚有较大困难。因此，为推动物业管理的发展和住房制度的改革，政府还在多方面对物业服务企业给予大力扶持。特别是对物业管理服务收费实行政府定价或者政府指导价的普通居民住宅，其收费标准低于管理服务成本的，各地人民政府给予优惠政策。

5. 开发建设单位给予一定的支持

开发建设单位为了自身的声誉和经济效益，对所建造的物业，尤其是住宅日后的物业管理也会给予必要的支持，主要体现在以优惠的方式提供一定数量的管理用户和经营性配套商业用房，完善物业的各种配套设施和环境的建设等。

9.3.2 物业管理收费原则

物业管理收费应当遵循合理公开、收费与服务水平相适应的总原则。国家鼓励物业服务企业开展正当的价格竞争，禁止价格垄断和牟取暴利行为。物业消费是业主自己的事，目前，许多小区都成立了业主委员会，物业收费价格有了协商的主体。在市场竞争机制下，物业管理服务收费理应由他们的代表和物业管理者双方协商，按质论价、优质优价。

物业管理服务收费根据所提供服务的性质、特点等不同情况，分别实行政府指导价和市场调节价。物业服务收费实行政府指导价的，有定价权限的人民政府价格主管部门会同房地产行政主管部门根据物业管理服务等级标准等因素，制定相应的基准价及其浮动幅度，并定期公布。具体收费标准由业主与物业服务企业根据规定的基准价和浮动幅度在物业服务合同中约定。物业服务企业要实行明码标价，即在物业管理区域内的显著位置，将服务内容、服务标准以及收费项目、收费标准等有关情况进行公示。凡属为物业产权人、使用人个别需要提供的特约服务，除政府物价部门提供规定有统一收费标准者外，服务收费实行经营者定价。实行经营者定价的物业管理服务收费标准，由物业服务企业与小区业主委员会或产权人代表、使用人代表协商议定，并将收费项目和收费标准向当地物价部门备案。

9.3.3 住宅小区公共性服务收费的费用构成与测算方法

1. 住宅小区公共性服务收费的费用构成

（1）管理、服务人员的工资和按规定提取的福利费　管理、服务人员的工资和按规定提取的福利费是指物业服务企业的人员费用。其包括基本工资、按规定提取的福利费、加班费和服装费；不包括管理、服务人员的奖金。奖金应根据企业经营管理的经济效益，从盈利中提取。

第9章　物业管理政策与制度

（2）共用部位、共用设施设备日常运行、维修及保养费　共用部位、共用设施设备日常运行、维修及保养费包括小区楼宇内共用部位及小区道路环境内的各种土建零星修理费，各类共用设施设备的日常运行、维修及保养费；不包括业主拥有房产内部的各种设备、设施的维修、养护、更换与更新费用，共用设备设施的大、中修费用，电梯的运行、保养与维修费用，公用天线保养维修费用，高压水泵的运行、维修费用，冬季供暖费。这些费用按国家和当地的现行规定与标准，分别向产权人和使用人另行收取。

（3）绿化管理费　绿化管理费是指小区环境内绿化的养护费用包括绿化工具费（如剪草机、喷雾器等）、劳保用品费、绿化用水费、农药化肥费用、补苗费、小区环境内摆设的花卉等项费用。

（4）清洁卫生费　清洁卫生费是指楼宇内公共部位及小区内道路环境的日常清洁保养费用。

（5）保安费　保安费是指封闭小区公共秩序的维持费用。

（6）办公费　办公费是指物业服务企业开展正常工作所需的有关费用。

（7）物业服务企业固定资产折旧费　物业服务企业固定资产折旧费是指物业服务企业拥有的各类固定资产按其总额每月分摊提取的折旧费用。

（8）法定税费　法定税费是指按现行税法物业服务企业在进行企业经营活动过程中应缴纳的税费。物业服务企业享受国家对第三产业的优惠政策，应缴纳的税费主要是营业税及附加。在计算营业税时，企业的经营总收入不包括物业服务企业代有关部门收取的水费、电费、燃（煤）气费、房租及住宅专项维修资金，即对这些费用不计征营业税。但对其从事这些代收项目所收取的手续费应当计征营业税。

（9）保险费　保险费包括投保财产保险（如火险、灾害险等）及各种责任保险（包括物业共用部位、共用设施设备及公众责任保险费用）的支出。

（10）利润　物业服务企业作为独立的自负盈亏的经济实体，也应获得一定的利润。利润率根据各省、自治区、直辖市政府物价主管部门结合本地区实际情况确定的比率计算。普通住宅小区物业管理的利润率一般以不高于社会平均利润率为上限。按照前七项之和乘以利润率即得到每月每平方米收费面积分摊的利润额。

其中，第二～六项费用支出是指除工资及福利费以外的物质损耗补偿和其他费用开支。物业管理服务收费的利润率由各省、自治区、直辖市政府房地产行政主管部门根据本地区实际情况确定。

2. 住宅小区公共性服务收费标准测算原则

业主与物业服务企业可以采取包干制或者酬金制等形式约定物业服务费用。包干制是指由业主向物业服务企业支付固定物业服务费用，盈余或者亏损均由物业服务企业享有或者承担的物业服务计费方式。酬金制是指在预收的物业服务资金中按约定比例或者约定数额提取酬金支付给物业服务企业，其余全部用于物业服务合同约定的支出，结余或者不足均由业主享有或者承担的物业服务计费方式。通常，实行物业服务费用包干制的，物业服务费用的构成包括物业服务成本、法定税费和物业服务企业的利润。实行物业服务费用酬金制的，预收的物业服务资金包括物业服务支出和物业服务企业的酬金。这两种收费方式各有利弊。

3. 漏交率

由于多种原因，物业管理服务费的收缴不可能达到100%，这就产生了漏交率的问题。

如果将因个别业主漏交而造成的损失摊到其他业主身上，显然是不合理的，但完全由物业服务企业负担这部分损失也是不尽合理的。解决这一问题的正确途径是：一方面从业主、业主委员会到物业服务企业，要尽可能提高物业管理服务费的收缴率，同时在进行物业管理经费财务预算时要注意留有一定的余地。

9.3.4 收益性物业的物业管理费用测算

1．收益性物业的物业管理费用测算的特点

对收益性物业管理费用的测算，目前国家尚无统一的规定。收益性物业管理中的收入包括租金收入和其他经常性收入（不含保证金和准备金）。而经营费用的数量和类型依物业类型和规模及所处的地区有所不同，还是存在着房地产管理行业公认的通用费用项目。在与国家规定的物业管理费用构成不矛盾的前提下，每一个物业服务企业都可以用自己的方式来定义费用，某些费用项目还可能要进一步细分以适应特定物业在管理过程中经营费用管理的需要。此外，有时业主也会要求采用一种特定的费用分类方式。

2．收益性物业的物业管理费用的构成

（1）人工费

（2）公共部位、公共设施设备日常运行、维修及保养费　该项费用在物业管理费用中占较大比例，且分项较多，主要包括：①维修与保养费。②室内装修费。③生活用水和污水排放费。④能源费（电、气、油料等）。⑤康乐设施费。⑥杂项费用。

（3）绿化管理费　绿化管理是指小区环境绿化的养护费用，包括绿化人工费、绿化工具设备费、劳保用品费、绿化养护费、花卉摆设、税金等费用，绿化垃圾清运费可忽略不计。

（4）清洁卫生费　大型物业一般要与城市的环卫公司签署合约，请其负责垃圾清运工作。垃圾清运费用的数量主要取决于物业每月需清运的垃圾的数量（重量和体积），或需设置的垃圾筒的数量以及需要垃圾清运车的数量。

（5）保安费　大多数物业服务企业都与保安公司签署有保安合同，请保安公司提供保安服务。其他与安全有关的费用支出常列在相应的直接费中。

（6）办公费　办公费主要包括零星办公用品、低值易耗品支出、邮寄费和其他与现场办公室运作相关的费用，如常年聘请法律顾问的费用等。

（7）固定资产折旧费　物业管理企业固定资产折旧费包括交通工具、通信设备、办公设备、工程维修设备、其他设备等。固定资产平均折旧年限一般为5年。

（8）不可预见费　收益性物业管理中常有一些预计不到的费用支出，如短期内物价的上涨、意外事件的发生等。因此，在经营费用的测算过程中，通常列入一项不可预见费，可按前七项费用之和的5%计算。不可预见费应单独设账，其支出应严格控制。

（9）法定税费　法定税费包括营业税及附加，按上述各项总和的5.5%计税，按月缴纳。

（10）企业管理费及利润　企业管理费和利润通常是物业有效毛租金收入的一个百分比，如果有效毛租金收入低于预计的某一数值时，还可以确定物业管理费和利润的一个最低值。

其具体比例可根据政府有关规定和当地物业管理市场情况确定。通常，从事收益性物业的管理，其企业管理费和利润的提取比例高于从事居住物业的管理。

（11）保险费　虽然保险费是每半年或每年支付一次，但保险费的实际支出还要受保险计划安排的影响。保险费项目只包括物业本身的保险、员工医疗保险和失业保险在人工费中的开支。

（12）房产税　对收益性物业来说，业主应缴纳房产税。我国城市房产税的征收分为按租金征收和按房产原值征收两种情况，按年计征，分期缴纳。按租金征收时税率为12%，按房产原值征收时税率为1.2%。该税有些地方每月征收1次，有些地方半年或1年征收1次。但物业服务企业在确定该项费用的预算时一般是以月为基础的，也就是说用每月留出来的房产税供需要缴纳该税项时使用。对于商场和写字楼商业物业，有些租约规定将缴纳房产税的义务由租客来承担，或以租金的一定比例向租客另外收取（即租金中不含房产税）作为物业服务企业的代收代缴费用。该项代收代缴费用可以按月估算和收取，由物业服务企业存入专项账户，以便在需要缴纳房产税时使用。

应该指出的是，每一宗物业由于其用途、档次、所处城市和物业管理委托合同条款的不同，有关费用的内容和测算依据也会有一定差异。

9.3.5　住宅专项维修资金

一个物业管理区域内有两个以及两个以上产权人的，应当建立物业公共部位、共用设备设施住宅专项维修资金（以下简称住宅专项维修资金）。为此，原建设部、财政部联合签署了《住宅专项维修资金管理办法》，自2008年2月1日起施行。

1. 住宅专项维修资金的性质和用途

住宅专项维修资金属于全体业主所有，专项用于物业共用部位、共用设备设施保修期满后的大中修和更新、改造。这些费用一旦需要支出，数额巨大，日常管理收费无法负担，有必要以基金形式事先提取。物业的共用部位是指物业主体承重结构部位（包括基础、承重墙体、柱、梁、楼板、屋顶等）、户外墙面、门厅、楼梯间、走廊通道等。物业的共用设备设施是指物业区域内，由全体业主共同拥有并使用的上下水管道、落水管、水箱、加压水泵、电梯、天线、供电线路、共用照明、消防设施、绿地、道路、沟渠、池井、非经营性停车场库、公益性文体设施和共用设备设施使用的房屋等。

2. 住宅专项维修资金的筹集

1）商品房销售商品住房时，购房者与售房单位签订有关住宅专项维修资金缴交约定，购房者应按购房款2%～3%的比例，向售房单位缴交住宅专项维修资金，收取比例由省、自治区、直辖市人民政府房地产行政主管部门确定，售房单位代为收取的住宅专项维修资金属于全体业主共同所有。

2）公有住房出售以后，住宅专项维修资金由售房单位和购房人双向筹集。①售房单位按照一定比例从售房款中提取，原则上该部分多层住宅不低于售房款的20%，高层住宅不低于售房款的30%，住宅专项维修资金归单位所有。②购房者按房款2%的比例向售房单位缴交住宅专项维修资金。售房单位代为收取的住宅专项维修资金属于全体业主共同所有，不计入住宅销售收入。

不管是商品住宅销售后还是公有住房出售后,如果遇到某些重大原因,住宅专项维修资金不敷使用时,经当地房地产行政主管部门或业主委员会研究决定,按业主占有的住宅建筑面积比例向业主续筹,具体办法由市、县人民政府制定。

3. 住宅专项维修资金的使用与管理

(1) 住宅专项维修资金的使用　住宅专项维修资金专项用于住宅共用部位、共用设施设备保修期满后的大修、更新、改造。

业主委员会成立前,住宅专项维修资金的使用由售房单位或售房单位委托的管理单位提出使用计划,经当地房地产行政主管部门审核后划拨。业主委员会成立后,住宅专项维修资金的使用由物业服务企业提出年度使用计划,经业主委员会审定后实施。

(2) 住宅专项维修资金的管理　住宅专项维修资金属于代管基金,因此,必须加强对住宅专项维修资金的管理。其要点主要有：①业主委员会成立前,住宅专项维修资金由当地房地产行政主管部门代管。具体做法是：商品住宅房销售,在业主办理房屋权属证书时,销售单位将代收的住宅专项维修资金移交给当地房地产行政主管部门代管；公有住房售后,住宅专项维修资金管理的具体办法(即如何移交),由市、县财政部门和房地产行政主管部门共同制定,经当地人民政府批准后实施。②业主委员会成立后,经业主委员会同意,房地产行政主管部门将住宅专项维修资金移交给物业服务企业代管。物业服务企业代管的住宅专项维修资金,应当定期接受业主委员会的检查和监督。③物业服务企业发生变换时,代管的住宅专项维修资金账目经业主委员会审核无误后,办理账户转移手续。账户转移手续自双方签字盖章之日起十日内送当地房地产行政主管部门和业主委员会备案。④住宅专项维修资金应当在银行专户存储,专款专用。住宅专项维修资金自存入住宅专项维修资金专户之日起按规定计息,其净收益转作住宅专项维修资金滚存使用和管理。住宅专项维修资金明细账户一般按单幢住宅设置。为了保证住宅专项维修资金的安全,住宅专项维修资金闲置时,除可用于购买国债或者用于法律、法规规定的其他范围外,严禁挪作他用。⑤业主转让房地产所有权时,结余住宅专项维修资金不予退还,随房屋所有权同时过户。⑥因房屋拆迁或者其他原因造成住房灭失的,住宅专项维修资金代管单位应当将住宅专项维修资金账面余额,按业主个人缴交比例退还给业主。⑦各级房地产行政主管部门和财政部门负责指导、协调、监督住宅专项维修资金的管理和使用。

市、县财政部门和房地产行政管理部门应制定住宅专项维修资金使用计划报批及管理制度、财务决算管理制度、审计监督制度以及业主的查询和对账制度等。

9.4　物业服务企业行业管理

9.4.1　物业服务企业的性质

物业服务企业是依法定程序设立,以物业管理为主业,独立核算、自主经营、自负盈亏的具有独立的企业法人地位的经济组织。物业服务企业的性质是具有独立的企业法人地位的

第9章 物业管理政策与制度

经济实体。物业服务企业按自主经营、自负盈亏、自我约束、自我发展的机制运行,其指导思想是:以服务为宗旨,以经营为手段,以经济效益、社会效益和环境效益的综合统一为目的。这是物业服务企业与旧体制下房管部门所属的房管所和各自管房单位的房管处的最本质的区别。从事物业管理活动的企业应当具有独立的法人资质。

9.4.2 物业服务企业资质等级

国家对从事物业管理活动的企业实行资质管理制度。物业服务企业资质等级分为一级、二级、三级。各资质等级物业服务企业的条件如下:

1．一级资质

1)注册资本人民币500万元以上。

2)物业管理专业人员以及工程、管理、经济等相关专业类的专职管理和技术人员不少于30人。其中,具有中级以上职称的人员不少于20人,工程、财务等业务负责人具有相应专业中级以上职称。

3)物业管理专业人员按照国家有关规定取得职业资质证书。

4)管理两种类型以上物业,并且管理各类物业的房屋建筑面积分别占下列相应计算基数的百分比之和不低于100%:①多层住宅200万m^2。②高层住宅100万m^2。③独立式住宅(别墅)15万m^2。④办公楼、工业厂房及其他物业50万m^2。

5)建立并严格执行服务质量、服务收费等企业管理制度和标准,建立企业信用档案系统,有优良的经营管理业绩。

2．二级资质

1)注册资本人民币300万元以上。

2)物业管理专业人员以及工程、管理、经济等相关专业类的专职管理和技术人员不少于20人。其中,具有中级以上职称的人员不少于10人,工程、财务等业务负责人具有相应专业中级以上职称。

3)物业管理专业人员按照国家有关规定取得职业资质证书。

4)管理两种类型以上物业,并且管理各类物业的房屋建筑面积分别占下列相应计算基数的百分比之和不低于100%:①多层住宅100万m^2。②高层住宅50万m^2。③独立式住宅(别墅)8万m^2。④办公楼、工业厂房及其他物业20万m^2。

5)建立并严格执行服务质量、服务收费等企业管理制度和标准,建立企业信用档案系统,有良好的经营管理业绩。

3．三级资质

1)注册资本人民币50万元以上。

2)物业管理专业人员以及工程、管理、经济等相关专业类的专职管理和技术人员不少于10人。其中,具有中级以上职称的人员不少于5人,工程、财务等业务负责人具有相应专业中级以上职称。

3)物业管理专业人员按照国家有关规定取得职业资质证书。

4)有委托的物业管理项目。

5）建立并严格执行服务质量、服务收费等企业管理制度和标准，建立企业信用档案系统。

一级资质物业服务企业可以承接各种物业管理项目。二级资质物业服务企业可以承接 30 万 m² 以下的住宅项目和 8 万 m² 以下的非住宅项目的物业管理业务。三级资质物业服务企业可以承接 20 万 m² 以下的住宅项目和 5 万 m² 以下的非住宅项目的物业管理业务。

9.4.3 物业服务企业的设立

物业服务企业的设立分为工商注册登记和资质审批两步。

设立物业服务企业须首先向工商行政管理部门申请注册登记，领取营业执照后，再向房地产行政主管部门申办资质登记。

新设立物业服务企业应自领取营业执照之日起 30 日内，持所需文件向工商注册所在地政府房管部门申请资质，这些文件是：①营业执照。②企业章程。③验资证明。④企业法定代表人的身份证明。⑤物业管理专业人员的职业资质证书和劳动合同，管理和技术人员的职称证书和劳动合同。

新设立的物业服务企业，其资质等级按照最低等级核定，并设一年的暂定期。

9.4.4 物业服务企业申请核定资质等级

申请核定资质等级的物业服务企业，须提交下列材料：①企业资质等级申报表。②营业执照。③企业资质证书正、副本。④物业管理专业人员的职业资质证书和劳动合同，管理和技术人员的职称证书和劳动合同，工程、财务负责人的职称证书和劳动合同。⑤物业服务合同复印件。⑥物业管理业绩材料。

物业服务企业的资质管理实行分级审批制度。国务院建设主管部门负责一级物业服务企业资质证书的颁发和管理。省、自治区人民政府建设主管部门负责二级物业服务企业资质证书的颁发和管理。直辖市人民政府房地产主管部门负责二级和三级物业服务企业资质证书的颁发和管理，并接受国务院建设主管部门的指导和监督。设区的市的人民政府房地产主管部门负责三级物业服务企业资质证书的颁发和管理，并接受省、自治区人民政府建设主管部门的指导和监督。

资质审批部门自受理企业申请之日起 20 个工作日内，对符合相应资质等级条件的企业核发资质证书。一级资质审批前，由省、自治区人民政府建设主管部门或直辖市人民政府房地产主管部门审查，审查期限为 20 个工作日。资质证书分为正本和副本，由国务院建设主管部门统一印制，正、副本具有同等法律效力。任何单位和个人不得伪造、涂改、出租、出借、转让资质证书。企业遗失资质证书，应当在新闻媒体上声明后，方可申请补领。

物业服务企业在申请之日前一年内有下列违规行为者，资质审批部门将不批准其核定资质等级的申请：①聘用未取得物业管理职业资质证书的人员从事物业管理活动。②将一个物业管理区域内的全部物业管理业务一并委托给他人。③挪用专项维修资金。④擅自改变物业管理用房用途。⑤擅自改变物业管理区域内按照规划建设的公共建筑和共用设施用途。⑥擅自占用、挖掘物业管理区域内道路、场地，损害业主的共同利益。⑦擅自利用物业共用部位、共用设施设备进行经营。⑧物业服务合同终止时，不按规定移交物业管理用房和有关资料。⑨与物业管理招标人或者其他物业管理投标人相互串通，以不正当手段谋取中标。⑩不履行物业服务合同，业主投诉较多，经查证属实。⑪超越资质等级承接物业管理业务。⑫出租、出借、转让资质证书。⑬发生重大责任事故。

9.4.5 物业服务企业资质等级变更和注销及撤销

企业如发生分立、合并等事由，应在向工商行政管理部门办理变更手续后 30 日内，到原资质审批部门申请办理资质证书注销手续，并重新核定资质等级。企业的名称、法定代表人等事项发生变更的，也应在办理变更手续后 30 日内，到原资质审批部门办理资质证书变更手续。如果企业破产、歇业或者因其他原因终止业务活动，在办理营业执照注销手续后 15 日内，到原资质审批部门办理资质证书注销手续。

对于物业服务企业，如有下列情形之一的，资质审批部门或其上级主管部门，根据利害关系人的请求或依据其职权可以撤销资质证书：①审批部门工作人员滥用职权、玩忽职守作出物业服务企业资质审批决定的。②超越法定职权作出物业服务企业资质审批决定的。③违反法定程序作出物业服务企业资质审批决定的。④对不具备申请资质或者不符合法定条件的物业服务企业颁发资质证书的。⑤依法可以撤销审批的其他情形。

物业服务企业资质等级实行动态管理，每两年核定一次。对于不符合原定资质等级标准的企业，由资质等级评定初审部门提出降级或吊销资质证书的意见，报审批部门批准后执行。申请升级的物业服务企业将所需材料报初审部门，初审部门将审核意见报审批部门。资质等级升级应依次逐级上升，不得越级升级。

9.4.6 对违规的物业服务企业的处罚

物业服务企业如有以下违规行为，将由县级以上地方人民政府房地产主管部门给予相应处罚：①超越资质等级承接物业管理业务的，予以警告，责令限期改正，并处 1 万元以上、3 万元以下的罚款。②出租、出借、转让资质证书的，予以警告，责令限期改正，并处 1 万元以上、3 万元以下的罚款。③不按照有关法规规定及时办理资质变更手续的，责令限期改正，并处 2 万元以下的罚款。④无正当理由不参加资质年检的，由资质审批部门责令其限期改正，并处 1 万元以上、3 万元以下的罚款。

9.4.7 对失职的资质审批部门的处罚

资质审批部门有下列行为者，由其上级主管部门或监察机关责令改正，对直接负责的主管人员和其他直接责任人员依法给予行政处分；构成犯罪者，依法追究刑事责任：①对不符合法定条件的企业颁发资质证书的。②对符合法定条件的企业不予颁发资质证书的。③对符合法定条件的企业未在法定期限内予以审批的。④利用职务上的便利，收受他人财物或者其他好处的。⑤不履行监督管理职责，或者发现违法行为不予查处的。

本章小结

本章在介绍物业管理及物业管理制度与政策的基础上,阐述物业管理的基本环节和主要内容,探讨物业管理的发展趋势、发展战略和约束机制。

物业管理,是房地产投资开发、流通的自然延续,是房地产业中不可缺少的一个重要的组成部分。其管理制度的完善与否,将直接影响房地产业是否持续、稳定、健康地发展。物业管理的目的是为了保证和发挥物业的使用功能,使其保值增值,并为物业所有人和使用人创造和保持整洁、文明、安全舒适的生活和工作环境,最终实现社会、经济、环境三个效益的统一和同步增长,提高城市的现代文明程度。

物业管理涉及的领域相当广泛,其基本内容按服务的性质和提供的方式可分为常规性的公共服务、针对性的专项服务和委托性的特约服务三大类。

物业管理是房地产开发的延续和完善,是一个复杂的、完整的系统工程。根据物业管理在房地产开发、建设和使用过程中不同时期的地位、作用、特点及工作内容,按先后顺序分4个阶段介绍物业管理工作的主要环节:物业管理的策划阶段、物业管理的前期准备阶段、物业管理的启动阶段、物业管理的日常运作阶段。

在物业管理实施过程中,物业管理实施原则是业主的自治自律与物业服务企业统一专业化管理相结合。这种结合是通过物业管理的市场竞争来实现的。国家提倡业主通过公开、公平、公正的市场竞争机制选择物业服务企业。业主作为物业管理的委托人,采用招标方式,将所拥有物业的物业管理服务委托给中标的物业服务企业来实施;物业服务企业通过投标竞争,选择物业。政府则通过一系列法律、法规、政策和规定营造物业管理的市场氛围和环境,指导、规范、监督物业服务企业和业主委员会的组建、运作,协调相互关系,界定双方的权利、义务和共同的行为准则。

为推动和规范物业管理的发展,国家和政府先后制定了一系列有关政策,建立了多渠道、多层次的物业管理经费筹集机制。当前总体上看,物业管理经费的来源主要有五个方面:①定期收取物业管理服务费。②物业共用部位共用设施设备住宅专项维修资金。③物业服务企业开展多种经营的收入和利润。④政府多方面的扶持。⑤开发建设单位给予一定的支持。

物业服务企业是依法定程序设立,以物业管理为主业,独立核算、自主经营、自负盈亏的具有独立的企业法人地位的经济组织。对物业服务企业资质等级、物业服务企业的设立等方面进行行业管理,并对违规的物业服务企业进行处罚,以此提高整个行业的规范性与法律性。

复习思考题

1. 简述物业与物业管理的概念。
2. 物业管理的主要环节包括什么?
3. 物业管理经费一般包括哪几方面?
4. 简要说明住宅共用部位、共用设施设备住宅专项维修资金筹集、使用与管理的政策规定。

第 10 章

房地产金融政策与制度

○ 学习目标

1. 掌握房地产经营融资的含义和特点，房地产金融制度的内容，房地产开发企业流动资金贷款、商品住房开发贷款、商业用房开发贷款、经济适用住房贷款、土地储备贷款的制度与政策

2. 掌握自营性个人住房贷款的含义和分类，贷款条件，担保和保险制度

3. 掌握住房公积金的性质、特点，住房公积金管理的基本原则，住房公积金归集、提取和使用，公积金个人住房贷款与商业银行自营性个人住房贷款的区别

○ 关键词

房地产经营贷款　金融制度　房地产开发企业流动资金贷款　商品住房开发贷款　商业用房开发贷款　经济适用住房贷款　土地储备贷款　自营性个人住房贷款　住房公积金

10.1 房地产经营融资管理

10.1.1 房地产经营融资的含义和特点

1. 房地产经营融资的含义

房地产业与金融业相互结合形成了房地产金融。房地产金融是指房地产企业和个人等有关主体,通过各种方式在金融市场上融通资金的货币信用活动。

房地产金融的范畴非常广泛,房地产企业的开发建设、经营销售、管理服务,以及房地产领域的其他投资者、消费者、金融机构等,各主体之间所发生的投资、存贷款、抵押、保险、贴现、承兑、有价证券发行交易及金融机构的各类中间业务等货币信用活动,都属于房地产金融。

但是,目前在中国的房地产领域,无论企业还是个人都把通过金融机构的信贷融资作为首选融资方式,所以房地产金融的主要内容就是房地产贷款。

按照贷款对象的不同,房地产贷款分为针对房地产企业的经营贷款和针对个人的个人住房贷款两大类。

本章所讲的房地产经营融资主要是指针对房地产企业的各类贷款融资。

2. 房地产经营融资的特点

房地产经营融资具有政策性强的特点。房地产业牵涉的相关产业众多,特别是房地产企业经营领域,在该行业中运行的资金量非常庞大。作为资金密集型产业,房地产业离不开金融业的支持,同时因为房地产业有较高的投资回报,资金安全性高,所以房地产业也是金融业非常优质的信贷领域。但是,如果没有国家政策对房地产经营信贷进行调控和管理,将导致巨大的金融风险,引发一系列经济社会问题。

一方面,房地产金融对国家经济的稳定和发展起着重要作用,国家会经常在房地产金融领域进行政策调整以适应宏观经济管理的需要。因此,房地产金融政策也是国家经济政策的组成部分,是政府实现宏观调控的重要手段,国家可以利用金融政策调控房地产市场。

国家常用的宏观调控措施包括调整房地产企业贷款利率和费率、调整贷款申请人的资格审批门槛、提高或降低房地产开发贷款的项目资本金比例等。

另一方面,由于房地产企业提供的住房商品具有商品和社会保障品的双重属性,关系到广大居民的住房问题,任何政府都不会对住房问题放任不管,通常会制订各种住房政策来促进其发展。建立合理的政策性住房金融制度是一个主要的举措。

这些制度包括政府为住房抵押贷款提供资金、实施担保、进行贴息以及税收减免等,我国房地产经营融资领域的土地储备贷款和保障性住房贷款制度等,都是政策性住房金融制度的内容。

10.1.2 房地产经营金融制度的内容

金融制度是指一个国家以法律法规的形式所确定的金融体系结构,以及组成该体系的各类金融机构的职责分工和相互关系。

房地产经营金融制度包括房地产金融市场、金融机构、金融监管制度三个方面。

（1）金融市场　房地产金融市场由融资主体、融资中介和金融工具三个基本要素构成。其中，融资主体包括房地产企业、居民个人和政府部门。企业和居民个人是主要的融资主体，而政府部门不仅担负着对房地产金融市场的监督和调控责任，还时常参与具体的金融活动，如成立土地储备机构、住房公积金管理中心等参与房地产经营融资活动。

（2）金融机构　我国的房地产金融机构主要由银行类房地产金融机构和非银行类房地产金融机构组成。非银行类房地产金融机构包括信托投资公司、房地产信托投资基金、保险基金、住房置业担保有限公司、小额贷款公司、金融资产管理公司、典当行等。住房公积金管理中心被视为非银行类房地产金融机构。

（3）金融监管制度　金融监管是指政府通过特定的机构（如中央银行）对金融交易行为主体进行的某种限制或规定，是金融主管当局对金融机构实施的全面性、经常性的检查和督促，并以此促进金融机构依法稳健地经营和发展。

在我国，承担金融监管工作职责的政府机构是中国人民银行、银监会、证监会和保监会，这是一种典型的分业监管体制，它们监管的对象分别是银行业金融机构、证券行业和保险行业。房地产经营的融资政策与制度由这些监管部门制定和发布。

10.1.3　房地产经营贷款的种类

我国对不同类型的房地产经营贷款有不同的管理要求。

由于房地产经营贷款涉及的金额巨大，一般又有较为充足的抵押品，风险相对较低，近年来逐渐成为各家银行重要的利润增长点。在很多银行的贷款结构中，房地产经营贷款所占比例越来越高。

房地产经营贷款包括商业性房地产经营贷款和政策性房地产经营贷款两大类。

1. 商业性房地产经营贷款

商业性房地产经营贷款是以营利性房地产的经营为主要目的的贷款，涉及各类商业房地产的开发。金融机构需要自主筹措和使用资金，属于金融机构的自营性贷款。

商业性房地产经营贷款包括房地产开发企业流动资金贷款和房地产开发贷款。而商业性房地产经营贷款又可以包括商品住宅开发贷款和商业用房的房地产开发贷款。

2. 政策性房地产经营贷款

政策性房地产经营贷款主要是指国家为了扶持房地产市场的发展，给予符合政策要求的房地产经营活动主体发放的贷款。政策性贷款涉及的领域一般是商业银行在初始阶段不愿意进入的领域。政策性贷款往往利率较低、期限较长，并有特定的服务对象。

政策性房地产经营贷款主要是与土地制度、住房制度有关，主要包括经济适用房开发贷款、廉租房住房开发贷款、土地储备贷款等。

10.1.4　房地产经营贷款的流程管理

银行对房地产经营贷款的流程管理主要包括对借款人申请资格的要求，贷款的调查与审批管理以及房地产经营贷款的贷后管理。

1. 借款人申请资格的要求

银行对借款资格的要求体现在以下三个方面:对借款主体的要求,对借款项目应具备的条件和其他的限制性条件。

(1) 对借款主体的要求　申请贷款的房地产开发企业必须满足一定的资质要求。商业银行被禁止向不具备相应开发资质的企业提供开发贷款,避免出现房地产开发企业从事超出其自身开发资质水平的项目建设。具体如下:

1) 借款人应当是经工商行政管理机关(或主管机关)核准登记的法人企业,具备房地产开发资质、信用等级较高、没有拖欠工程款的房地产开发企业。

2) 借款人有按期还本付息的能力,原应付贷款利息和到期贷款已清偿;没有清偿的,应做出贷款人认可的偿还计划。

3) 借款人经工商部门办理了年检手续,并持有人民银行贷款卡。

4) 借款人已经开立基本结算账户或一般存款账户。

5) 借款人具有三级以上资质,有丰富的房地产开发经验,竣工合格率达到100%,有正在销售的楼盘项目和拟建项目的土地储备。实力雄厚的综合房地产开发企业,为开发某一项目投资设立的独资或控股项目公司,项目投资比例超过35%以上、具有临时开发资质的,可视同满足贷款条件。

(2) 借款项目应具备的条件

1) 申请贷款项目自有资金比例已经达到了项目总投资的35%或以上,后续建设资金来源落实,无长期拖欠建筑工程款的情况。

2) 申请贷款项目已经纳入国家或地方的建设开发计划,具有相关部门批准的项目建议书、可行性研究报告等与贷款项目有关的各种批复文件。

3) 申请贷款的项目已经取得"四证",即《国有土地使用证》《建设用地规划许可证》《建设工程规划许可证》和《建筑工程施工许可证》。对于期房建设项目还需要取得《商品房预售许可证》,否则不能放款。

4) 环保手续齐备。

5) 贷款项目实际用途与项目规划相符,且该项目应是发放贷款的商业银行所在地区的房地产项目,贷款资金严禁跨地区使用。

6) 以在建工程抵押或提供银行认可的担保。

7) 有限责任公司和股份有限公司对外股本权益性投资累计不超过其净资产的50%。

(3) 限制性条件　限制性条件是指当借款人出现以下情况的,银行一般不接受其贷款申请,或在客户信用评级时显著下调其得分:

1) 提供虚假材料或故意隐瞒重要事实,如提供虚假的资产负债表、利润表等财务报告。

2) 连续3年亏损或经营性现金净流量为负。

3) 骗取、套现贷款牟取非法收入的。

4) 违反国家规定将贷款从事股本权益性投资的。

5) 已在借款银行同一辖区内的同级分支机构取得贷款的。

第 10 章 房地产金融政策与制度

2. 贷款调查与贷款审批管理

（1）贷款调查　根据银监会颁布的《商业银行房地产贷款风险管理指引》，贷款调查的主要规定有：

1）商业银行在办理房地产开发贷款时，应建立严格的贷款项目审批机制，对该贷款项目进行尽职调查，以确保该项目符合国家房地产发展总体方向，有效满足当地城市规划和房地产市场需求，确认该项目的合法性、合规性、可行性。

2）商业银行应对申请贷款的房地产开发企业进行深入调查审核，包括企业性质、股东构成、资质信用等级等基本背景，近3年经营管理和财务状况，以往的开发经验和开发项目情况，与关联企业的业务往来等。

3）对资质较差或以往开发经验较差的房地产开发企业，贷款应审慎发放；对经营管理存在问题、不具备相应资金实力或有不良经营记录的，贷款发放应严格限制。

4）对于依据项目而成立的房地产开发项目公司，应根据其自身特点对其业务范围、经营管理和财务状况，以及股东及关联公司的上述情况和彼此间的法律关系等进行深入调查审核。

（2）贷款审批　房地产开发贷款的审批和商业银行的其他贷款的审批一样，执行"审贷分离，分级审批"的制度。在这种制度下，贷款管理的各个环节和岗位相互制约，分别承担各个环节工作出现问题而带来的风险责任。

具体而言，通常将信贷管理人员分为贷款调查评估人员、贷款审查人员和贷款检查人员。贷款调查评估人员负责贷前调查评估，承担调查失误和评估失准的责任；贷款审查人员负责贷款风险的审查，承担审查失误的责任；贷款检查人员负责贷款发放以后的检查和清收，承担检查失误清收不力的责任。

贷款分级审批的基本要求是商业银行应按其分支机构资产或负债规模和结构的不同，以及考虑各自经营管理水平的高低确定与其状况相适应的贷款审批权限。贷款人应当根据业务量大小、管理水平、贷款风险度确定各级分支机构的审批权限，超过审批权限的贷款，应由上级审批。

这一制度的目的在于保证银行信贷款资产的质量，避免人情贷款、以贷谋私等危及贷款安全的行为。

3. 房地产经营贷款的贷后管理

房地产经营贷款的贷后管理是房地产经营贷款操作流程的最后一环，包括档案管理、贷款项目检查、贷款分类管理、资金回笼管理、保证人及抵（质）押物管理、贷款回收管理和不良资产处置管理。

（1）档案管理　贷款档案是银行信贷活动的真实记录，包括贷款申请人资料、调查报告、保证人或担保物资料以及贷款合同、担保合同等法律文件，因此具有无可替代的法律效力。在银行信贷工作中，贷款行应当为每个客户建立单独授信档案，并进行统一的管理。

档案资料包括借款人资料、担保资料、贷款项目资料、借款借据、借款合同、担保合同、调查报告、审查报告和贷后检查资料。

（2）贷款项目检查　贷款项目检查是贷后管理最核心的部分，贷款项目检查的重点在于对可能影响还款的因素进行持续监测，监测报告的内容如下：

1）贷款使用是否正常。商业银行要重点检测贷款企业的资金使用情况，要保证贷款资金专款专用，严格防止资金挪用，尤其是投入资本市场的现象发生。只有当确认款项与实际完成工程量及付款计划相符后，借款企业方可提取使用资金。

2）开发项目是否正常。要监测项目进展是否顺利，工程进度是否按照计划执行；投资预算执行情况如何；完工量与资金使用量是否匹配；项目建设中的主要成本变动情况；施工质量是否达标；配套设施建设情况；市场销售情况；资金回笼情况；还款资金落实情况。

3）其他需要关注的问题。如贷款企业是否出现法律纠纷、财务状况是否正常、企业在其他银行的授信余额变化、保证人或抵（质）押物的情况如何。

10.1.5 几种重要的房地产经营贷款的制度与政策

1. 房地产开发企业流动资金贷款

房地产开发企业流动资金贷款是向从事房地产开发的企业发放的用于其生产经营周转活动的贷款。流动资金贷款一般分为短期和中长期两类，其中又以短期流动资金贷款最为多见。

（1）贷款申请条件　凡经批准经营城镇土地开发及商品房建设的企业，拥有一定的自有资金，具有健全的管理机构和财务管理制度，能够独立承担民事责任，并经主管机关核准登记，取得了法人资格，并按规定办理年检手续，均可向银行申请房地产开发企业流动资金贷款。

（2）贷款用途　房地产开发企业流动资金贷款主要用于垫付城市综合开发、商品房开发、土地开发以及旧城改造等项目所需的生产性流动资金。

（3）目前的限制性政策规定　我国目前对商业银行发放该项贷款有严格的限制。为了减少商业银行的信贷风险，银监会要求，商业银行对房地产开发企业申请的贷款，只能通过房地产开发贷款科目发放，严禁以房地产开发流动资金贷款及其他形式贷款科目发放。严禁信托公司向房地产开发企业发放流动资金贷款。

2. 商品住房开发贷款、商业用房开发贷款

向房地产开发企业发放的商品住房、商业用房开发建设的贷款，一般是商业银行的自营性贷款，应严格执行前述房地产企业经营贷款的各项制度。

中国人民银行、银监会于2007年9月27日颁布的《关于加强商业性房地产信贷管理的通知》中，对房地产开发贷款的严格管理方面有如下规定：

1）对项目资本金（所有者权益）比例达不到35%或未取得土地使用权证书、建设用地规划许可证、建设工程规划许可证和施工许可证的项目，商业银行不得发放任何形式的贷款。

2）对经国土资源部门、建设主管部门查实具有囤积土地、囤积房源行为的房地产开发企业，商业银行不得对其发放贷款。

3）对空置3年以上的商品房，商业银行不得接受其作为贷款的抵押物。

4）商业银行对房地产开发企业发放的贷款只能通过房地产开发贷款科目发放，严禁以房地产开发流动资金贷款或其他形式贷款科目发放。

5）商业银行发放的房地产开发贷款原则上只能用于本地区的房地产开发项目，不得跨地区使用。对确需用于异地房地产开发项目并已落实相应风险控制措施的贷款，商业银行在贷款发放前应向监管部门报备。

第10章 房地产金融政策与制度

3．经济适用住房开发贷款

经济适用住房开发贷款是指贷款人用信贷资金向借款人发放的用于支持经济适用住房开发建设的贷款。这里的经济适用住房是指已列入国家计划，由城市政府组织房地产开发企业或集资建房单位建造，以微利价向城镇中低收入家庭出售的住房。

由于经济适用住房的供应对象特殊，以微利价格出售，所以经济适用住房开发贷款除了要求借款人具备贷款的一般条件外，还有其具体制度规定。

中国人民银行 2008 年 2 月发布的《经济适用住房开发贷款管理暂行规定》有如下规定：

（1）经济适用住房开发贷款条件

1）借款人已取得贷款证（卡）并在贷款银行开立基本存款账户或一般存款账户。

2）借款人产权清晰，法人治理结构健全，经营管理规范，财务状况良好，核心管理人员素质较高。

3）借款人实收资本不低于人民币 1 000 万元，信用良好，具有按期偿还贷款本息的能力。

4）建设项目已列入当地经济适用住房年度建设投资计划和土地供应计划，能够进行实质性开发建设。

5）借款人已取得建设项目所需的《国有土地使用证》《建设用地规划许可证》《建设工程规划许可证》和《建设工程开工许可证》。

6）建设项目资本金（所有者权益）不低于项目总投资的 30%，并在贷款使用前已投入项目建设。

7）建设项目规划设计符合国家相关规定。

8）贷款人规定的其他条件。

（2）其他有关政策

1）各政策性银行未经批准，不得从事经济适用住房开发贷款业务。

2）经济适用住房开发贷款必须专项用于经济适用住房项目建设，不得挪作他用。

3）经济适用住房开发贷款期限一般为 3 年，最长不超过 5 年。

4）经济适用住房开发贷款利率按中国人民银行利率政策执行，可适当下浮，但下浮比例不得超过 10%。

5）任何单位和个人不得强令贷款人发放经济适用住房开发贷款。

6）经济适用住房开发贷款实行封闭管理。借贷双方应签订资金监管协议，设定资金监管账户。贷款人应通过资金监管账户对资金的流出和流入等情况进行有效监控管理。

7）中国银行业监督管理委员会及其派出机构依法对相关借贷经营活动实施监管。中国人民银行及其分支机构可以建议中国银行业监督管理委员会及其派出机构对相关借贷经营活动进行监督检查。

8）经济适用住房开发贷款列入房地产贷款科目核算。

4．土地储备贷款

土地储备是指市、县级人民政府国土资源管理部门为实现调控土地市场、促进土地资源合理利用目标，依法取得土地，进行前期开发、储存以备供应土地的行为。土地储备机构应为市、县级人民政府批准成立、具有独立的法人资格、隶属于国土资源管理部门、统一承担行政辖区内土地储备工作的事业单位。

根据国土资源部、财政部、中国人民银行联合制定发布的《土地储备管理办法》和央行《土地储备贷款管理办法》（2012年修订），土地储备贷款有如下主要的制度规定：

（1）贷款条件　土地储备机构申请贷款时，应持财政部门的贷款规模批准文件及同级人民政府批准的项目实施方案等书面材料，向当地商业银行及其他金融机构申请担保贷款。商业银行及其他金融机构应严格按照商业原则在批准的规模内发放土地储备贷款。

贷款拟投向的地块为规划用途为商品住宅、商业设施等的经营性用地，地理位置优越，具备开发建设条件，有较大增值潜力，具有良好的出让前景，符合有关部门批准的城市规划和土地利用总体规划，并已列入当地政府的年度土地储备计划。涉及农用地的贷款，应具备合法的农用地转用手续和征地手续，符合《国务院关于加强土地调控有关问题的通知》的有关规定。

（2）其他规定

1）土地储备机构向银行等金融机构申请的贷款应为担保贷款，其中抵押贷款必须具有合法的土地使用证；土地储备机构举借商业银行及其他金融机构贷款的，必须按贷款合同约定，及时足额偿还贷款本息。

2）商业银行及其他金融机构应当准确、完整、及时地向人民银行建立的全国统一的企业信用信息基础数据库报送土地储备机构的土地储备贷款相关信息。在贷款发放前，商业银行及其他金融机构应当查询贷款储备机构的信息，对有不良记录的土地储备机构审慎发放贷款。

3）各类财政性资金依法不得用于土地储备贷款担保。

4）土地储备机构应加强资金风险管理，不得以任何形式为第三方提供担保。

5）土地储备贷款应实行专款专用、封闭管理，不得挪用。

中国人民银行、银监会在2007年9月27日发布的《关于加强商业性房地产信贷管理的通知》中对强调，对政府土地储备机构的贷款应以抵押贷款方式发放，且贷款额度不得超过所收购土地评估价值的70%，贷款期限最长不得超过2年。银监会要求各信托公司要审慎发放土地储备贷款。

10.2　自营性个人住房贷款管理

10.2.1　自营性个人住房贷款的含义和分类

1. 含义

自营性个人住房贷款是指贷款人用银行自有资金向借款人发放的用于购买住房的贷款。

由于这类贷款的资金来源是银行自筹资金，银行以营利为目的发放贷款，因此也称为商业性个人住房贷款，有时简称个人住房贷款。又因为此类贷款多是有担保的贷款，有时有些银行称其为个人住房担保贷款。

2. 分类

自营性个人住房贷款其按分类标准的不同，有多种类型。

1）按贷款期限不同，分为短期贷款、中期贷款、长期贷款。

① 短期贷款是指贷款期限在1年以内（含1年）的贷款。

② 中期贷款是指贷款期限在1年以上至5年以下（含5年）的贷款。

③ 长期贷款是指贷款期限在5年（不含5年）以上的贷款。

2）按房屋类型不同，分为现房抵押贷款、期房抵押贷款。

① 现房抵押贷款是购房人以自己或他人拥有合法产权的现房作为抵押物获取贷款。

② 期房抵押贷款是购房人以自己所购买的期房作为抵押物获得的贷款。期房抵押贷款有严格的贷款条件，所获得的资金只能用于支付所购买的期房的购房款。

3）按贷款方式不同，分为信用贷款、担保贷款。

① 信用贷款是指以借款人的信誉作保证而发放的贷款。

② 担保贷款包括保证贷款、抵押贷款和质押贷款。

保证贷款是指由借款人提供经银行认可的保证人，按《中华人民共和国担保法》规定的保证方式，由保证人承诺在借款人不能偿还贷款本息时，按借款合同约定承担一般保证责任或者连带责任而发放的贷款。抵押贷款是指以借款人或第三人的财产作为抵押物并经银行认可而发放的贷款。质押贷款是指按《中华人民共和国担保法》规定的质押方式，以借款人或第三人的动产或权利作为质押物并经银行认可而发放的贷款。

10.2.2 自营性个人住房贷款对象和贷款条件

1．贷款对象

自营性个人住房贷款的贷款对象应是具有完全民事行为能力的自然人。

2．贷款条件

根据中国人民银行发布的《个人住房贷款管理办法》及其实施细则，贷款条件如下：

1）具有城镇常住户口或有效居留身份。

2）有稳定的职业和收入，信用良好，有偿还贷款本息的能力。

3）具有购买住房的合同或协议。

4）无住房补贴的以不低于所购住房全部价款的30%作为购房的首期付款；有住房补贴的以个人承担部分的30%作为购房的首期付款。

5）有贷款人认可的资产作为抵押或质押，或有足够代偿能力的单位或个人作为保证人。

6）贷款人规定的其他条件。对购买主体结构已封顶住房的个人发放个人住房按揭贷款，应对购买已竣工验收商用房的个人发放个人商用房按揭贷款。

3．贷款额度、期限和利率

个人住房贷款额度不超过所购住房价值的80%，贷款期限最长不超过30年。

贷款利率由贷款人按央行规定执行，一般按法定贷款利率减档执行。

10.2.3 自营性个人住房贷款的流程

1．受理和调查

个人住房贷款的受理一般由两个环节构成：一是贷前咨询；二是贷款材料初审。贷前咨询是银行就个人住房贷款的品种、申请人条件、申请人递交的材料、贷款程序、贷款利率和还款方式等主要条款及其他相关事宜，通过现场面谈和宣传材料等方式进行介绍。贷款材料初审主要是针对借款申请人提交的借款材料的规范性、完整性和真实性进行审查。

个人住房贷款的贷前调查也包括两个部分：一是对借款人的贷前调查；二是对借款人所

购房产及相应开发商的贷前调查。

（1）对借款人的贷前调查　通过对借款人的调查，确保对可能存在风险的内容、申请材料中未包含但应作为贷款审批依据的内容以及其他可能对贷款产生重大影响的内容进行排查，保证借款人资料的规范、合法、真实和有效。

对借款人的贷前调查要注意了解以下四个方面的信息：借款申请人基本情况、借款基本情况、所购房屋情况和借款担保情况。具体包括：申请人材料前后是否一致、借款申请人身份证明的真实性、借款人信用记录如何、借款申请人偿还能力材料调查、所购房屋首付款是否满足要求、购房合同或协议是否有效、借款用途是否合规、担保材料是否真实等。

（2）对房产及开发商的贷前调查　对借款申请人所购房产及相应开发商的贷前调查主要包括三个方面，即对开发商资信的调查、对项目本身的调查以及对房产的实地考察。

对开发商资信的调查主要包括：开发商资质等级审查；企业信用记录或信用等级审查；基本营业证照审查，如营业执照、税务登记证明；企业财务报告和项目会计报表审查；对开发商债权债务关系及对外担保情况的调查；对企业法人情况的调查。

对项目本身的调查主要包括：项目资料的完整性、真实性和有效性检查；项目合法性检查，主要是审查"五证"；对项目工程进度与项目资金到位情况的调查。

对房产的实地考察主要包括：开发商所提供的资料和数据是否与实际情况一致，要保证资料的真实性、合法性；开发商从事房地产开发和销售的资格认定；项目的销售前景判断；如能看到现房则还应当对房产具体情况进行调查，以确保评估报告的准确性。

2. 审查和审批

贷款的审查主要是对借款人提交材料的合规性进行审查，以核实借款人提交的材料和调查内容的真实性。贷款审查人审查完毕后，应提出贷款建议，并将有关申请材料、面谈记录送交贷款审批人审批。

贷款的审批流程如下：

（1）组织贷款材料　组织贷款资料包括个人信贷业务报批材料清单、个人信贷业务申报审批表、个人借款申请书等。

（2）审批贷款　审批贷款包括审查借款人资格，审查借款用途，审查申请借款金额和期限，审查借款人材料的合法性、完整性、有效性，审查贷前调查人的贷款建议合理性，审查贷款风险点及风险防范措施的合理性、合规性、可行性等。

（3）提出审批意见　提出审批意见包括是否批准贷款，规定具体的贷款利率、期限和金额，以及对还款方式和贷后风险控制的具体要求。

（4）落实审批意见　落实审批意见包括对未批准的借款申请要及时通知申请人，并解释原因；对材料不齐全的要按照审批要求及时补充材料，重新进行审批；对审批通过的借款申请应及时通知申请人，签订信贷合同并落实抵押和保险手续，发放贷款。

3. 签约和发放

签订合同时要确保合同签订的合法性、完整性。根据有关规定，个人住房贷款应当坚持面签制度，即贷款银行负责人与借款人当面签署合同，防止出现虚假借款人的情况。

贷款发放的要求：

（1）落实贷款发放条件　银行在放款前要仔细确认借款人首付款是否全额支付到位，确

第 10 章 房地产金融政策与制度

认所购房屋是否符合规定的贷款条件（如主体结构是否封顶），落实抵押及保险、公证等手续，落实贷款保证责任。

（2）支付贷款　个人住房贷款的支付与普通贷款在原则上是一致的，即要保证贷款的专款专用。根据中国银监会 2010 年 2 月颁布的《个人贷款管理暂行办法》规定，个人住房贷款应当采取受托支付方式，也就是说银行根据借款人的提款申请和支付委托，将贷款直接转入符合合同约定用途的售房人（开发商）账户。

根据我国最新的新建商品房预售资金监管制度，贷款将直接转入政府的监管账户。

4．贷后管理

（1）贷后检查　通过对借款人、抵押物、担保人、担保物、合作开发商及项目进行贷后检查，可以对个人住房贷款资产质量进行持续跟踪调查分析，判断借款人的风险状况，并提出相应的预防措施。

对个人住房贷款的检查可以通过电话访谈、面谈、实地检查、征信记录查询等方式进行。由于个人住房贷款的借款人是自然人，不可能像企业那样提供财务报表，因此贷款银行要特别注意借款人的职业特征、收入变化、家庭资产结构甚至是家庭成员的变化等细微情况，也需要从中找出有用的信息防范贷款风险。

个人住房贷款的贷后检查内容主要包括：对借款用途和借款人还款能力的检查、对保证人进行的检查、对抵押物价值和变现能力的检查、对开发商和项目的检查。

（2）档案管理　个人住房贷款档案包括：借款人的申请材料、个人住房借款申请审批表、借款合同、抵押合同、保险合同、借款借据、各种划款凭证、贷后检查报告、购房发票、借款人基本材料、用于抵押的房产他项权利证。

10.2.4　自营性个人住房贷款的担保和保险制度

1．担保

（1）担保的一般规定　贷款行要根据具体情况选择个人住房贷款的担保方式，包括：

1）以借款人或第三者（包括法人和自然人）的财产作质押。

2）以借款人或第三者（包括法人和自然人）的财产作抵押，包括用本贷款购买的住房作抵押。

3）第三方连带责任保证。

4）保证结合物的担保。借款人提供的抵押或质押物价值不足贷款金额部分可以另加第三方连带责任保证。

5）借款人购买综合信用保险。

（2）按揭贷款的担保　个人住房按揭贷款的担保方式一般为抵押加阶段性保证。银行以借款人所购期房作为抵押，在借款人取得该住房的房屋所有权证和办妥抵押登记手续之前，由售房人（开发商）提供阶段性连带责任保证。

2．保险

银行为了降低信贷风险，一般会要求借款人购买相应的保险。

（1）一般规定

1）借款人应为商品房按揭贷款的抵押房产办理财产保险，免保险须经银行有权审贷机构或授权机构同意。

2）抵押房产的财产保险金额不低于贷款金额，保险期不得短于借款期限，保险第一受益人为银行行业务经办机构。

3）保险期间，抵押财产如发生保险责任以外的毁损且财产价值不足以清偿贷款本息，须要求借款人重新提供银行认可的担保。

4）抵押期间，保险单正本由银行保管，但需向借款人提供保险单复印件。

（2）特别规定　由于有些商业银行在办理个人住房贷款业务时，要求借款人到指定的保险公司投保，保险公司为获得保费收入，以违规支付代理手续费和返还部分保险费等方式向商业银行支付报酬。由于保险公司和商业银行未按规定真实核算保费收入和手续费收入，由此形成"小金库"等账外资产。

为规范和加强个人住房贷款及贷款房屋保险的管理，中国人民银行、中国保监会于2002年发布的《关于加强个人住房贷款和贷款房屋保险管理的通知》中规定：

1）各商业银行总行和保险公司总公司要加强对分支机构的监督管理，严格执行财务会计制度和内控制度。

2）各商业银行在办理个人住房贷款时，应允许借款人自由选择保险公司，不得强行要求借款人到指定的保险公司投保；各保险公司不得以不正当竞争手段要求贷款银行为其代理贷款房屋保险。

3）各保险公司必须以转账方式向商业银行支付贷款房屋保险代理手续费，严禁以现金和直接坐扣方式支付代理手续费。保险公司必须建立代理手续费台账，严格按合同支付手续费。

4）各商业银行必须在账内核算代理贷款房屋保险业务的手续费收入；各保险公司在核算贷款房屋保险业务的保费收入和手续费支出时，必须严格遵守《保险公司财务制度》和《保险公司会计制度》，以及《保险公司个人住房抵押贷款保险等业务会计处理规定》的有关规定，不得设立小金库或作为个人酬劳账外直接分配。

5）人民银行和保监会及其派出机构将严肃查处商业银行和保险公司在办理个人住房贷款和贷款房屋保险业务中的违法违规行为。

10.2.5　关于居民个人第二套住房贷款最新规定

为了加强房地产市场的调控，我国政府不断出台相关政策，其中居民个人第二套住房贷款政策的变化备受关注。2011年1月26日，《国务院办公厅关于进一步做好房地产市场调控工作有关问题的通知》对此作出了规定。

1. 第二套住房贷款的首付比例和利率

对贷款购买第二套住房的家庭，首付款比例不低于60%，贷款利率不低于基准利率的1.1倍。

2. 关于第二套住房的认定标准

1）以借款人家庭（包括借款人、配偶及未成年子女）为单位认定房贷次数。

2）对于已利用银行贷款购买首套自住房的家庭，如其人均住房面积低于当地平均水平，再次向商业银行申请住房贷款的，可比照首套自住房贷款政策执行，但借款人应当提供当地房地产管理部门依据房屋登记信息系统出具的家庭住房总面积查询结果。当地人均住房平均水平以统计部门公布上年度数据为准,其他均按第二套房贷执行。

3) 已利用住房公积金贷款购房的家庭,再次向商业银行申请住房贷款的,按前款规定执行。

4) 商业银行应切实履行告知义务,要求借款人按诚信原则提交真实的房产、收入、户籍、税收等证明材料。凡发现填报虚假信息、提供虚假证明的,所有商业银行都不得受理其信贷申请。对于出具虚假收入证明并已被查实的单位,所有商业银行不得再采信其证明。

10.3 住房公积金制度

10.3.1 住房公积金的性质和特点

住房公积金是单位在职职工在其工作期限内,由职工本人及其所在单位,分别按照职工工资总额的一定比例逐月缴存的长期住房储金。

1. 住房公积金的性质

住房公积金的本质属性是工资性,是住房分配货币化的表现形式。单位按职工工资的一定比例为职工缴存的住房公积金,实质是以住房公积金的形式给职工增加了一部分住房工资,从而达到转换住房分配机制的目的。

2. 住房公积金的特点

住房公积金制度是国家法律规定的重要的住房社会保障制度,具有义务性、互助性、保障性和福利性的特点。

(1) 义务性 义务性又称为强制性,根据《住房公积金管理条例》的规定,凡在职职工及其所在单位都需要按规定的缴存基数和缴存比例为职工建立住房公积金账户,目的是使职工逐步确立住房商品意识,提高住房商品的支付能力。

单位不办理住房公积金缴存登记或者不为本单位职工设立住房公积金账户的,住房公积金管理中心有权责令限期办理,逾期不办理的,可以按条例的有关条款进行处罚,并可申请人民法院强制执行。

(2) 互助性 住房公积金制度集中了全社会的力量,包括已经解决住房问题的职工和新参加工作急需解决住房问题的职工,把个人较少的钱集中起来,个人在缴存期间内都可以定向使用住房公积金,有房职工可以帮助无房职工,暂不购房的人帮助即期购房的人,达到调高或者改善居住条件的目的。

职工住房公积金应当用于职工购买、建造、翻建、大修自住住房,或者支付租金,任何单位和个人不得挪作他用。

(3) 保障性 按照国家规定,住房公积金定向用于职工住房,并可通过安全运作,实现资金的合理的增值。住房公积金有专门的管理机构,住房公积金管理中心负责归集公积金资金,其增值收益除了提取风险准备金和中心的管理费用以外,只能用于廉租住房的补充资金,保障低收入人群的基本住房需求。

(4) 福利性　除了职工缴存的住房公积金外，单位也要为职工交纳一定的金额，两者均归职工个人所有。而且，如果使用公积金贷款，利率也比商业性贷款的利率低。当满足政策规定的条件时，缴存的住房公积金将返还给职工个人。因此，住房公积金是对职工的一种福利。

3. 住房公积金制度的作用

住房公积金把住房改革和住房发展紧密地结合起来，解决了长期困扰我国的住房机制转换问题和筹集政策性住房资金问题。其作用有：

1）住房公积金制度是改革住房分配制度，把住房实物分配转变为货币工资分配的重要手段之一，增加了职工工资当中住房消费含量，实现分配体制的转换。

2）建立了职工的自助保障机制，增强了职工解决住房问题的能力，调整了职工消费结构，确保了职工住房消费支出，有利于扩大住房消费，增加住房有效需求，有利于住房资金的积累、周转。

3）住房公积金制度实行"低存低贷"原则，为缴存职工提供比商业贷款利率低的住房公积金个人住房委托贷款，住房公积金的部分增值收益用于城市廉租住房建设，为我国住房保障制度建设和完善政策性住房金融体系奠定了基础。

4）采取住房公积金的方式筹集住房资金有利于建立公平、公正和公开的住房金融制度，通过公积金向中低收入群体发放低息个人住房抵押贷款可以起到积极的"收入再分配"效应，维护中低收入群体的基本住房权利。

10.3.2　住房公积金管理的基本原则

住房公积金管理的基本原则是："住房公积金管理委员会决策、住房公积金管理中心运作、银行专户、财政监督"。其目的是保障住房公积金规范管理和安全运作，实现保值、增值，维护住房公积金所有人的合法权益。

1. 管委会决策

住房公积金管理委员会决策是指由直辖市、省会城市以及其他设区的市、地、州、盟（以下简称设区城市）人民政府，有关部门负责人，有关专家以及工会、职工、单位代表组成住房公积金管理委员会，作为住房公积金管理的决策机构，通过严格、规范的会议制度，实行民主决策。

2. 中心运作

住房公积金的运作是住房公积金管理的中心环节。住房公积金管理中心负责住房公积金的管理运作，是每个设区城市依法成立的、直属于城市人民政府的、不以营利为目的的独立事业单位，是住房公积金管理委员会各项决策的执行机构。

3. 银行专户存储

按照中国人民银行规定，住房公积金管理中心在住房公积金管理委员会指定的商业银行设立住房公积金专用账户，专项存储住房公积金，并委托银行办理住房公积金贷款、结算等金融业务和住房公积金账户的设立、缴存、归还等手续。

4．财政监督

财政监督是指住房公积金的运营和管理必须接受监督。对住房公积金运营和管理的监督是以财政监督为代表的一个完整的监督体系，包括财政、人民银行、审计、职工、单位和社会各界，对住房公积金归集、提取和使用情况进行的全面监督。

此外，国务院和各省区建设行政主管部门会同财政、人民银行等部门对住房公积金管理实施行政监督，目的是保证住房公积金的安全高效运作。

10.3.3　住房公积金的归集

住房公积金归集是指住房公积金管理中心作为住房公积金管理的法定机构，依据《住房公积金管理条例》，将职工个人按照规定比例缴存的及其所在单位按照规定比例为职工缴存的住房公积金，全部归集于管理中心在受委托银行开立的住房公积金专户内，存入职工个人账户，并集中管理运作的行为。

1．住房公积金归集的主要内容

（1）缴存对象　国家机关、国有企业、城镇集体企业、外商投资企业、城镇私营企业及其他城镇企业、事业单位、民办非企业单位和社会团体及其在职职工都应按月缴存住房公积金。有条件的地方，城镇单位聘用进城务工人员，单位和职工可缴存住房公积金，城镇个体、工商户、自由职业人员可申请缴存住房公积金。

对新设立的单位应当自设立之日起 30 日内到住房公积金管理中心办理住房公积金缴存登记，并自登记之日起 20 日内持住房公积金管理中心的审核文件，到受委托银行为本单位职工办理住房公积金账户设立手续。

单位发生合并、分立、撤销、破产、解散或者改制等情形的，应当为职工补缴以前欠缴（包括未缴和少缴）的住房公积金。

（2）缴存基数　缴存基数是职工本人上一年度的月平均工资，共由 6 部分组成：计时工资、计件工资、奖金、津贴和补贴、加班加点工资及特殊情况下支付的工资。住房公积金缴存基数不得高于职工工作所在区城市统计部门公布的上一年度职工月平均工资的 3 倍。具体标准由各地根据实际情况确定。

（3）缴存比例　缴存比例是指职工个人按月缴存（或职工单位资助职工按月缴存）住房公积金的数额占职工上一年度月平均工资的比例。单位和职工缴存比例不应低于 5%，不高于 12%。具体缴存比例由住房公积金管理委员会拟订，经本级政府审核后，报省、自治区、直辖市人民政府批准后执行。

未经本单位职工代表大会或者工会讨论通过，住房公积金管理委员会和住房公积金管理中心不得同意降低缴存比例或者缓缴。

（4）月缴存额　公积金月缴存额为职工本人上一年度月平均工资分别乘以职工住房公积金缴存比例和单位住房公积金缴存比例后的和，即：

住房公积金月缴存额=（职工本人上一年度月平均工资×职工住房公积金缴存比例）
　　　　　　　　　　+（职工本人上一年度月平均工资×单位住房公积金缴存比例）

职工单位对职工缴存住房公积金的工资基数原则上不应超过职工工作地所在该区城市

统计门市部公布的上一年度职工月平均工资的 2 倍或 3 倍，每年核定一次。

住房公积金汇缴年度为上一年 7 月 1 日至当年 6 月 30 日。

2．住房公积金的查询和对账

管理中心要为每一位缴存住房公积金的职工发放住房公积金的有效凭证。有效凭证是全面反映职工个人住房公积金账户内住房公积金资金的增减、变动和结存情况的证明。

目前，个人住房公积金有效凭证有几种形式：凭条、存折或磁卡等。职工个人可以直接到管理中心或商业银行查询个人住房公积金缴存情况，也可以通过住房公积金磁卡、电话、网络系统查询。

每年 6 月 30 日为住房公积金结息日。结息后，管理中心要向单位和职工发送住房公积金对账单，与单位和职工对账。职工对缴存情况有异议的，可以向管理中心和受委托银行申请复议。

10.3.4 住房公积金的提取和使用

记在职工个人账户下的住房公积金，其所有权归职工个人，但由于其中含有单位的缴存部分和对缴存人长远利益的保障，所以职工个人不能随意支取使用。

1．提取和使用的原则

1）定向使用的原则。

2）安全运作的原则。

3）严格时限的效率原则。

2．住房公积金提取的限制条件

职工个人住房公积金的提取是指缴存职工因特定住房消费或丧失缴存条件时，按照规定把个人账户内的住房公积金存储余额取出来，从而实现住房公积金的价值，发挥其作用的行为。

住房公积金的提取是有限制条件的，这与缴存住房公积金的长期性和互助性直接关联。职工提取住房公积金有以下两类情况。

（1）职工住房消费提取

1）职工购买、建造、翻建、大修自住住房时的提取。

2）偿还购房贷款本息时的提取。

3）房租超出家庭工资收入规定比例时的提取。房租超出家庭工资收入的比例由当地住房公积金管理委员会确定。

4）职工享受城镇最低生活保障，与单位终止劳动关系未再就业、部分或全部丧失劳动能力以及遇到其他突发事件，造成家庭生活严重困难的。

其中，职工购买、建造、翻建、大修自住住房，未申请个人住房公积金贷款的，原则上职工本人及其配偶在购建和大修住房一年内，可以凭有效证明材料，一次或者分次提取住房公积金账户内的存储余额。夫妻双方累计提取总额不能超过实际发生的住房支出。

（2）职工丧失缴存条件的提取　职工与单位建立劳动关系是缴存住房公积金的前提，当缴存条件丧失时，即在以下任一情况下，职工可以提取其住房公积金，同时注销该职工住房公积金账户：

1）离、退休。
2）完全丧失劳动能力并与单位终止劳动关系。
3）户口迁出所在的市、县或者出境定居。
4）职工死亡或者被宣告死亡的。

职工死亡或者被宣告死亡的，职工的继承人、受遗赠人可以提取职工住房公积金账户内的存储余额；无继承人也无受遗赠人的，职工住房公积金账户的存储余额纳入住房公积金的增值收益。

职工提取时由单位审核，住房公积金管理中心核准，由受委托银行办理支付手续。

3．职工工作调动时的转账

职工调动工作，原工作单位不按规定为职工办理住房公积金变更登记和账户转移手续的，职工可以向住房公积金管理中心投诉，或者凭有效证明材料，直接向住房公积金管理中心申请办理账户转移手续。

职工调动工作到另一设区城市的，调入单位为职工办理住房公积金账户设立手续后，新工作地的住房公积金管理中心应当向原工作地住房公积金管理中心出具新账户证明及个人要求转账的申请。原工作地住房公积金管理中心向调出单位核实后，办理变更登记和账户转移手续；原账户已经封存的，可直接办理转移手续。账户转移原则上采取转账方式，不能转账的，也可以电汇或者信汇到新工作地的住房公积金管理中心。调入单位未建立住房公积金制度的，原工作地住房公积金管理中心可将职工账户暂时封存。

4．住房公积金的使用

住房公积金的使用包括职工个人对其住房公积金的使用和住房公积金管理中心对住房公积金的运用两个方面。

（1）职工个人的使用 职工个人对其住房公积金的使用是指职工个人在住房公积金缴存期间，依法使用住房公积金的行为。

职工个人对其住房公积金的使用具体表现在申请个人住房贷款。

缴存住房公积金的职工在购买、建造、翻建、大修自住住房时，可以向住房公积金管理中心申请住房公积金贷款。

（2）住房公积金管理中心的运用 住房公积金管理中心对住房公积金的运用是指住房公积金管理中心以归集的住房公积金为基础，在保证职工提取的前提下，依法运用住房公积金的行为。

住房公积金管理中心运用住房公积金的基本要求是安全性。因此，住房公积金应主要用于发放职工个人住房贷款。

在保证职工住房公积金提取和贷款的前提下，经住房公积金管理委员会批准，住房公积金管理中心也可将住房公积金余额用于购买国债。因为国债是以政府信用为担保的国家债务，是风险最小的投资形式之一，既能保证资金运作的安全性，又具有较好的效益性。

住房公积金管理中心不能向单位或个人提供担保。

10.3.5 住房公积金的贷款管理

1．住房公积金的贷款类别

住房公积金贷款有：新房贷款、二手房贷款、自建住房贷款、住房装修贷款、商业性住房贷款转公积金贷款等。

2．贷款额度和期限

公积金贷款期限由住房公积金管理中心或受托银行根据借款人的申请及偿还能力确定。但每项公积金贷款期限最长不超过30年，并不长于借款人（或共同借款人中最年轻者）法定退休时间后的5年。

大部分城市都规定了单笔住房公积金贷款的最高额度，比如成都市规定个人单笔住房公积金贷款的最高额度为40万元；广州市规定个人单笔住房公积金贷款的最高额度为50万元；北京市规定个人单笔住房公积金贷款的最高额度是80万元。

3．贷款程序

住房公积金贷款的全部程序包括借款申请、借款审批、借款手续办理、贷款担保、借款使用及偿还。不同地区的住房公积金贷款规定可能略有差别，此处介绍的是常规性要求。

（1）借款申请　住房公积金管理中心和受委托银行应按照委托贷款协议的规定，严格审核借款人身份，还款能力和个人信用，以及购建住房的合法性和真实性，加强对抵押物和保证人担保能力的审查。要逐笔审批贷款，逐笔委托银行办理贷款手续。

住房公积金管理中心或者受托银行要一次性告知职工需要提交的文件和资料，职工按要求提交文件资料后，住房公积金管理中心应当自受理申请之日起15日内作出准予贷款或者不准贷款的决定，并通知申请人。准予贷款的，由受委托银行办理贷款手续。

借款申请条件如下：

1）只有参加住房公积金缴存的职工才有资格申请住房公积金贷款。

2）申请贷款前连续缴存住房公积金的时间不少于六个月，累计缴存住房公积金的时间不少于两年。连续缴存说明申请人工作稳定，第一还款来源有保证。

3）配偶一方申请了住房公积金贷款，在其未还清贷款本息之前，配偶双方均不能再获得住房公积金贷款。住房公积金贷款是为满足职工家庭住房基本需求提供的金融支持，是一种"住房保障型"的金融支持，不能支持用于带有投资性质的多套房贷款。

4）贷款申请人在提出住房公积金贷款申请时，除必须具有较稳定的经济收入和偿还贷款的能力外，还必须没有尚未还清的数额较大、可能影响住房公积金贷款偿还能力的其他债务。当职工有其他债务时，再给予住房公积金贷款，风险就很大，违背了住房公积金安全运用的原则。

职工没有还清贷款前，不得再次申请住房公积金贷款。

（2）借款审批　住房公积金管理中心在受理借款申请之日起15日内，按照受理时间的先后顺序，做出是否批准借款申请的决定。对于批准借款的，住房公积金管理中心发放准予借款决定书或审批意见书，借款决定书或审批意见书载明借款人可以申请借款的金额及借款期限。

住房公积金管理中心在审批借款申请时，主要对以下关键要素进行审查：

1）申请人提供材料的真实性和准确性。

2）申请人基本申请条件的真实性和准确性。
3）所购房屋是否符合住房公积金管理中心规定的建筑设计标准（如建筑面积）。
4）购房首期付款是否符合规定的比例要求（有关最新规定可参见阅读材料）。
5）申请人信用记录及资信评估。

（3）借款手续办理　在准予借款决定书或审批意见书规定的有效期内，借款人凭借款决定书或审批意见书到受住房公积金管理中心委托的商业银行办理具体借款手续。受托银行与借款人应当以书面形式签订公积金借款合同。公积金借款合同主要包括以下内容：借款人的姓名与住所；贷款人、受托银行的名称与住所；贷款金额、期限、利率；贷款支付的时间；贷款偿还方式、每月还款金额的计算方法；担保方式和担保范围；违约责任；当事人需要约定的其他事项。签订借款合同和保证合同后，受托银行按照借款合同约定的时间和金额，以转账支付的方式将贷款资金直接支付给售房人。

（4）贷款担保　由于住房公积金管理中心不是专业的金融机构，其贷款的发放和收回都需要委托商业银行运作。这样的运作机制固然方便了住房公积金管理中心，但中间也产生了一个问题，即商业银行只受托负责贷款资金的收放和托管，并不承担贷款本身的风险管理、贷后监控和不良贷款的清收。因此，为确保贷款资金的安全，公积金贷款一般需要增加格外的担保措施。

目前，通行的做法是引入专业的贷款担保公司。此办法的好处是，一旦贷款出现问题而无法全部收回，根据担保合同的要求，担保公司要首先代为偿还欠款，然后再处置抵押房产。根据担保机构提供保证的责任范围，住房公积金管理中心和借款人需要分别交纳担保费用。担保费用标准根据所担保的借款本金的数额、期限、预计逾期率等因素综合确定。

（5）借款使用及偿还　借款人配偶或者同户成员可以作为公积金的共同借款人，共同借款人承担偿还公积金贷款的连带责任。

借款本息的偿还方式除现金支付外，借款人还可以提取本人住房公积金账户存款余额以及借款后单位与个人每月继续缴存的住房公积金用于偿还借款。但借款人住房公积金账户存款余额不足时，可以提取其配偶、同户成员和非同户直系血亲的住房公积金账户存款余额。需要提取住房公积金账户存款余额的借款人应当向住房公积金管理中心提出申请，经审核同意后在借款合同中约定，并由受托商业银行以转账的方式代为办理提取手续。

需要特别注意的是，借款申请人或者共同借款申请人不能使用住房公积金账户存款余额支付购房首付款，因为提取住房公积金需要向住房公积金管理中心提供购房合同、交房款的专用发票或专用收据以及契税完税凭证和房产证，而这些材料只有在交完首付款之后才能提供。

4．公积金个人住房贷款与商业银行自营性个人住房贷款的区别

（1）承担风险的主体不同　公积金个人住房贷款是一种委托性住房贷款，它是国家住房公积金管理部门用归集的住房公积金资金，由政府设立的住房置业担保机构提供担保，委托商业银行发放给公积金缴存人的住房贷款。从风险承担的角度讲，商业银行本身不承担贷款风险。而自营性个人住房贷款是商业银行利用自有信贷资金发放的住房贷款，商业银行自己承担贷款风险。

（2）资金来源不同　公积金个人住房贷款的资金来自住房公积金管理部门归集的住房公

积金资金，而商业银行自营性个人住房贷款的资金来自银行自有的信贷资金。

（3）贷款对象不同　公积金个人住房贷款的对象需要是住房公积金缴存人，而商业银行自营性个人住房贷款不需要是住房公积金缴存人，而是符合商业银行自营性个人住房贷款条件的、具有完全民事行为能力的自然人。

（4）贷款利率不同　公积金个人住房贷款的利率比商业银行自营性个人住房贷款的利率低。

（5）审批主体不同　公积金个人住房贷款与商业银行自营性个人住房贷款审批之间存在区别。公积金个人住房贷款的申请由各地方住房公积金管理中心负责审批，而商业银行自营性个人住房贷款的申请由商业银行自己审批。

10.3.6　住房公积金的存贷款利率政策

我国的住房公积金制度实行低存低贷的利率政策，最大限度支持职工贷款购房。

住房公积金的存贷款利率由中国人民银行提出，经征求国务院建设行政主管部门的意见后，报国务院批准执行。

1．个人存贷款利率

（1）个人存款利率　职工当年缴存的住房公积金按结息日挂牌公告的活期存款利率计息；上年结转的按结息日挂牌公告的3个月整存整取存款利率计息。

职工住房公积金自存入职工住房公积金个人账户之日起计息，按年结息，本息逐年结转。每年6月30日为结息日。

（2）个人贷款利率　个人住房公积金贷款利率实行一年一定，于每年1月1日按相应档次利率确定下一年度利率水平；遇法定利率调整，贷款期限在1年以内的，实行合同利率，不分段计息；贷款期限在1年以上的，于下年初开始，按相应利率档次执行新的利率规定。

2．住房公积金管理中心沉淀资金的利率

住房公积金管理中心在受委托银行的住房公积金专户中的沉淀资金，按单位存款相应期限档次利率计息。

10.3.7　住房公积金的税收政策

住房公积金是政策性资金，实行免税政策，其收益也并入住房公积金实行封闭管理和使用，免予征收所得税和营业税。

1．关于个人住房公积金的免税

1）单位和个人分别在不超过职工本人上一年度月平均工资12%的幅度内，其实际缴存的住房公积金，允许在个人应纳税所得额中扣除。单位和职工个人缴存住房公积金的月平均工资不得超过职工工作地所在设区城市上一年度职工平均工资的3倍，具体标准按照各地有关规定执行。

2）个人实际领（支）取原提存的住房公积金时，免征个人所得税。

3）个人住房公积金作为储蓄性专项基金存款，其利息所得免征个人所得税。

2．关于住房公积金运作收益的免税

1）住房公积金管理中心用住房公积金在受委托银行发放个人住房贷款取得的收入，免征营业税。

2）住房公积金管理中心在受委托银行存储、用住房公积金购买国债、在指定的受委托银行发放个人住房贷款取得的利息收入，免征企业所得税。

10.3.8 住房公积金的财务管理及会计核算

1．财务管理

住房公积金财务管理是住房公积金管理中心组织财务活动、处理财务关系的一项经济管理工作。住房公积金管理中心的财务活动主要包括资金归集、使用及其产生的收益分配所引起的财务活动。

住房公积金的管理执行《住房公积金财务管理办法》，在建立住房公积金总账与职工明细账的基础上，建立完整的财务管理制度，对住房公积金管理实行全过程的资产管理。

（1）住房公积金财务管理的基本原则

1）执行国家有关法律、法规、规章和财政、财务制度。

2）建立健全内部财务制度，做好财务管理基础工作；降低运作风险。

3）保证住房公积金保值增值，确保住房公积金所有者的合法权益不受侵犯。

4）厉行节约，制止奢侈浪费。

（2）住房公积金财务管理的主要任务

1）编制住房公积金和管理中心管理费用年度预决算。

2）建立职工住房公积金明细账，记载职工个人住房公积金的缴存、提取等情况。

3）依法办理住房公积金委托贷款业务，防范风险。

4）严格执行住房公积金管理委员会批准的住房公积金归集、使用计划。

5）核算住房公积金及其增值收益。

6）严格执行财政部门批准的管理费用预算，控制管理费用支出，努力降低住房公积金运作成本。

2．会计核算

（1）会计核算的基本原则

1）住房公积金的核算要实现两个分账：一是住房公积金管理中心管理的住房公积金和其他住房资金要实行分账核算。住房公积金管理中心自身业务的核算，执行《事业单位会计制度》；二是住房公积金增值收益和住房公积金管理中心管理费用应严格实行分立账户，单独核算。

2）住房公积金管理中心要设立住房公积金个人明细账，实行三级明细核算：住房公积金总账核算（一级科目）、住房公积金单位账户核算（二级科目）、住房公积金个人账户核算（三级科目），保证账账相符，账实相符。

3）对住房公积金收入和支出的核算采用对应的核算原则，即权责发生制或收付实现制。目前，住房公积金管理中心对住房公积金收支业务一般采用权责发生制原则进行核算。

（2）会计核算的内容

1）住房公积金的缴存核算。

2）住房公积金的提取核算。

3）住房公积金的使用核算。

4）与住房公积金相关的债权债务核算。

5）业务收入核算。

6）业务支出核算。

7）住房公积金增值收益及其分配核算。

住房公积金增值收益是住房公积金归集、使用过程发生的，业务收入和业务支出之间的差额，用于建立住房公积金贷款风险准备金、住房公积金管理中心的管理费用和建设城市廉租住房建设的补充资金。

本章小结

房地产业与金融业相互结合形成了房地产金融。房地产金融的主要内容就是房地产贷款。房地产贷款分为针对房地产企业的经营贷款和针对个人的个人住房贷款两大类。

房地产经营融资具有政策性强的特点。房地产经营金融制度包括房地产金融市场、金融机构、金融监管制度三个方面。

银行对房地产经营贷款的流程管理主要包括借款人申请资格的要求，贷款的调查与审批管理以及房地产经营贷款的贷后管理。

房地产经营贷款主要包括：房地产开发企业流动资金贷款，商品住房、商业用房开发贷款，经济适用住房开发贷款，土地储备贷款等。中国人民银行、银监会对不同的贷款有不同的管理政策。

自营性个人住房贷款是指贷款人用银行自有资金向借款人发放的用于购买住房的贷款。按贷款期限不同，分为短期贷款、中期贷款、长期贷款；按房屋类型不同，分为现房抵押贷款、期房抵押贷款；按贷款方式不同，分为信用贷款、担保贷款。

自营性个人住房贷款贷款对象和贷款条件由金融管理部门确定，贷款流程包括受理和调查、审查和审批、签约和发放以及贷后管理。

住房公积金是指国家机关、国有企业、城镇集体企业、外商投资企业、城镇私营企业及其他城镇企业、事业单位、民办非企业单位、社会团体及其在职职工缴存的长期住房储金。住房公积金的本质属性是工资性，具有义务性、互助性、保障性和福利性的特点。

住房公积金管理的基本原则是："住房公积金管理委员会决策、住房公积金管理中心运作、银行专户、财政监督。"

住房公积金制度包括对住房公积金的归集、提取和使用以及财务管理和会计核算制度。

公积金个人住房贷款与商业银行自营性个人住房贷款的区别：①承担风险的主体不同。②资金来源不同。③贷款对象不同。④贷款利率不同。⑤审批主体不同。

第10章 房地产金融政策与制度

复习思考题

1. 房地产经营贷款有哪些种类?
2. 房地产融资制度包括哪些内容?
3. 我国关于个人住房贷款有哪些政策性规定?
4. 我国的住房公积金制度包含哪些内容?
5. 公积金个人住房贷款与商业银行自营性个人住房贷款有哪些区别?

第 11 章 房地产税收政策与制度

✪ 学习目标

1. 掌握税收特征,税收制度的内容,我国现行房地产税收的种类,按照课税对象的税收分类
2. 掌握我国现行房地产税收及相关税收的含义,纳税人和纳税对象,计税依据,各项房地产税收的计算方法,熟悉各项房地产税收的征收管理和现行减免税规定

✪ 关键词

房地产税收　房地产相关税收　税收制度

11.1 税收制度概述

11.1.1 税收的概念及特征

税收是指国家参与社会产品分配的一种规范形式，其本质是国家借政治权力，依照法律规定，无偿地取得财政收入的一种手段。税收的本质决定税收具有强制性、无偿性和固定性的特征。

（1）强制性　征税所凭借的是国家政治权利，并以法律的形式予以确定，国家以社会管理者的身份，对所有的纳税人强制性征税，纳税人不得以任何理由抗拒国家税收。

（2）无偿性　国家取得税收后税款即为国家所有，既不需要偿还也不需要对纳税人付出任何代价。

（3）固定性　国家在征税之前，必须通过法律形式，事先规定纳税人、课税对象和课税比例或额度，纳税人和政府都需要按照规定的标准纳税和征税，这也是税收区别于其他财政收入形式的重要特征。

11.1.2 税收制度及构成要素

税收制度简称税制，是指构成税收制度应当具备的必要因素和内容，一般包括纳税人、课税对象、税目、税率、纳税环节、纳税期限、减免税、违章处理等，其中纳税人、课税对象和税率是税收制度最基本的因素，缺一不可。

（1）纳税人（课税主体）　纳税人是国家行使课税权所指向的单位和个人，即税法规定的直接负有纳税义务的单位和个人。纳税人和负税人不同。纳税人是直接向国家交纳税款的单位和个人，负税人是实际负担税款的单位和个人。

（2）课税对象（课税客体）　课税对象又称为征税对象，是税法规定的课税目的物，即国家对什么事物征税。课税对象决定课税范围，是区别征税与不征税的主要界限，也是区别不同税种的主要标志。根据课税对象性质的不同，全部税种分为五大类：流转税、收益税、财产税、资源税和行为目的税。

（3）计税依据　计税依据也称为课税依据或课税基数，是计算应纳税额的根据。计税依据按照计量单位划分，有两种情况：一是从价计征，如所得税的计税依据是所得额；二是从量计征，如我国车船使用税的计税依据是车船的吨位。

（4）税率　税率是税收制度和政策的中心环节，直接关系到国家财政收入和纳税人的负担。按税率和税基的关系划分，税率主要有比例税率、累进税率和定额税率三类。

（5）附加、加成和减免　纳税人负担的轻重，主要通过税率的高低来调节，但还可以通过附加、加成和减免措施来调节。

附加是地方附加的简称，是地方政府在正税之外附加征收的一部分税款。加成是加成征收的简称。加成与附加不同，加成只对特定的纳税人加征，附加对所有纳税人加征。加成一般是在收益课税中采用，以便有效地调节某些纳税人的收入。

减免税是国家根据一定时期的政治、经济、社会政策的要求而对某些特定的生产经营活动或某些特定的纳税人给予的优惠。税收具有严肃性，而税收制度中关于附加、加成和减免税的有关规定，则把税收法律制度的严肃性和必要的灵活性密切地结合起来，使税收法律制度能够更好地发挥税收的调节作用。

11.1.3 税收的分类

税收是一个总的范畴，按不同的标准可以有不同的分类。目前，我国税收分类办法通常有以下几种：按课税对象分类、按税收的计量标准分类、按税收与价格的关系分类、按税负能否转嫁分类、按税收的管理权限分类等。这里仅介绍按课税对象的分类，分为以下几种：

（1）流转课税　流转课税是指以流转额为课税对象的税类。流转课税的经济前提是商品经济，其计税依据是商品销售额或业务收入额。属于流转课税的税种包括增值税、营业税、关税等。

（2）所得课税　所得课税又称为收益课税，是指以所得（即收益）额为课税对象的税类。所得课税可以根据纳税人的不同分为对企业课税和对个人课税两大类。

（3）资源课税　资源课税是以自然资源为课税对象的税类，其目的在于对从事自然资源开发的单位和个人所取得的级差收入进行调节，以促进资源的合理开发和利用。

（4）财产课税　财产课税是指以各类动产和不动产为课税对象的税类。我国目前开征的房产税、契税等，属于财产课税。

（5）行为课税　行为课税是指以某种特定行为为课税对象的税类。开征这类税是为了贯彻国家某项政策的需要。我国现行的固定资产方向调节税、屠宰税、城市维护建设税等，属于行为课税。

11.1.4 我国现行的房地产税收

房地产税收制度也是我国税制体系中极为复杂的一个行业税收体系。房地产行业所涉及的税种复杂，税收金额大。

我国现行的房地产税收主要有增值税、城镇土地使用税、耕地占用税、土地增值税、契税。

其他与房地产紧密相关的税种，主要有增值税、城市维护建设税、教育费附加、企业所得税、个人所得税、印花税等。

11.1.5 房地产领域的收费

房地产领域的收费种类也很多。

税和费是既有区别又有联系的。税和费都是财政收入的形式，但税收是无偿的、强制的和规范的；而费是以交换或提供直接服务为基础，是等价和自愿的，费的内涵是一种补偿，如设备补偿、劳务补偿、工本补偿等，不属于分配和再分配的范畴，不能作为经济调节的手段。

各地不同时期的收费项目和收费标准也不同。房地产领域的收费一般有两大类，一类是建设项目收费，为补偿型费用，如城市综合配套费、污水处理费、新型墙体材料扶持费等；另一类是规费，为行政事业性收费，如工程勘察费、规划定位测量费、防雷测量费、环境测量费、环境评估费、质量检测费、图样审查费、工程招标费等。

11.2 房产税

11.2.1 房产税概述

房产税是以房屋为征税对象，按房屋的计税余值或租金收入为计税依据，向产权所有人征收的一种财产税。

房产税税源稳定，作地方财政收入的重要来源，可以为地方经济发展筹集资金；房产税税负难以发生转嫁，可以调节纳税人的收入水平，以公平税负；国家可以通过征收房产税来加强对房屋的管理，提高房屋的使用效益。房产税还可以调节房地产市场，对我国经济发展具有十分重要的作用。

现行的房产税征收的法规是1986年起实施的《中华人民共和国房产税暂行条例》。

11.2.2 纳税人

根据《中华人民共和国房产税暂行条例》规定：凡是中国境内拥有房屋产权的单位和个人都是房产税的纳税人，即房产税的纳税人为房屋产权的所有人。具体包括以下几种情况：

1）产权属于全民所有的，由经营管理单位缴纳。
2）产权出典的，由承典人缴纳。
3）产权所有人、承典人不在房产所在地，或者产权未确定及租典纠纷未解决的，由房产代管人或者使用人缴纳。
4）无租使用其他单位房产的应税单位和个人，依照房产余值缴纳房产税。

11.2.3 征税对象和征税范围

房产税的征税对象是房产，是指有屋面和围护结构（有墙或两边有柱）、能够遮风避雨，可供人们在其中生产、学习、工作、娱乐、居住或储藏物资的场所。

独立于房屋之外的建筑物，如围墙、烟囱、水塔、变电塔、油池油柜、酒窖菜窖、酒精池、糖蜜池、室外游泳池、玻璃暖房、砖瓦石灰窑、加油站罩棚以及各种油气罐等，不属于房产。

房产税的征税范围为城市、县城、建制镇和工矿区，不包括农村。城市是指国务院批准设立的市；县城是指县人民政府所在地的地区；建制镇是批经省、自治区、直辖市人民政府批准设立的建制镇；工矿区是指工商业比较发达，人口比较集中，符合国务院规定的建制镇标准，但尚未设立建制镇的大中型工矿企业所在地。为了减轻农民负担，房产税的征税范围不包括农村。

11.2.4 税率和计税依据

1. 税率

房产税采用比例税率。纳税人自用的房产，税率为房产余值的1.2%。纳税人出租的房产，税率为房产租金的12%。对个人按市场价格出租的居民住房，用于居住的，暂减按4%的税率征收。

2. 计税依据

房产税的计税依据分为从价计征和从租计征两类。

1) 对于非出租的房产从价计征，以房产原值一次减除10%~30%后的余值为计税依据。其中房产原值是指纳税人按照会计制度规定，在账簿"固定资产"账户中记载的房屋原价，包括与房屋不可分割的附属设备或一般不单独计价的配套设施的价值。具体减除幅度由省、自治区、直辖市人民政府确定。

2) 对于出租的房产从租计征，以房产租金收入为计税依据。租金收入是房屋所有权人出租房产使用权所得的报酬，包括货币收入和实物收入。对以劳务或其他形式为报酬抵付房租收入的，应根据当地房产的租金水平，确定一个标准租金额按租计征。

【例11-1】某企业拥有酒店等经营用房产，总账面原值6 000万元，按照规定允许减除比例为30%，适用税率为1.2%，无应减免房产税的情形。该企业当年应缴纳的房产税为：

房产税应纳税额=6 000万元×（1-30%）×1.2%=50.4万元

【例11-2】某企业拥有房产，账面原值为6 000万元，其中出租经营的房产原值为2 000万元，其房产为自营。出租经营的房产，年租金收入为200万元。按规定，该企业计征房产税时，允许减除的比例为30%。则该企业当年应纳房产税，应分别计算从价税和从租税，计算如下：

房产税应纳税额=（6 000-2 000）万元×（1-30%）×1.2%+200万元×12%=57.6万元

3. 具备房屋功能的地下建筑的房产税政策

1) 凡在房产税征收范围内的具备房屋功能的地下建筑，包括与地上房屋相连的地下建筑以及完全建在地面以下的建筑、地下人防设施等，均应当依照有关规定征收房产税。上述具备房屋功能的地下建筑是指有屋面和维护结构、能够遮风避雨、可供人们在其中生产、经营、工作、学习、娱乐、居住或储藏物资的场所。

2) 自用的地下建筑，按以下方式计税：

工业用途房产，以房屋原价的50%~60%作为应税房产原值。应纳房产税的税额=应税房产原值×[1-（10%-30%）]×1.2%。

商业和其他用途房产，以房屋原价的70%~80%作为应税房产原值。应纳房产税的税额=应税房产原值×[1-（10%-30%）]×1.2%。

房屋原价折算为应税房产原值的具体比例，由各省、自治区、直辖市和计划单列市财政和地方税务部门在上述幅度内自行确定。

对于与地上房屋相连的地下建筑，如房屋的地下室、地下停车场、商场的地下部分等，应将地下部分与地上房屋视为一个整体按照地上房屋建筑的有关规定计算征收房产税。

3）出租的地下建筑，按照出租地上房屋建筑的有关规定计算征收房产税。

上述规定自 2006 年 1 月 1 日起执行。

11.2.5 税收减免

1．免征房产税的房产

1）国家机关、人民团体、军队自用的房产免征房产税。

2）由国家财政部门拨付事业经费的单位自用的房产。事业单位自用的房产是指这些单位本身的业务用房。但这些单位的附属工厂、商店、招待所等不属于免税范围。

实行差额预算管理的事业单位，虽然有一定的收入，但收入不够本身经费开支的部分，还要由国家财政部门拨付经费补助，对其本身自用的房产免征房产税。由国家财政部门拨付事业经费的单位，其经费来源实行自收自支后，应征收房产税。

3）宗教寺庙、公园、名胜古迹自用的房产免征房产税。但宗教寺庙、公园、名胜古迹中附设的营业单位，不属于免税范围，应照章纳税。

4）个人所有非营业用的房产免征房产税。个人所有的非营业用房，主要是指居民住房，不分面积多少，一律免征房产税。对个人拥有的营业用房或者出租的房产，不属于免税房产，应照章纳税。

5）经财政部批准免税的其他的房产，免征房产税。

2．减免税特殊规定

经财政部和国家税务总局批准，下列房产可以免征房产税：

1）经有关部门鉴定，对毁损不堪居住的房屋和危险房屋，在停止使用后，可免征房产税。

2）企业办的各类学校、医院、托儿所、幼儿园自用的房产，可以比照由国家财政部门拨付事业经费的单位自用的房产，免征房产税。

3）房产大修导致连续停用半年以上的，经纳税人申请，税务机关审核，在大修期间可免征房产税。

4）在基建工地为基建工地服务的各种工棚、材料棚、休息棚和办公室、食堂、茶炉房、汽车房等临时性房屋，在施工期间一律免征房产税。但是，如果在基建工程结束后，施工企业将这种临时性房屋交还或估价转让给基建单位的，应从基建单位接收的次月起，依照规定征收房产税。

5）对房地产开发企业建造的商品房，在出售前不征收房产税。但出售前已使用或出租、出借的房产应按规定征收房产税。

6）中、小学校及高等学校用于教学及科研等本身业务的房产免征房产税。对高校学生公寓免征房产税。但学校兴办的校办工厂、校办企业、商店、招待所等的房产应按规定征收房产税。

7）对老年服务机构自用的房产，暂免征房产税。

11.2.6 房产税征收管理

1．纳税义务发生时间

房产税的纳税义务发生时间，按如下规定：

1）纳税人将原有房产用于生产经营，纳税义务发生时间从生产经营之月起，缴纳房产税。

2）纳税人自行新建房屋用于生产经营，纳税义务发生时间从建成之日的次月起，缴纳房产税。

3）纳税人委托施工企业建设的房屋，纳税义务发生时间从办理验收手续的次月起，缴纳房产税。

4）纳税人购置新建商品房，纳税义务发生时间从房屋交付使用的次月起，缴纳房产税。

5）纳税人购置存量房，纳税义务发生时间自办理房屋权属转移、变更登记手续，房地产权属登记机关签发房屋权属证书的次月起，缴纳房产税。

6）纳税人出租、出借房产，纳税义务发生时间自交付出租、出借房产的次月起，缴纳房产税。

7）房地产开发企业自用、出租、出借本企业建造的商品房，自房屋使用或交付的次月起，缴纳房产税。

8）自 2009 年 1 月 1 日起，纳税人因房产的实物或权利状态发生变化而依法终止房产税纳税义务的，其应纳税款的计算应截止到房产的实物或权利状态发生变化的当月末。

2．纳税期限

房产税实行按年计算、分期缴纳的征收方法，具体纳税期限由省、自治区、直辖市人民政府确定。各地一般按季度或半年征收。

3．纳税地点

房产税在房产所在地缴纳。房产不在同一地方的纳税人，应按房产的坐落地点分别向房产所在地的税务机关纳税。

11.2.7 我国房产税的试点情况

鉴于房产税全国推行难度较大，近年来我国开始在一些城市进行房地产征收试点。2011 年初，上海、重庆开始试点房产税。

上海市房产税的征收对象主要是上海市居民新购房且属于第二套及以上住房和非上海市居民新购房，房产税暂按应税住房市场交易价格的 70% 计算缴纳，适用税率暂定为 0.6%。应税住房每平方米市场交易价格低于本市上年度新建商品住房平均销售价格 2 倍（含 2 倍）的，税率暂减为 0.4%。对房产税试点征收的收入，用于保障性住房建设等方面的支出。

上海市主要的房产税征收管理规定：

1）房产税由应税住房所在地的地方税务机关负责征收。

2）房产税税款自纳税人取得应税住房产权的次月起计算，按年计征，不足一年的按月计算应纳房产税税额。

3）凡新购住房的，购房人在办理房地产登记前，应按地方税务机关的要求，主动提供家庭成员情况和由市房屋状况信息中心出具的其在本市拥有住房相关信息的查询结果。地方税务机关根据需要，会同有关部门对新购住房是否应缴纳房产税予以审核认定，并将认定结果书面告知购房人。应税住房发生权属转移的，原产权人应缴清房产税税款。交易当事人须凭地方税务机关出具的认定结果文书，向登记机构办理房地产登记；不能提供的，登记机构不予办理房地产登记。

4）纳税人应按规定如实申报纳税并提供相关信息，对所提供的信息资料承担法律责任。纳税人未按规定期限申报纳税的，由地方税务机关向其追缴税款、滞纳金，并按规定处以罚款。

重庆市的征收对象主要是独栋别墅高档公寓，以及无工作户口、无投资人员所购二套房，税率为 0.5%～1.2%。

2013 年 2 月 3 日，国务院批转了国家发改委、财政部、人社部联合发布的《关于深化收入分配制度改革的若干意见》提出，要加快健全再分配机制，改革完善房地产税等。完善房产保有、交易等环节税收制度，逐步扩大个人住房房产税改革试点范围，细化住房交易差别化税收政策，加强存量房交易税收征管。

房产税试点城市将逐渐增加，进而推行到全国。

11.3 城镇土地使用税

11.3.1 城镇土地使用税概述

城镇土地使用税是以城镇土地为征税对象，对拥有土地使用权的单位和个人征收的一种税。

我国城镇土地使用税属于地方税。

现行的城镇土地使用税法的基本规范，是 2006 年 12 月 31 日国务院修改并颁布的《中华人民共和国城镇土地使用税暂行条例》。

改革开放以前，我国长期对非农业土地实行无偿的行政划拨，城镇非农业土地使用中的浪费现象严重，不利于合理和节约使用土地。为了有利于体现国家政策，土地使用税是按城市大小和所处地区经济繁荣程度确定的，这样就能够促进企业合理利用城镇土地，调节土地级差收入。

11.3.2 征税对象和征税范围

城镇土地使用税是对占用或使用土地的行为征税，征税对象是城镇土地。

城镇土地使用税的征税范围，包括在城市、县城、建制镇、工矿区内的国家所有和集体所有的土地。

这里所述的城市、县城、建制镇、工矿区分别按以下标准确认：

1）城市是指经国务院批准设立的市。

2）县城是指县人民政府所在地。

3）建制镇是指经省、自治区、直辖市人民政府批准设立的建制镇。

4）工矿区是指工商业比较发达，人口比较集中，符合国务院规定的建制镇标准，但尚未设立建制镇的大中型工矿企业所在地。工矿区须经省、自治区、直辖市人民政府批准。

上述城镇土地使用税的征税范围中，城市的土地包括市区和郊区的土地，县城的土地是指该县人民政府所在地的城镇的土地，建制镇的土地是指镇人民政府所在地的土地。建立在城市、县城、建制镇、工矿区以外的工矿企业不需要缴纳城镇土地使用税。

另外，自 2009 年 1 月 1 日起，公园、名胜古迹内的索道公司经营用地，应按规定缴纳城镇土地使用税。

11.3.3 纳税人

在城市、县城、建制镇、工矿区范围内使用土地的单位和个人，为城镇土地使用税的纳税人。其中，单位包括国有企业、集体企业、私营企业、股份制企业、外商投资企业、外国企业以及其他企业和事业单位、社会团体、国家机关、军队以及其他单位；个人包括个体工商户以及其他个人。城镇土地使用税征税范围较广。

具体来讲，城镇土地使用税的纳税人通常包括以下几类：

1）拥有土地使用权的单位和个人。
2）拥有土地使用权的单位和个人不在土地所在地的，其土地的实际使用人和代管人为纳税人。
3）土地使用权未确定或权属纠纷未解决的，其实际使用人为纳税人。
4）土地使用权共有的，共有各方都是纳税人，由共有各方分别纳税。共有各方以其实际使用的土地面积占总面积的比例，分别计算缴纳城镇土地使用税。

11.3.4 税率

城镇土地使用税实行分级幅度税额，按大、中、小城市和县城、建制镇、工矿区分别规定每平方米土地使用税年应纳税额。

大、中、小城市以公安部门登记在册的非农业正式户口人数为依据。其中，市区及郊区非农业人口在 50 万以上者为大城市；人口为 20 万～50 万者为中等城市；人口在 20 万以下者为小城市。城镇土地使用税税额见表 11-1。

表 11-1 城镇土地使用税税额

级　　别	人口/人	每平方米税额/元
大城市	50 万以上	1.5～30
中等城市	20 万～50 万	1.2～24
小城市	20 万以下	0.9～18
县城、建制镇、工矿区		0.6～12

各省、自治区、直辖市人民政府可根据市政建设情况和经济繁荣程度在规定税额幅度内，确定所辖地区的适用税额幅度。在经济落后地区，土地使用税的适用税额标准可适当降低，但降低额不得超过上述规定最低税额的 30%，经济发达地区的适用税额标准可以适当提高，

但须报财政部批准。

11.3.5 计税依据

城镇土地使用税以纳税人实际占用的土地面积为计税依据，计量标准为每平方米，即税务机关根据纳税人实际占用的土地面积，按规定的税额标准计算应纳税额，向纳税人征收土地使用税。

纳税人实际占用的土地面积按照下列办法确定：

1）由省、自治区、直辖市人民政府确定的单位组织测定土地面积的，以测定的土地面积为准。

2）尚未测定，但纳税人持有政府部门核发的土地使用证书的，以证书确认的土地面积为准。

3）尚未核发土地使用证书的，应由纳税人申报土地面积，据以纳税，待核发土地使用证书以后再作调整。

城镇土地使用税的应纳税额依据纳税人实际占用的土地面积乘以该土地所在地段的适用单位税额计算求得。计算公式如下：

全年应纳税额=实际占用应税土地面积×适用税额

11.3.6 税收减免

城镇土地使用税的免税项目有：

1）国家机关、人民团体、军队自用的土地。但上述单位的出租房产以及非自身业务使用的生产、经营用房，不属于免税范围。

2）由国家财政部门拨付事业经费的单位自用的土地。

3）宗教寺庙、公园、名胜古迹自用的土地。但其附设的营业用房及出租的房产，不属于免税范围。

4）市政街道、广场、绿化地带等公共用地。

5）直接用于农、林、牧、渔业的生产用地。

6）经批准自行开山填海整治的土地和改造的废弃土地，从使用的月份起免缴土地使用税 5~10 年。

7）由财政部另行规定免税的能源、交通、水利用地和其他用地。

11.3.7 城镇土地使用税的征收管理

1. 纳税期限

城镇土地使用税实行按年计算、分期缴纳的征收方法，具体纳税期限由省、自治区、直辖市人民政府确定。

2. 纳税义务发生时间

1）纳税人新征用的耕地，自批准征用之日起满 1 年时开始缴纳土地使用税。

2）纳税人新征用的非耕地，自批准征用次月起缴纳土地使用税。

3）纳税人以出让或转让方式有偿取得土地使用权的，应由受让方从合同约定交付土地时间的次月起缴纳城镇土地使用税；合同未约定交付土地时间的，由受让方从合同签订的次月起缴纳城镇土地使用税。

4）纳税人购置新建商品房，自房屋交付使用之次月起，缴纳城镇土地使用税。

5）纳税人购置存量房，自办理房屋权属转移、变更登记手续，房地产权属登记机关签发房屋权属证书之次月起，缴纳城镇土地使用税。

6）纳税人出租、出借房产，自交付出租、出借房产之次月起，缴纳城镇土地使用税。

7）自2009年1月1日起，纳税人因土地的权利发生变化而依法终止城镇土地使用税纳税义务的，其应纳税款的计算应截止到土地权利发生变化的当月末。

3. 纳税地点和征收机构

城镇土地使用税在土地所在地缴纳，由土地所在地的税务机关负责征收。

纳税人使用的土地不属于同一省（自治区、直辖市）管辖范围的，由纳税人分别向土地所在地的税务机关申报缴纳；在同一省（自治区、直辖市）管辖范围内，纳税人跨地区使用的土地，由各省、自治区、直辖市税务机关确定纳税地点。

11.4 耕地占用税

11.4.1 耕地占用税概述

耕地占用税是对占用耕地建设建筑物、建筑物或从事非农业建设的单位和个人，就其实际、占用耕地按面积征收的一种税，属于对特定土地资源占用的课税。

现行的耕地占用税最新法规是第十三届全国人民代表大会常务委员会第七次会议于2018年12月29日通过的《中华人民共和国耕地占用税法》，自2019年9月1日起施行。

我国人口众多，耕地资源较少，人多地少的矛盾十分突出。我国非农业用地过去长期实行的无偿使用制度，助长了乱占耕地的行为，浪费了大量的耕地。耕地占用税对保护耕地、促进合理利用土地资源起到了积极的作用。

与其他税种相比，耕地占用税具有鲜明的特点，主要表现在以下四个方面：

（1）兼具资源税与特定行为税的性质　耕地占用税以占用农用耕地建房或从事其他非农用建设的行为为征税对象，以约束纳税人占用耕地资源的行为、促进土地资源的合理运用为课征目的，除具有资源占用税的属性外，还具有明显的特定行为税的特点。

（2）采用地区差别税率　耕地占用税采用地区差别税率，根据不同地区的具体情况，分别制定差别税额，以适应我国地域辽阔，各地区之间耕地质量差别较大、人均占有耕地面积相差悬殊的具体情况，具有因地制宜的特点。

（3）在占用耕地环节一次性课征　耕地占用税在纳税人获准占用耕地的环节征收，除对获准占用耕地后超过两年未使用者须加征耕地占用税外，此后不再征收耕地占用税。因而，耕地占用税具有一次性征收的特点。

（4）税收收入专用于耕地开发与改良　耕地占用税收入按规定应用于建立发展农业专项

基金，主要用于开展宜耕土地开发和改良现有耕地之用，具有"取之于地，用之于地"的补偿性特点。

11.4.2 纳税人、征税对象和征税范围

1．纳税人

在中华人民共和国境内占用耕地建设建筑物、构筑物或者从事非农业建设的单位和个人，为耕地占用税的纳税人。

经批准占用耕地的，纳税人为农用地转用审批文件中标明的建设用地人；农用地转用审批文件中未标明建设用地人的，纳税人为用地申请人，其中用地申请人为各级人民政府的，由同级土地储备中心、自然资源主管部门或政府委托的其他部门、单位履行耕地占用税申报纳税义务。未经批准占用耕地的，纳税人为实际用地人。

2．征税对象

耕地占用税以占用耕地建设建筑物构筑物或从事其他非农业建设的行为为征税对象。

3．征税范围

耕地占用税的征收范围是在中华人民共和国境内占用耕地建设建筑物、构筑物或者从事非农业建设占用的国家和集体所有的耕地。耕地是指用于种植农作物的土地。

占用耕地建设农田水利设施的，不缴纳耕地占用税。

占用园地、林地、草地、农田水利用地、养殖水面、渔业水域滩涂以及其他农用地建设建筑物、构筑物或者从事非农业建设的，依照规定缴纳耕地占用税。但是占用这类用地建设直接为农业生产服务的生产设施的，不缴纳耕地占用税。

11.4.3 税率和计税依据

1．税率

耕地占用税实行定额税率。由于我国地区之间生产力水平、经济发展不平衡，人口密度不同，人均占有耕地相差悬殊，必须根据不同地区人均占有耕地数量和经济发展状况规定不同的税率，即实行地区差别税率。

耕地占用税的税额如下：

1）人均耕地不超过1亩的地区（以县、自治县、不设区的市、市辖区为单位，下同），每平方米为10～50元。

2）人均耕地超过1亩但不超过2亩的地区，每平方米为8～40元。

3）人均耕地超过2亩但不超过3亩的地区，每平方米为6～30元。

4）人均耕地超过3亩的地区，每平方米为5～25元。

在人均耕地低于0.5亩的地区，省、自治区、直辖市可以根据当地经济发展情况，适当提高耕地占用税的适用税额，但提高的部分不得超过上述第2）项确定的适用税额的百分之五十。

各地区耕地占用税的适用税额，由省、自治区、直辖市人民政府根据人均耕地面积和经

第 11 章 房地产税收政策与制度

济发展等情况，在上述规定的税额幅度内提出，报同级人民代表大会常务委员会决定，并报全国人民代表大会常务委员会和国务院备案。各省、自治区、直辖市耕地占用税适用税额的平均水平，不得低于《中华人民共和国耕地占用税法》所规定的各省、自治区、直辖市耕地占用税平均税额，见表 11-2。

表 11-2 各省、自治区、直辖市耕地占用税平均税额表

地 区	每平方米平均税额/元
上海	45
北京	40
天津	35
江苏、浙江、福建、广东	30
辽宁、湖北、湖南	25
河北、安徽、江西、山东、河南、重庆、四川	22.5
广西、海南、贵州、云南、陕西	20
山西、吉林、黑龙江	17.5
内蒙古、西藏、甘肃、青海、宁夏、新疆	12.5

2．计税依据

耕地占用税以纳税人实际占用的属于耕地占用税征税范围的土地面积为计税依据。

3．应纳税额的计算

耕地占用税按应税土地当地适用税额计税，实行一次性征收。应税土地面积包括经批准占用面积和未经批准占用面积，以平方米为单位。

其计算公式如下：

$$应纳税额 = 应税土地面积 \times 适用税额$$

11.4.4 税收减免

1）军事设施、学校、幼儿园、社会福利机构、医疗机构占用耕地，免征耕地占用税。

2）铁路线路、公路线路、飞机场跑道、停机坪、港口、航道、水利工程占用耕地，按 2 元/m^2 的税额征收耕地占用税。

3）农村居民在规定用地标准以内占用耕地新建自用住宅，按照当地适用税额减半征收耕地占用税；其中农村居民经批准搬迁，新建自用住宅占用耕地不超过原宅基地面积的部分，免征耕地占用税。

4）农村烈士遗属、因公牺牲军人遗属、残疾军人以及符合农村最低生活保障条件的农村居民，在规定用地标准以内新建自用住宅，免征耕地占用税。

5）纳税人因建设项目施工或者地质勘查临时占用耕地，应当依照本法的规定缴纳耕地占用税。纳税人在批准临时占用耕地期满之日起一年内依法复垦，恢复种植条件的，全额退还已经缴纳的耕地占用税。

6）根据国民经济和社会发展的需要，国务院可以规定免征或者减征耕地占用税的其他情形，报全国人民代表大会常务委员会备案。

7）免征或减征耕地占用税后，纳税人改变原占地用途，不再属于免征或减征耕地占用税情形的，应当按当地适用税额补缴耕地占用税。

11.4.5 耕地占用税的征收管理

1．征收机构

耕地占用税由地方税务机关负责征收。

税务机关应当与相关部门建立耕地占用税涉税信息共享机制和工作配合机制。县级以上地方人民政府自然资源、农业农村、水利等相关部门应当定期向税务机关提供农用地转用、临时占地等信息，协助税务机关加强耕地占用税征收管理。

2．纳税地点

纳税人占用耕地，应当在耕地所在地申报纳税。

3．纳税义务发生时间

耕地占用税的纳税义务发生时间为纳税人收到自然资源主管部门办理占用耕地手续的书面通知的当日。纳税人应当自纳税义务发生之日起 30 日内申报缴纳耕地占用税。

纳税人改变原占地用途，需要补缴耕地占用税的，其纳税义务发生时间为改变用途当日。具体为：经批准改变用途的，纳税义务发生时间为纳税人收到批准文件的当日；未经批准改变用途的，纳税义务发生时间为自然资源主管部门认定纳税人改变原占地用途的当日。

11.5 土地增值税

11.5.1 土地增值税概述

土地增值税是指转让国有土地使用权、地上的建筑物及其附着物并取得收入的单位和个人，以转让所取得的收入包括货币收入、实物收入和其他收入为计税依据向国家缴纳的一种税赋。土地增值税属于地方税。

土地属于不动产，对土地课税是一种古老的税收形式。依据征税的税基不同，大致可以分为两大类：一类是财产性质的土地税，它以土地的数量或价值为税基，或实行从量计税，或采取从价计税，前者如我国历史上曾开征的田赋税，后者如地价税等。另一类是收益性质的土地税，其实质是对土地收益或地租的征税。

我国现行土地增值税的法规，是 1993 年颁布的《中华人民共和国土地增值税暂行条例》。土地增值税主要具有以下特点：

1）土地增值税属于土地收益性质的土地税。以转让房地产取得的增值额为计税依据。

2）征税面比较广。凡在我国境内转让房地产并取得增值收入的单位和个人，除税法规定免税的外，均应按照税法的规定缴纳土地增值税。

3）实行超率累进税率。土地增值税的税率是以增值额的高低为依据确认，按照累进原则设计，实行分级计税。

4）实行按次征收。土地增值税在房地产发生转让的环节，实行按次征收，每发生一次转让行为，就应根据每次取得的增值额征一次税。

征收土地增值税，可以利用税收杠杆对房地产的开发经营行为进行适当调控，可以调节部分单位和个人通过房地产交易取得的过高收入，抑制房地产的投机行为，促进土地资源的合理利用，促进房地产市场的健康发展。

11.5.2 纳税人、征税对象和征税范围

1．纳税人

转让国有土地使用权、地上的建筑物及其附着物并取得收入的单位和个人，为土地增值税的纳税人。

单位是指各类企业单位、事业单位、国家机关、社会团体和其他组织，包括外商投资企业、外国企业及外国驻华机构。个人包括个体经营者，以及外国公民、华侨、港澳同胞等均在土地增值税的纳税义务人范围内。

2．征税对象

土地增值税的征税对象是转让国有土地使用权、地上的建筑物及其附着物所取得的增值额。增值额为纳税人转让房地产的收入减除《中华人民共和国土地增值税暂行条例》规定的扣除项目金额后的余额。

3．征税范围

土地增值税对转让国有土地使用权及其地上的建筑物及其附着物产权的行为征税。其不包括通过继承、赠与等方式无偿转让房地产的行为，不包括国有土地使用权出让行为，也不包括转让集体土地使用权的行为。

是否发生转让行为主要以房地产权属（指土地使用权和房产产权）的变更为标准。

11.5.3 税率和计税依据

1．税率

土地增值税的征收实行四级超率累进税率。
1）增值额未超过扣除项目金额50%的部分，税率为30%。
2）增值额超过扣除项目金额50%、未超过扣除项目金额100%的部分，税率为40%。
3）增值额超过扣除项目金额100%、未超过扣除项目金额200%的部分，税率为50%。
4）增值额超过扣除项目金额200%的部分，税率为60%。
上述四级超累进税率，每级"增值额未超过扣除项目金额"的比例，均包括本比例数。

2．计税依据

土地增值税的计税依据是转让房地产所取得的增值额。
增值额等于应税收入减去税法规定的扣除项目。

11.5.4 应税收入的确定

纳税人转让房地产取得的应税收入，包括转让房地产的全部价款及有关的经济收益。从

收入的形式来看，包括货币收入、实物收入和其他收入。

（1）货币收入　货币收入是指纳税人转让房地产而取得的现金、银行存款、支票、银行本票、汇票等各种信用票据和国库券、金融债券、企业债券、股票等有价证券。这些类型的收入其实质都是转让方因转让土地使用权、房屋产权而向取得方收取的价款。货币收入一般比较容易确定。

（2）实物收入　实物收入是指纳税人转让房地产而取得的各种实物形态的收入，如钢材、水泥等建材，房屋、土地等不动产等。实物收入的价值不太容易确定，一般要对这些实物形态的财产进行估价。

（3）其他收入　其他收入是指纳税人转让房地产而取得的无形资产收入或具有财产价值的权利，如专利权、商标权、著作权、专有技术使用权、土地使用权、商誉权等。这种类型的收入比较少见，其价值需要进行专门的评估。

11.5.5　扣除项目的确定

土地增值税的扣除项目包括：取得土地使用权时所支付的金额；开发土地的成本、费用；新建房及配套设施的成本、费用，或者旧房及建筑物的评估价格；与转让房地产有关的税金；财政部规定的其他扣除项目。

扣除项目的具体内容为：

1）取得土地使用权所支付的金额，包括纳税人为取得土地使用权所支付的地价款和按国家统一规定交纳的有关费用。具体为：以出让方式取得土地使用权的，为支付的土地出让金；以行政划拨方式取得土地使用权的，为转让土地使用权时按规定补交的出让金，以转让方式取得土地使用权的，为支付的地价款。

2）开发土地和新建房及配套设施的成本是指纳税人在房地产开发项目实际发生的成本。包括土地征用及拆迁补偿、前期工程费用、建筑安装工程费、基础设施费、公共配套设施费、开发间接费。

3）开发土地和新建房及配套设施的费用是指与房地产开发项目有关的销售费用、管理费用和财务费用。

4）旧房及建筑物的评估价格是指在转让已使用的房屋及建筑物时，由政府批准设立的房地产估价机构评定的重置成本价乘以成新度折扣率后的价格。评估价格须经当地税务机关确认。

5）与转让房地产有关的税金是指在转让房地产时已缴纳的营业税、城市维护建设税、印花税。因转让房地产交纳的教育附加费也可视同税金予以扣除。

对从事房地产开发的纳税人，可按取得土地使用权所支付的金额和房地产开发成本两项规定计算的金额之和，加计20%的扣除。

11.5.6　应纳税额的计算

1. 计算公式

土地增值税按照纳税人转让房地产所取得的增值额和规定的税率计算征收。土地增值税的计算公式为：

第 11 章 房地产税收政策与制度

$$应纳税额=\sum（每级距的土地增值额×适用税率）$$

由于上述方法需要分步计算，比较繁琐，实际工作中多采用速算扣除法计算，具体计算过程如下：

1）增值额未超过扣除项目金额 50%时，土地增值税税额=增值额×30%。

2）增值税额超过扣除项目金额 50%，未超过扣除项目金额 100%时，土地增值税税额=增值额×40%−扣除项目金额×5%。

3）增值额超过扣除项目金额 100%，未超过扣除项目金额 200%时，土地增值税税额=增值额×50%−扣除项目金额×15%。

4）增值额超过扣除项目金额 200%时，土地增值税税额=增值额×60%−扣除项目金额×35%。

其中，5%、15%、35%分别为二、三、四级的速算扣除系数。

2．计算示例

【例 11-3】某房地产开发企业建造商品房一幢，出售收入为 600 万元，应扣除的各项成本费用和有关税费，以及允许加计成本的 20%，扣除项目合计 297 万元。下面分别按照两种方法计算该企业应该缴纳的土地增值税税额。

（1）分步法

① 增值额=（600−297）万元=303 万元

② 增值率=303÷297×100%=102%

③ 各级距增值额应纳的土地增值税税额。

增值额未超过扣除项目金额 50%的：

$$应纳税额=297 \text{ 万元}×50\%×30\%=148.5×30\%=44.55 \text{ 万元}$$

增值额超过扣除项目金额 50%未超出扣除项目金额 100%的：

$$应纳税额=297 \text{ 万元}×（100\%−50\%）×40\%=148.5 \text{ 万元}×40\%=59.4 \text{ 万元}$$

增值额超过扣除项目金额 100%未超出扣除项目金额 200%的：

$$应纳税额=（303−148.5−148.5）万元×50\%=6 \text{ 万元}×50\%=3 \text{ 万元}$$
$$土地增值税应纳税额=（44.55+59.4+3）万元=106.95 \text{ 万元}$$

（2）速算法

$$增值额=（600−297）万元=303 \text{ 万元}$$
$$增值率=303÷297×100\%=102\%$$
$$土地增值税应纳税额=303 \text{ 万元}×50\%−297 \text{ 万元}×15\%=106.95 \text{ 万元}$$

11.5.7 税收减免

1．一般规定

1）纳税人建造普通标准住宅出售，增值额未超过扣除项目金额 20%的，免征土地增值税。超过 20%的，应就其全部增值额按规定计税。

自 2005 年 6 月 1 日起，普通标准住宅应同时满足：住宅小区建筑容积率在 1.0 以上；单套建筑面积在 120m^2 以下；实际成交价格低于同级别土地上住房平均交易价格 1.2 倍以下。

各省、自治区、直辖市要根据实际情况，制定本地区享受优惠政策普通住房的具体标准。允许单套建筑面积和价格标准适当浮动，但向上浮动的比例不得超过上述标准的20%。

对于纳税人既建普通标准住宅又有其他房地产开发的，应分别核算增值额。不分别核算增值额或不能准确核算增值额的，其建造的普通标准住宅不能适用这一免税规定。

2）因城市规划、国家建设的需要而依法征用、收回的房地产，免征土地增值税。

3）自1999年8月1日起，对居民个人拥有的普通住宅，在其转让时暂免征收土地增值税。个人因工作调动或改善居住条件而转让原自用住房（非普通住宅），经向税务机关申报核准，居住满5年或5年以上的，免于征收土地增值税；居住满3年未满5年的，减半征收土地增值税；居住未满3年的，按规定计征土地增值税。

自2008年11月1日起，对个人销售住房暂免征收土地增值税。

4）对企事业单位、社会团体以及其他组织转让旧房作为公共租赁住房房源，且增值额未超过扣除项目金额20%的，免征土地增值税。

2. 其他规定

1）以房地产进行投资或联营的征免税问题，主要的政策有：投资、联营的一方以土地（房地产）作价入股进行投资或作为联营条件，将房地产转让到所投资、联营的企业中时，暂免征收土地增值税。对投资、联营企业将上述房地产再转让的，应征收土地增值税。

2）自2015年1月1日至2017年12月31日，企业在改制重组过程中涉及的土地增值税政策，按照《国务院关于进一步优化企业兼并重组市场环境的意见》（国发[2014]14号）的规定处理。

11.5.8 土地增值税的征管

1. 征收时间

土地增值税的纳税人应在转让房地产合同签订后的7日内，到房地产所在地的主管税务机关办理纳税申报，并向税务机关提交与转让房地产有关的资料。

纳税人因经常发生房地产转让而难以在每次转让后申报的，经税务机关审核同意后，可以定期进行纳税申报，具体期限由税务机关根据情况确定。

2. 预征

各地要科学合理地确定预征率，并适时调整。工程项目竣工结算后，应及时进行清算，多退少补。

纳税人在项目全部竣工结算前转让房地产取得的收入，由于涉及成本确定或其他原因，而无法据实计算土地增值税的，可以预征土地增值税。

各地根据本地区房地产业增值水平和市场发展情况，区别普通住房、非普通住房和商用房等不同类型，科学合理地确定预征率，并适时调整。

对未按预征规定期限预缴税款的，应根据《中华人民共和国税收征管法》及其实施细则的有关规定，从限定的缴纳税款期限届满的次日起，加收滞纳金。

3. 清算

凡转让的房地产的建筑面积占整个项目可售建筑面积的比例在85%以上的，税务机关可以要求纳税人按照转让房地产的收入与扣除项目金额配比的原则，对已转让的房地产进行土地增值税的清算。具体清算办法由各省、自治区、直辖市和计划单列市地方税务局规定。

4．核定征收

核定征收与预征的差异很大。核定征收是指按照规定的方法计算出税款，不存在多退少补的问题。

房地产开发企业有下列情形之一的，税务机关可以参照与其开发规模和收入水平相近的当地企业的土地增值税税负情况，按不低于预征率的水平核定征收土地增值税：

1）依照法律、行政法规的规定应当设置但未设置账簿的。

2）擅自销毁账簿或者拒不提供纳税资料的。

3）虽设置账簿，但账目混乱或者成本资料、收入凭证、费用凭证残缺不全，难以确定转让收入或扣除项目金额的。

4）符合土地增值税清算条件，未按照规定的期限办理清算手续，经税务机关责令限期清算，逾期仍不清算的。

5）申报的计税依据明显偏低，又无正当理由的。

另外，纳税人转让旧房及建筑物，凡不能取得评估价格，但能提供购房发票的，经当地税务部门确认的为取得土地使用权所支付的金额，或新建房及配套设施的成本、费用，可按发票所载金额并从购买年度起至转让年度止每年加计5%计算扣除项目的金额。对纳税人能提供契税完税凭证的，准予作为"与转让房地产有关的税金"予以扣除，但不作为加计5%的基数。既没有评估价格，又不能提供购房发票的，地方税务机关可以实行核定征收。

11.6 契税

11.6.1 契税概述

契税是在土地、房屋权属发生转移时，对产权承受人所征收的一种税。

契税属于财产税类，是对承受的财产征税，但也可归属于行为税类，因为其征税对象是土地、房屋权属的转移行为。

现行的契税征收法规，是国务院于1997年7月颁布的新的《中华人民共和国契税暂行条例》（以下简称《契税暂行条例》），及财政部同年发布的《中华人民共和国契税暂行条例细则》。

契税属于地方税，有利于通过法律形式确定房地产的产权关系，保障产权人的合法权益，规范市场交易行为，减少产权纠纷。

11.6.2 纳税人、征税对象和征税范围

1．纳税人

在中华人民共和国境内转移土地、房屋权属，承受的单位和个人为契税的纳税人。

这里的土地、房屋权属，是指土地使用权、房屋所有权；承受是指以受让、购买、受赠、交换等方式取得土地、房屋权属的行为；单位是指企业单位、事业单位、国家机关、军事单位和社会团体以及其他组织；个人是指个体经营者及其他个人。

另外，土地使用权交换、房屋所有权交换以及土地使用权和房屋所有权交换，如果交换价格不相等的，应以多交付货币、实物、无形资产或者其他经济利益的一方为纳税人，缴纳契税，少付的一方不缴纳。以划拨方式取得土地使用权的，经批准转让房地产时，房地产转让者为纳税人，并按有关规定补缴契税。

2．征税对象

契税的征税对象是在我国境内转移土地、房屋权属的行为。

3．征税范围

根据现行规定，契税的征税范围包括：

1）国有土地使用权出让。
2）土地使用权转让，包括出售、赠与和交换。
3）房屋买卖。
4）房屋赠与。
5）房屋交换。

上述第2）项土地使用权转让，不包括农村集体土地承包经营权的转移。

11.6.3 契税的税率和计税依据

1．税率

现行契税的税率规定为3%～5%的幅度比例税率。具体适用税率由各省、自治区、直辖市人民政府在规定的幅度内按照本地区的实际情况确定，并报财政部和国家税务总局备案。

2．计税依据

契税的计税依据为土地、房屋的成交价格，具体如下：

1）国有土地使用权出让、土地使用权出售、房屋买卖，以成交价格为计税依据。
2）土地使用权赠与、房屋赠与，由征收机关参照土地使用权出售、房屋买卖的市场价格核定。
3）土地使用权交换、房屋交换，为所交换的土地使用权、房屋的价格的差额。
4）以划拨方式取得土地使用权的，以其补缴的土地使用权出让费或者土地收益为计税依据。
5）承受的房屋附属设施如为单独计价的，按照当地确定的适用税率征收契税；如与房屋统一计价的，适用与房屋相同的契税税率。

上述成交价格是指土地、房屋权属转移合同确定的价格，包括承受者交付的货币、实物、无形资产或者其他经济利益，如果纳税人申报的成交价格明显低于市场价格且无正当理由的，或者所交换土地使用权、房屋的价格的差额明显不合理并且无正当理由的，由征收机关参照市场价格核定。以划拨方式取得土地使用权的，以其补缴的土地使用权出让费或者土地收益为计税依据。

3. 应纳税额的计算

由于契税采用比例税率,当计税依据确定以后,应纳税额的计算比较简单。契税应纳税额的基本计算公式为:

$$应纳税额=计税依据\times 适用税率$$

4. 减免规定

根据现行规定,有下列情形之一的,减征或者免征契税:

1)国家机关、事业单位、社会团体、军事单位承受土地、房屋用于办公、教学、医疗、科研和军事设施的,免征契税。

对县级以上人民政府教育行政主管部门或劳动行政主管部门批准并核发《社会力量办学许可证》,社会力量举办的教育机构,其承受的土地、房屋权属用于教学的,免征契税。

2)城镇职工按规定第一次购买公有住房的,免征契税。

3)因不可抗力灭失住房而重新购买住房的,酌情准予减征或者免征契税。地震灾后,对受灾居民购买安居房的,减征或者免征契税。

4)土地、房屋被县级以上人民政府征用、占用后,重新承受土地、房屋权属的,是否减征或者免征契税,由省、自治区、直辖市人民政府确定。

对拆迁居民因拆迁重新购置住房的,对购房成交价中相当于拆迁补偿款的部分免征契税,成交价格超过拆迁补偿款的,对超过部分征收契税。

5)纳税人承受荒山、荒沟、荒丘、荒滩土地使用权,用于农、林、牧、渔业生产的,免征契税。

6)按照我国有关法律规定,外国驻华使馆、领事馆、联合国驻华机构及其外交代表、领事官员和其他外交人员承受土地、房屋权属的,经外交部确认,可以免征契税。

7)"债转权""重组改制""企业合并、出售""事业单位改制成企业""重组上市""整体改制""股份制改革"企业的契税优惠,投资主体没有发生变化的,对改制后的企业承受原事业单位土地、房屋权属,免征契税。投资主体发生变化的,根据和原企业职工签订劳动合同的情况,减征或免征。

8)对经营管理单位回购已分配的改造安置住房继续作为改造安置房源的,公租房经营管理单位购买住房作为公租房的,廉租住房经营管理单位购买住房作为廉租住房、经济适用住房经营管理单位回购经济适用住房继续作为经济适用住房房源的,免征契税。

9)个人购买经济适用房的,减半征收契税。

10)法定继承人继承房地产权属的,免征契税。但非法定继承人根据遗嘱承受房地产的,属于赠与行为,应征收契税。

另外,自 2010 年 10 月 1 日起,对个人首次购买普通住房且住房属于家庭唯一住房的,契税减半征收;对个人购买 90m^2 及以下普通住房且该住房属于家庭唯一住房的,契税税率暂统一下调到 1%。

另外,自 2013 年 12 月 31 日起,在婚姻关系存续期间,房屋、土地权属原归夫妻一方所有,变更为夫妻双方共有或另一方所有的,或者原归夫妻双方共有,变更为其中一方所有的,或者双方约定、变更共有份额的,免征契税。

11.6.4 契税的征收管理

1. 纳税环节和纳税期限

纳税环节是契税的纳税义务发生以后，在办理契证或房屋产权证之前。

按规定，由承受人在转移合同签订之日起 10 日内，向土地、房屋所在地的契税征收机关办理纳税申报，并在契税征收机关核定的期限内缴纳税款。

2. 纳税程序及征收机关

纳税人应当持契税完税凭证和其他规定的文件材料，依法向土地管理部门、房产管理部门办理有关土地、房屋的权属变更登记手续。

为加强税收管理，掌握税源变化情况，国家税务总局决定，各级契税征收机关要在 2004 年 12 月 31 日前停止代征委托，直接征收契税。

11.7 房地产相关税收

11.7.1 增值税

增值税以单位和个人生产经营过程中取得的增值额为课税对象的一种税，属于流转税。

自 2016 年 5 月 1 日起，我国在全国范围内全面推开营业税改征增值税试点，建筑业、房地产业、金融业、生活服务业等全部营业税纳税人，纳入试点范围，由缴纳营业税改为缴纳增值税。

1. 纳税人、课税对象

在中华人民共和国境内销售货物或者加工、修理修配劳务，销售服务、无形资产、不动产以及进口货物的单位和个人，为增值税的纳税人。

增值税以单位和个人生产经营过程中取得的增值额为课税对象。

2. 征税范围

增值税的征税范围包括货物的生产、批发、零售和进口四个环节。2016 年 5 月 1 日以后，增值税的征税范围全面覆盖三次产业，具体包括：

1）销售货物。是指有形动产，包括电力、热力和气体在内。
2）提供加工和修配劳务。
3）销售服务。是指提供交通运输服务、邮政服务、电信服务、建筑服务、金融服务、现代服务、生活服务。
4）销售无形资产。是指有偿转让无形资产或者使用权的业务活动。
5）销售不动产。是指有偿转让不动产所有权的业务活动。
6）进口货物。

3. 增值税税率

目前我国增值税实行四档税率，具体为：

1）纳税人销售货物、劳务、有形动产租赁服务或者进口货物，除上述第 2）项、第 4）项、第 5）项另有规定外，税率为 17%。

2）纳税人销售交通运输、邮政、基础电信、建筑、不动产租赁服务，销售不动产，转让土地使用权，销售或者进口下列货物，税率为 11%：①粮食等农产品、食用植物油、食用盐。②自来水、暖气、冷气、热水、煤气、石油液化气、天然气、二甲醚、沼气、居民用煤炭制品。③图书、报纸、杂志、音像制品、电子出版物。④饲料、化肥、农药、农机、农膜。⑤国务院规定的其他货物。

3）纳税人销售服务、无形资产，除上述第 1）项、第 2）项、第 5）项另有规定外，税率为 6%。

4）纳税人出口货物，税率为零；但是，国务院另有规定的除外。

5）境内单位和个人跨境销售国务院规定范围内的服务、无形资产，税率为零。

税率的调整，由国务院决定。

近年来我国大力实施减税降负政策，以促进实体经济发展。在增值税方面，2019 年 4 月 1 日以后，上述适用 17%税率的已下调为 13%，上述适用 11%税率的已下调为 9%。目前建筑业和房地产业适用增值税税率为 9%。

4. 计税方法

增值税的一般计税依据是增值额。但是，增值税一般不直接以增值额作为计税依据，而是采用间接计算法。纳税人销售货物、劳务、服务、无形资产、不动产，应纳税额为当期销项税额抵扣当期进项税额后的余额。应纳税额计算公式：

$$应纳税额 = 当期销项税额 - 当期进项税额$$

纳税人发生应税销售行为，按照销售额和规定的税率计算收取的增值税额，为销项税额。销项税额计算公式：

$$销项税额 = 销售额 \times 税率$$

其中，销售额为纳税人发生应税销售行为收取的全部价款和价外费用，但是不包括收取的销项税额。

纳税人购进货物、劳务、服务、无形资产、不动产支付或者负担的增值税额，为进项税额。准予抵扣的项目和扣除率的调整，由国务院决定。

11.7.2 城市维护建设税和教育费附加

1. 城市维护建设税

城市维护建设税是随增值税、消费税和营业税附征、并专门用于城市维护建设的一种特别目的税。

城市维护建设税的纳税人为在征税范围内从事工商经营，并缴纳增值税、消费税、营业税的单位和个人。自 2010 年 12 月 1 日起，对外商投资企业和外国企业及外籍个人开始征收城市维护建设税。

城市维护建设税的征税范围包括城市、县城、建制镇以及税法规定征收"三税"的其他地区。

城市维护建设税以纳税人实际缴纳的增值税、消费税、营业税（简称"三税"）税额为计税依据。

城市维护建设税税率实行分区域的差别比例税率,按照纳税人所在地的不同税率分别规定为 7%、5%、1%三个档次,具体税率是:纳税人所在地在市区的,税率为 7%;纳税人所在地在县城、建制镇的,税率为 5%;纳税人所在地不在市区、县城、建制镇的,税率为 1%。

2. 教育费附加

教育费附加是随增值税、消费税和营业税附征并专门用于教育的一种特别目的税。

教育费附加以各单位和个人实际缴纳的增值税、营业税、消费税的税额为计征依据,教育费附加率为 3%,分别与增值税、营业税、消费税同时缴纳。

11.7.3 企业所得税

1. 纳税人

在中华人民共和国境内的企业和其他取得收入的组织(以下统称企业)为企业所得税的纳税人。

个人独资企业、合伙企业不适用《中华人民共和国企业所得税法》。

企业分为居民企业和非居民企业。

居民企业是指依法在中国境内成立,或者依照外国(地区)法律成立但实际管理机构在中国境内的企业。居民企业应当就其来源于中国境内、境外的所得缴纳企业所得税。非居民企业是指依照外国(地区)法律成立且实际管理机构不在中国境内,但在中国境内设立机构、场所的,或者在中国境内未设立机构、场所,但有来源于中国境内所得的企业。

非居民企业在中国境内设立机构、场所的,应当就其所设机构、场所取得的来源于中国境内的所得,以及发生在中国境外但与其所设机构、场所有实际联系的所得,缴纳企业所得税。非居民企业在中国境内未设立机构、场所的,或者虽设立机构、场所但取得的所得与其所设机构、场所没有实际联系的,应当就其来源于中国境内的所得缴纳企业所得税。

2. 税率

企业所得税的税率为 25%。

非居民企业在中国境内未设立机构、场所的,或者虽设立机构、场所但取得的所得与其所设机构、场所没有实际联系的,就其来源于中国境内的所得缴纳企业所得税的,适用税率为 20%。

3. 应纳税所得额

企业每一纳税年度的收入总额,减除不征税收入、免税收入、各项扣除以及允许弥补的以前年度亏损后的余额,为应纳税所得额。

企业以货币形式和非货币形式从各种来源取得的收入,为收入总额,包括:①销售货物收入。②提供劳务收入。③转让财产收入。④股息、红利等权益性投资收益。⑤利息收入。⑥租金收入。⑦特许权使用费收入。⑧接受捐赠收入。⑨其他收入。

企业实际发生的与取得收入有关的、合理的支出,包括成本、费用、税金、损失和其他支出,准予在计算应纳税所得额时扣除。在计算应纳税所得额时,下列支出不得扣除:①向投资者支付的股息、红利等权益性投资收益款项。②企业所得税税款。③税收滞纳金。④罚金、罚款和被没收财物的损失。⑤公益性捐赠支出超出年度利润总额 12%以外的部分,以及非公益性捐赠支出。⑥赞助支出。⑦未经核定的准备金支出。⑧与取得收入无关的其他支出。

4. 应纳税额

企业的应纳税所得额乘以适用税率,减除依照本法关于税收优惠的规定减免和抵免的税额后的余额,为应纳税额。

11.7.4 个人所得税

个人所得税是以个人(自然人)取得的各项应税所得为征税对象所征收的一种税。2018年8月31日第七次修正的《中华人民共和国个人所得税法》将个税免征额由 3 500 元提高到 5 000 元。

1. 纳税人

在中国境内有住所,或者无住所而一个纳税年度内在中国境内居住累计满 183 天的个人,为居民个人。居民个人从中国境内和境外取得的所得,依法缴纳个人所得税。

在中国境内无住所又不居住,或者无住所而一个纳税年度内在中国境内居住累计不满 183 天的个人,为非居民个人。非居民个人从中国境内取得的所得,依法缴纳个人所得税。

2. 税目

下列各项个人所得,应当缴纳个人所得税:①工资、薪金所得。②劳务报酬所得。③稿酬所得。④特许权使用费所得。⑤经营所得。⑥利息、股息、红利所得。⑦财产租赁所得。⑧财产转让所得。⑨偶然所得。

居民个人取得前款第①至④项所得(以下称综合所得),按纳税年度合并计算个人所得税;非居民个人取得前款第①至④项所得,按月或者按次分项计算个人所得税。纳税人取得前款第⑤至⑨项所得,依法分别计算个人所得税。

3. 税率

1)综合所得,适用 3%~45%的超额累进税率,税率表见表 11-3。

表 11-3 个人所得税税率表一(综合所得适用)

级　数	全年应纳税所得额	税率/(%)
1	不超过 36 000 元的	3
2	36 000~144 000 元的部分	10
3	144 000~300 000 元的部分	20
4	300 000~420 000 元的部分	25
5	420 000~660 000 元的部分	30
6	660 000~960 000 元的部分	35
7	超过 960 000 元的部分	45

表中全年应纳税所得额是指居民个人取得综合所得以每一纳税年度收入额减除费用六万元以及专项扣除、专项附加扣除和依法确定的其他扣除后的余额。

2）经营所得，适用5%～35%的超额累进税率，税率表见表11-4。

表11-4 个人所得税税率表二（经营所得适用）

级 数	全年应纳税所得额	税率/（%）
1	不超过30 000元的	5
2	30 000～90 000元的部分	10
3	90 000～300 000元的部分	20
4	300 000～500 000元的部分	30
5	超过500 000元的部分	35

表中全年应纳税所得额是指依法以每一纳税年度的收入总额减除成本、费用以及损失后的余额。

3）利息、股息、红利所得，财产租赁所得，财产转让所得和偶然所得，适用比例税率，税率为20%。

4．应纳税所得额的计算

1）居民个人的综合所得，以每一纳税年度的收入额减除费用60 000元以及专项扣除、专项附加扣除和依法确定的其他扣除后的余额，为应纳税所得额。

2）非居民个人的工资、薪金所得，以每月收入额减除费用5 000元后的余额为应纳税所得额；劳务报酬所得、稿酬所得、特许权使用费所得，以每次收入额为应纳税所得额。

3）经营所得，以每一纳税年度的收入总额减除成本、费用以及损失后的余额，为应纳税所得额。

4）财产租赁所得，每次收入不超过4 000元的，减除费用800元；4 000元以上的，减除20%的费用，其余额为应纳税所得额。

5）财产转让所得，以转让财产的收入额减除财产原值和合理费用后的余额，为应纳税所得额。

6）利息、股息、红利所得和偶然所得，以每次收入额为应纳税所得额。劳务报酬所得、稿酬所得、特许权使用费所得以收入减除20%的费用后的余额为收入额。稿酬所得的收入额减按70%计算。

5．关于转让住房的个人所得税的具体规定

个人转让住房，以其转让收入额减除财产原值和合理费用后的余额为应纳税所得额，按照"财产转让所得"项目缴纳个人所得税。

国家税务总局2006年7月18日就有关问题作出规定：对转让住房收入计算个人所得税应纳税所得额时，纳税人可凭原购房合同、发票等有效凭证，经税务机关审核后，允许从其转让收入中减除房屋原值、转让住房过程中缴纳的税金及有关合理费用。

（1）转让收入

对住房转让所得征收个人所得税时，以实际成交价格为转让收入。纳税人申报的住房成交价格明显低于市场价格且无正当理由的，征收机关依法有权根据有关信息核定其转让收入，但必须保证各税种计税价格一致。

（2）房屋原值

1）商品房：购置该房屋时实际支付的房价款及交纳的相关税费。

第 11 章 房地产税收政策与制度

2）自建住房：实际发生的建造费用及建造和取得产权时实际交纳的相关税费。

3）经济适用房（含集资合作建房、安居工程住房）：原购房人实际支付的房价款及相关税费，以及按规定交纳的土地出让金。

4）已购公有住房：原购公有住房标准面积按当地经济适用房价格计算的房价款，加上原购公有住房超标准面积实际支付的房价款以及按规定向财政部门（或原产权单位）交纳的所得收益及相关税费。

已购公有住房是指城镇职工根据国家和县级（含县级）以上人民政府有关城镇住房制度改革政策规定，按照成本价（或标准价）购买的公有住房。经济适用房价格按县级（含县级）以上地方人民政府规定的标准确定。

5）城镇拆迁安置住房，其原值分别为：①房屋拆迁取得货币补偿后购置房屋的，为购置该房屋实际支付的房价款及交纳的相关税费。②房屋拆迁采取产权调换方式的，所调换房屋原值为《房屋拆迁补偿安置协议》注明的价款及交纳的相关税费。③房屋拆迁采取产权调换方式，被拆迁人除取得所调换房屋，又取得部分货币补偿的，所调换房屋原值为《房屋拆迁补偿安置协议》注明的价款和交纳的相关税费，减去货币补偿后的余额。④房屋拆迁采取产权调换方式，被拆迁人取得所调换房屋，又支付部分货币的，所调换房屋原值为《房屋拆迁补偿安置协议》注明的价款，加上所支付的货币及交纳的相关税费。

转让住房过程中缴纳的税金是指纳税人在转让住房时实际缴纳的城市维护建设税、教育费附加、土地增值税、印花税等税金。营改增以后，个人转让房屋的个人所得税应税收入不含增值税，其取得房屋时所支付价款中包含的增值税计入财产原值。

（3）合理的费用　合理的费用是指纳税人按照规定实际支付的住房装修费用、住房贷款利息、手续费、公证费等费用。

1）支付的住房装修费用。纳税人能提供实际支付装修费用的税务统一发票，并且发票上所列付款人姓名与转让房屋产权人一致的，经税务机关审核，其转让的住房在转让前实际发生的装修费用，可在以下规定比例内扣除：①已购公有住房、经济适用房，最高扣除限额为房屋原值的15%。②商品房及其他住房，最高扣除限额为房屋原值的10%。纳税人原购房为装修房，即合同注明房价款中含有装修费（铺装了地板，装配了洁具、厨具等）的，不得再重复扣除装修费用。

2）支付的住房贷款利息。纳税人出售以按揭贷款方式购置的住房的，其向贷款银行实际支付的住房贷款利息，凭贷款银行出具的有效证明据实扣除。

3）纳税人按照有关规定实际支付的手续费、公证费等，凭有关部门出具的有效证明据实扣除。

纳税人未提供完整、准确的房屋原值凭证，实行核定征税，即按纳税人住房转让收入的一定比例核定应纳个人所得税额。核定征收具体比例由省级地方税务局或者省级地方税务局授权的地市级地方税务局根据纳税人出售住房的所处区域、地理位置、建造时间、房屋类型、住房平均价格水平等因素，在住房转让收入1%～3%的幅度内确定。

为方便出售住房的个人依法履行纳税义务，加强税收征管，主管税务机关要在房地产交易场所设置税收征收窗口，个人转让住房应缴纳的个人所得税，应与转让环节应缴纳的营业税、契税、土地增值税等税收一并办理。

6. 有关住房转让个人所得税优惠政策

对个人转让自用 5 年以上,并且是家庭唯一生活用房取得的所得,免征个人所得税。

11.7.5 印花税

印花税是对因商事活动、产权转移、权利许可证照授受等行为而书立、领受的应税凭证征收的一种税。

1. 印花税的纳税人

印花税的纳税人为在中国境内设立、领受税法所列举应税凭证的单位和个人。单位和个人,是指包括国内各类企业、事业、机关、团体、部队及中外合资企业、中外合作企业、外商独资企业、外国公司和其他经济组织及其在华机构等单位和个人。

2. 印花税的征收范围

印花税的征收范围主要是经济活动中最普遍、最大量的各种商事和产权凭证,具体包括以下几项:

1)购销、加工承揽、建设工程勘察设计、建设安装工程承包、财产租赁、货物运输、仓储保管、借款、财产保险、技术等合同或者具有合同性质的凭证。

2)产权转移书据。

3)营业账簿。

4)权利、许可证照。

5)经财政部确定征税的其他凭证。

3. 印花税的税目税率

现行印花税只对《中华人民共和国印花税暂行条例》列举的凭证征税,税目中未列举的不征税。

印花税的税率采用比例税率和定额税率两种。

对一些载有金额的凭证,如各类合同、资金账簿等,采用比例税率。税率共分 5 档:1‰、0.5‰、0.3‰、0.1‰、0.05‰。

对一些无法计算金额的凭证,或者虽载有金额,但作为计税依据明显不合理的凭证,采用定额税率,每件缴纳一定数额的税款。

印花税具体税目和税率见表 11-5。

表 11-5 印花税税目税率表

级 数	税 目	范 围	税 率
1	购销合同	包括供应、预购、采购、购销结合及协作、调剂、补偿、易货等合同,还包括出版单位与发行单位之间订立的图书、报纸、期刊和音像制品的应税凭证。	按购销金额万分之三
2	加工承揽合同	包括加工、定作、修缮、修理、印刷、广告、测绘、测试等合同	按加工或承揽收入万分之五
3	建设工程勘察设计合同	包括勘察、设计合同	按收取费用万分之五
4	建筑安装工程承包合同	包括建筑、安装工程承包合同	按承包金额万分之三

第 11 章 房地产税收政策与制度

(续)

级 数	税 目	范 围	税 率
5	财产租赁合同	包括租赁房屋、船舶、飞机、机动车辆、机械、器具、设备等	按租赁金额千分之一。税额不足一元的按一元
6	货物运输合同	包括民用航空、铁路运输、海上运输、内河运输、公路运输和联运合同	按运输费用万分之三
7	仓储保管合同	包括仓储、保管合同	按仓储保管费用千分之一
8	借款合同	银行及其他金融组织和借款人（不包括银行同业拆借）所签订的借款合同	按借款金额万分之零点五
9	财产保险合同	包括财产、责任、保证、信用等保险合同	按保费收入千分之一
10	技术合同	包括技术开发、转让、咨询、服务等合同，含技术服务合同、技术培训合同和技术中介合同。	按所载金额万分之三
11	产权转移书据	包括财产所有权和版权、商标专用权、专利权、专有技术使用权等转移书据	按所载金额万分之五
12	营业账簿	生产经营用账册	记载资金的账簿，按实收资本和资本公积总额万分之五贴花（自 2018 年 5 月 1 日起，减半征收印花税）。2. 其他账簿按件贴花五元（自 2018 年 5 月 1 日起，免征印花税）
13	权利许可证照	包括政府部门发给的房屋产权证、工商营业执照、商标注册证、专利证、土地使用证	按件贴花五元

本章小结

本章主要介绍税收的基本知识，主要的房地产税种以及紧密相关税种的基本含义、税收制度，应纳税额的计算方法，以及目前的主要税收政策。

税收的本质是国家借政治权力，依照法律规定，无偿地取得财政收入的一种手段。税收的本质决定税收具有强制性、无偿性和固定性的特征。

税收制度简称税制，一般包括纳税人、课税对象、税目、税率、纳税环节、纳税期限、减免税、违章处理等要素，其中纳税人、课税对象和税率是税收制度最基本的因素。税收按课税对象的分类，有流转税、资源税、财产税行为税。

我国现行的房地产税收主要有房产税、城镇土地使用税、耕地占用税、土地增值税、契税。其他与房地产紧密相关的税种，主要有增值税、城市维护建设税、教育费附加、企业所得税、个人所得税、印花税等。

房产税是以房屋为征税对象，以房屋的计税余值或租金收入为计税依据，向房屋产权所有人征收的一种财产税。纳税人自用的房产，税率为房产余值的 1.2%。纳税人出租的房产，税率为房产租金的 12%。房产税按年计算、分期缴纳。近年来我国开始在一些城市进行房地产征收试点。

城镇土地使用税是以城镇土地为征税对象，对拥有土地使用权的单位和个人征收的一种税。城镇土地使用税实行分级幅度税额，按年计算、分期缴纳。

耕地占用税是对占用耕地建设建筑物、构筑物或者从事非农业建设的单位和个人，就其实际占用耕地按面积征收的一种税，耕地占用税采用地区差别税率，在占用耕地环节一次性课征。

土地增值税是指转让国有土地使用权、地上的建筑物及其附着物并取得收入的单位和个人，以转让取得的收入包括货币收入、实物收入和其他收入为计税依据向国家缴纳的一种税。实行四级超率累进税率。

契税是在土地、房屋权属发生转移时，对产权承受人所征收的一种税。计税依据为土地、房屋的成交价格，税率规定为3%~5%的幅度比例税率。

自2016年5月1日起，建筑业、房地产业、金融业、生活服务业等全部原营业税纳税人，改为缴纳增值税。在中华人民共和国境内销售货物或者加工、修理修配劳务，销售服务、无形资产、不动产以及进口货物的单位和个人，为增值税的纳税人，应纳税额=当期销项税额－当期进项税额。目前建筑业和房地产业适用增值税税率为9%。

城市维护建设税、教育费附加是随增值税、消费税和营业税附征、并专门用于城市维护建设和教育的特别目的税，实行比例税率。

在中华人民共和国境内，在房地产领域取得应纳税所得额的单位和个人，应缴纳企业所得税和个人所得税。企业所得税的一般税率为25%。个人转让住房，以其转让收入额减除财产原值和合理费用后的余额为应纳税所得额，按照"财产转让所得"项目缴纳个人所得税。

在中华人民共和国境内书立、领受税法所列举应税凭证的单位和个人，为印花税的纳税义务人。现行印花税对《中华人民共和国印花税暂行条例》列举的凭证征税。

复习思考题

1. 税收有什么特征？
2. 税收制度由哪些基本要素构成？
3. 房地产领域的主要税种有哪些？简述这些税种的含义。
4. 简述我国现行的房产税、契税、增值税的征收政策。
5. 土地增值税的扣除项目是怎么规定的？如何计算土地增值税的应纳税额？

参 考 文 献

[1] 黄宏志. 行政事务管理[M]. 北京：中国建筑工业出版社，2010.
[2] 陈建敏. 房地产开发经营与管理[M]. 北京：北京大学出版社，2009.
[3] 田杰芳. 房地产工程与经营管理[M]. 北京：北京交通大学出版社，2012.
[4] 中国房地产估价师与房地产经纪人学会. 房地产基本制度与政策[M]. 北京：中国建筑工业出版社，2012.
[5] 中国房地产估价师与房地产经纪人学会. 房地产开发经营与管理[M]. 北京：中国建筑工业出版社，2010.
[6] 沈建忠，张小宏. 房地产基本制度与政策[M]. 北京：中国建筑工业出版社，2011.
[7] 卜一德. 房地产开发经营管理使用手册[M]. 3版. 北京：中国建筑工业出版社，2010.
[8] 郭斌. 房地产开发与经营[M]. 西安：西安交通大学出版社，2010.
[9] 刘薇. 房地产基本制度与政策[M]. 北京：化学工业出版社，2010.
[10] 周小平. 房地产开发与经营[M]. 北京：清华大学出版社，2011.
[11] 丁烈云. 房地产开发[M]. 3版. 北京：中国建筑工业出版社，2009.
[12] 董藩、赵安平. 房地产金融[M]. 北京：清华大学出版社，2012.
[13] 刘薇、滕一崋. 房地产开发与管理[M]. 北京：北京大学出版社，2010.
[14] 刘雷. 房地产开发与经营[M]. 北京：化学工业出版社，2013.
[15] 吴芳. 工程招投标与合同管理[M]. 北京：北京大学出版社，2012.
[16] 李致平. 现代西方经济学[M]. 合肥：中国科学技术大学出版社，2002.
[17] 车江洪. 房地产市场体制建设研究[M]. 上海：上海社会科学院出版社，2000.
[18] 谭术魁. 房地产经营与管理[M]. 北京：首都经济贸易大学出版社，2009.
[19] 苗长川. 房地产经营与管理[M]. 北京：北京交通大学出版社，2009.
[20] 殷红，张卫东. 房地产金融[M]. 北京：首都经济贸易大学出版社，2002.
[21] 沈建忠. 房地产基本制度与政策[M]. 北京：中国物价出版社，2006.
[22] 刘洪玉. 房地产开发与管理[M]. 北京：中国物价出版社，2006.
[23] 柴强. 房地产估价理论与方法[M]. 北京：中国物价出版社，2006.
[24] 张洪力. 房地产经济学[M]. 北京：机械工业出版社，2004.
[25] 张明林. 最新城镇房屋拆迁补偿安置工作标准实施手册[M]. 北京：社会科学文献出版社，2004.
[26] 唐茂华. 房地产法律与制度[M]. 北京：电子工业出版社，2009.
[27] 胡象明. 行政管理学[M]. 北京：高等教育出版社，2005.
[28] 黄家城. 房地产行政管理法律实务[M]. 北京：中国法制出版社，2009.
[29] 陈耀东. 房地产法[M]. 北京：清华大学出版社，2012.